SD選書253

エスノ・アーキテクチュア

太田邦夫＝著

鹿島出版会

まえがき

建築の基本は住宅にあると思う。しかも、そうした住宅の本質を考える場合、その規模はできるだけ小さく、構造や仕上げも簡素なものほどよい。一家が住むのにどのくらいの空間が最低限必要か、その構成の仕方もよく判るからだ。ところが、その住宅に「住居」を加えるとなると、急に二の足を踏んでしまう建築家や建築の研究者が多くなる。住居は考古学や民族学が使う言葉で、有史以前の古い住まいや、現代社会から疎外された未開発地域の、どちらかというと原始的な住まいを意味するから、現代の建築には参考にならないというのだ。

その反面、こうした住居に関する情報は、一九七〇年代の後半から急激に増加していった。著しい国際化の動きと情報文化の発達により、これまで知られていなかった発展途上国の民家・集落の現況と、地域開発が進み土地造成が盛んになった結果、そこで発掘された古代の住居跡の模様が、続々と報告されるようになったからである。これらの住居は、構造も単純で、空間の構成もわかりやすい。ここにこそ、近代以降の社会が見過ごしてきたもう一つの建築の原点がある、と言いたいところだが、先述した建築の専門家たちに、その価値をどうやって説明すると認めてもらえるのか、そこがむずかしいのである。

一方、この年代にバブル経済の恩恵を受けた日本の若い建築家たちは、西欧の先進国だけでなく、これまで誰も行かないような地域にも、競って出かけるようになった。そして、その旅を通じて知った国々の様々な住まいのデザインや住習慣を、生きた情報として持ち帰るようになる。建築の研究者も人後に落ちない。そこで、日本の建築雑誌や学会誌も、この頃から海外住宅や団地の現況だけでなく、古い民家・集落のデザイン・サーヴェイや調査報告を載せ始めたのだ。しかし、多くの建築家たちが寄せるこうした異国の住まいへの関心は、衣食の世界でエスニックファッションとエスニック料理が流行の先端を担ったのに比べると、日本の住まいに大きな衝撃を与える力までには育たなかった。

その原因は、これら古くてエスニックな住まいが持つ素朴な架構や間取りと、近代以降の建築がその時代の叡智や感性を集約して獲得した、あの簡素で機能的な構造や空間構成とどう違うか、それを区別する言葉すらなかったことにある。そのため、仮に両者を珍しげに比べてみたところで、そこから新たな潮流をどう生み出すか、その方法をみなで探そうという声も挙がらなかった。近代建築が様式としての役割を終え、次にポスト・モダンが興った七〇年代の後半だというのに、これでは次世紀に向け、新しい建築様式を拓くこともできない。

それなら、これらの原初的な住まいを「エスノ・アーキテクチュア」という概念で一括りにし、それを近・現代の建築と比較できれば、両者の違いがより鮮明になるだろう。また、前者を造る伝統のなかに、現代の建築を支え続ける建築家や技術者でも目を見張る、優れた知恵や技があるのなら、その良さを学ぶことで、これらの住まいの価値が立証できるのではないか。その二つが筆者の最初の目論みである。だが、それにしては扱う対象の範囲が余りにも広く、そして深い。

今日の情報には、異なる地域やジャンルの現況を一気に横並びにし、そこから興味深いものを観る者に選ばせる「共時的」なものが圧倒的に多いが、そうした面的な見方だけでなく、社会の背景や状況の変化などを「経時的」に知ることで、物事の本質が立体的に見えてくる。それなら、これらの住まいの社会的背景を、現在の国や地域の違いでなく、民族ごとに異なるその伝統によって知り、生活環境の変化を、その地域だけからでなく、グローバルに捉えられれば、現代の建築に対するこれらの住まいの位置づけは、より的確に行われるに違いない。

そこで、この民族と環境とをキーワードに選べば、いくら膨大な量のエスノ・アーキテクチュアといえども、まずはそこに屋根や壁などの構法の起源と、平面の形や間取りの由来が求められるのではないかと思い、小さな部位の話から順に述べてみた結果が、この本になった。時間や距離の隔たり、言葉の壁、そして建築観の違いを乗り越えつつ、建築の本質を三次元で探る、この小さな言葉の旅に加わって戴けるのなら、筆者にとってこれ以上ない幸せである。

太田邦夫

目次

⑮中国、江西省；p:165～6,168～9
⑯インドネシア、アチェ；p.19
⑰インドネシア、トバ・バタック；p.14～6,23,27
⑱インドネシア、ミナンカバウ族；p.17
⑲インドネシア、ジャカルタ；p.228
⑳インドネシア、スラバヤ；p.215
㉑インドネシア、タナ・トラジャ；p.23～5,49
㉒フィリピン、ルソン島；p.33
㉓ミクロネシア、ヤップ島；p.50～56
㉔ミクロネシア、マーシャル諸島；p.221
㉕パプア・ニューギニア、セピック川；p.22
㉖メラネシア、トロブリアンド島；p.218～9
㉗ロシア、カムチャダール族の居住地；p.105
㉘ロシア、コリヤーク族の居住地；p.105～6
㉙ロシア、チュクチ族の居留地；p.109
㉚アメリカ、アレウト族の居住地；p.105
㉛アメリカ、トンプソン族の居住地；p.105～6
㉜アメリカ、クラマス族の居住地；p.105
㉝アメリカ、モドック族の居住地；p.105
㉞アメリカ、マイドゥ族の居住地；p.105
㉟アメリカ、カリフォルニア州；p.31
㊱アメリカ、ナヴァホ族の居住地；p.111～5
㊲アメリカ、ニューメキシコ州；p.179
㊳メキシコ、チワワ州；p.234
㊴アメリカ、ウィスコンシン州；p.78～9
㊵アメリカ、オハイオ州；p.31

分布図（世界）　本書掲載の遺跡・遺構・建物その他

【遺跡・遺構】

❶カザフスタン、ベスシャトウィル；p.194～5
❷中国、甘粛省、敦煌；p.187
❸ロシア、マルタ；p.118～9
❹中国、陝西省、半坡；p.124～7
❺中国、河南省、偃師県＆陝県；p.104,110
❻中国、浙江省、河姆渡；p.194
❼アメリカ、メサ・ヴェルデ；p.106,111～5
❽アメリカ、チャコ・キャニオン；p.111～5
❾チリ、モンテ・ヴェルデ；p.116

【建物・地方名・その他】

①ナイジェリア、ザリア；p.160～3
②ガーナ、ナンゴディ；p.101
③イエーメン、サダ県；p.172
④イエーメン、アルフダイダ県；p.174
⑤アフガニスタン、パシャイ；p.189～90
⑥アフガニスタン、カムデッシュ；p.188
⑦パキスタン、ハプルー；p.187
⑧ロシア、ネネツ族の居住地；p.120
⑨モンゴル、モンゴル族の居住地；p.122～3
⑩ロシア、エヴェン族の居住地；p.122～3
⑪中国、甘粛省；p.105
⑫中国、陝西省；p.105
⑬中国、山西省；p.105
⑭中国、雲南省；p.235

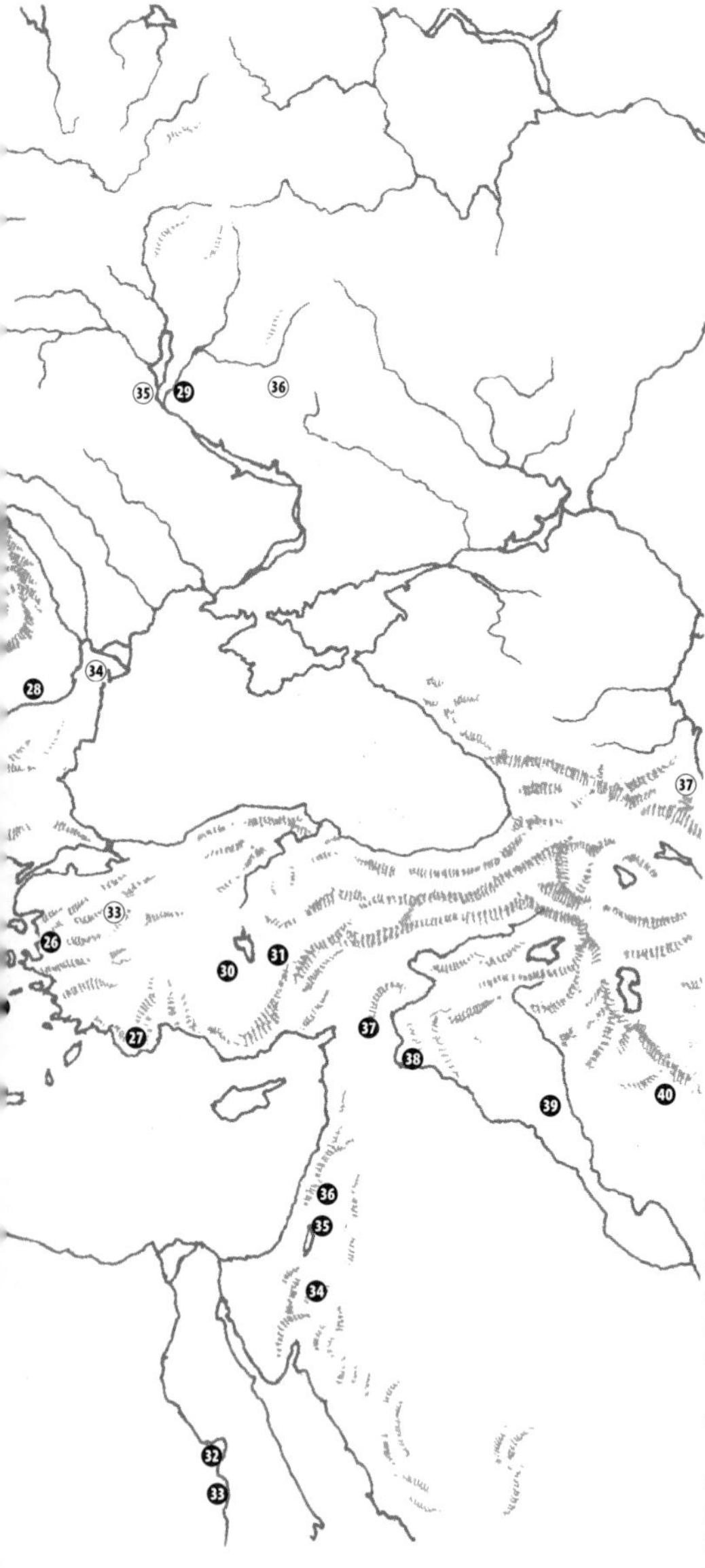

【建物、地方名】
①イギリス、ヨーク城；p.47
②イギリス、ミルトン・アッバス；p.171
③フランス、ランド地方；p.200
④フランス、ルーアン大聖堂；p.79
⑤オランダ、アムステルダム；p.213
⑥フランス、サヴォア地方；p.201
⑦スイス、ベルナーオーバーラント；p.41,72
⑧ドイツ、ヴァイルブルク；p.171
⑨ドイツ、フリッツラー；p.207～8
⑩ドイツ、ゴスラー；p.214
⑪イタリア、エトルリア；p.185～6
⑫ドイツ、バイエルン地方；p.34～44,55,67,75
⑬オーストリア、ザルツブルク；p.76
⑭ドイツ、フランケン地方；p.134
⑮スウェーデン、ハッランド地方；p.77
⑯イタリア、カンパニア州；p.131～2
⑰イタリア、ベネヴェント地方；p.156
⑱イタリア、アルベロベッロ；p.132
⑲オーストリア、ケルンテン地方；p.196
⑳スロヴェニア、シュコフィア・ロカ；p.212
㉑チェコ、ホラショビツェ；p.210
㉒チェコ、テルチ；p.209
㉓チェコ、ムラダー・ヴォジツェ；p.156
㉔スウェーデン、ゴットランド島；p.76
㉕ハンガリー、ブダペスト；p.225～6
㉖スロヴァキア、ポドビエル；p.207
㉗ポーランド、ホホワブ；p.199
㉘ポーランド、ジュチャフニツァ；p.218
㉙ギリシャ、アテネ、パルテノン；p.77
㉚ルーマニア、トランシルヴァニア地方；p.225
㉛ルーマニア、マラムレッシュ地方；p.71
㉜ウクライナ、リヴィウ地方；p.178
㉝トルコ、リディア；p.185
㉞ルーマニア、ドブロジャ地方；p.183
㉟ウクライナ、キエフ地方；p.198,233
㊱ウクライナ、スムイ地方；p.196
㊲アゼルバイジャン（北カフカーズ）；p.67

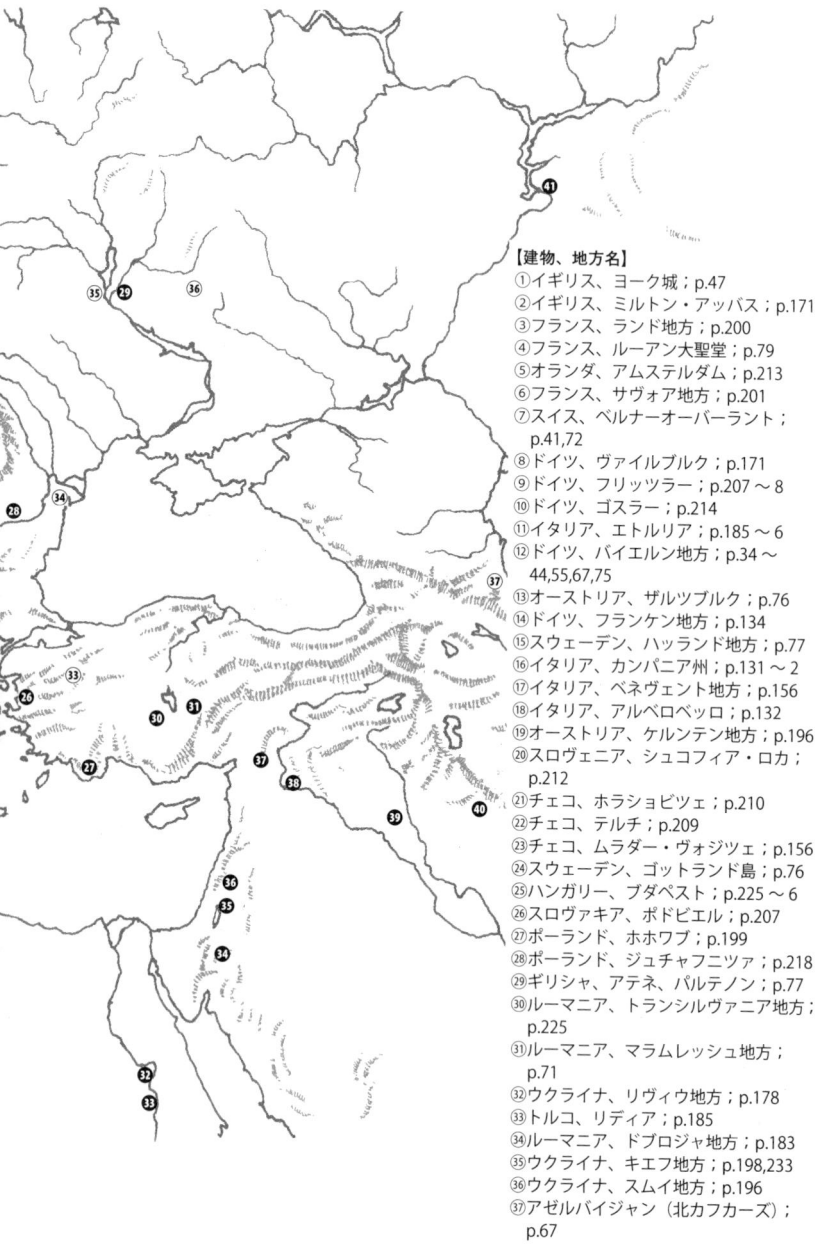

分布図（ヨーロッパ）　本書掲載の遺跡・遺構・建物その他

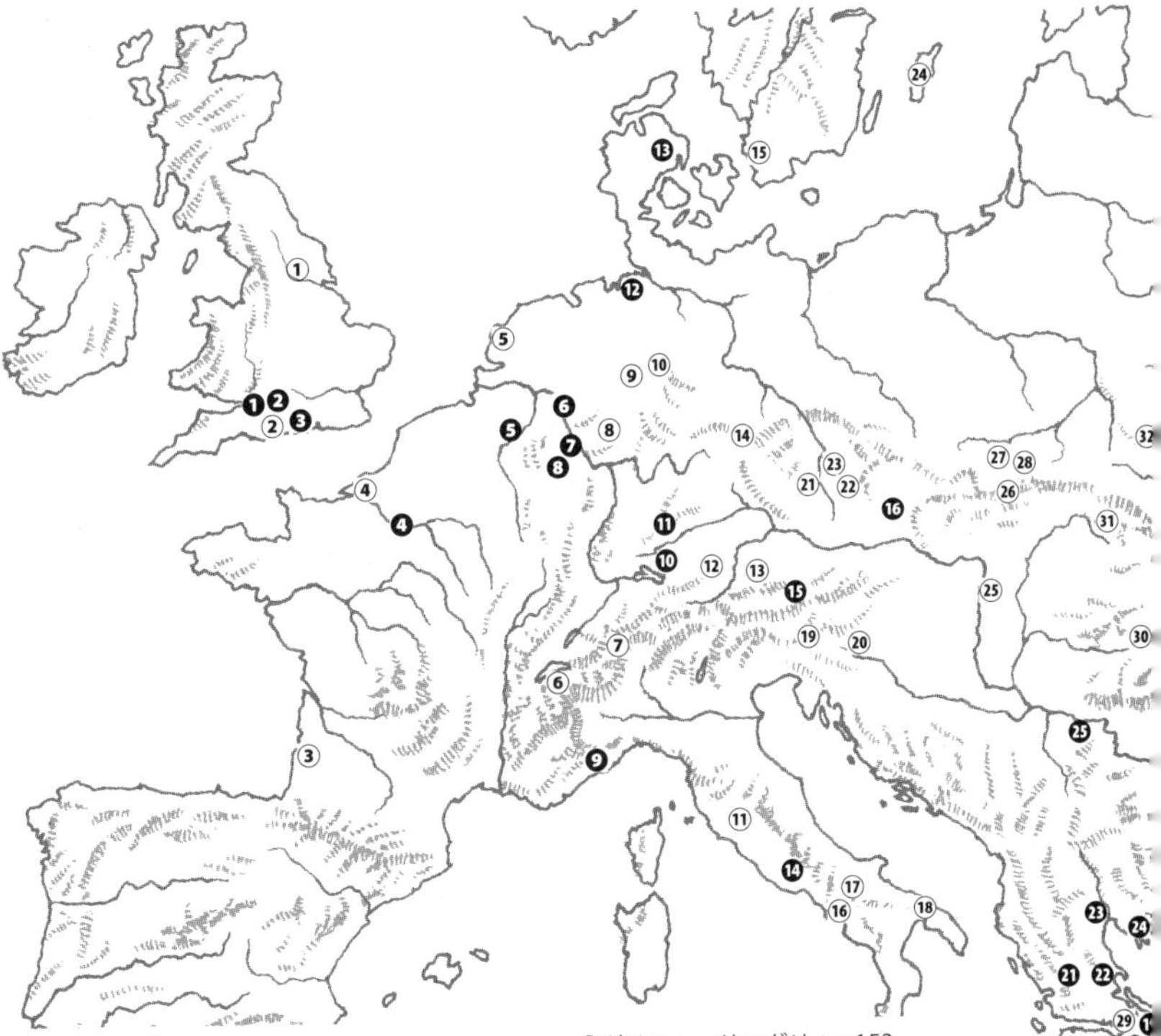

【遺跡・遺構】

❶イギリス、グラストンベリー；p.131
❷イギリス、ストーンヘンジ；p.146～7
❸イギリス、リトル・ウッドベリー；p.146～7
❹フランス、パンスヴァン；p.130～1
❺オランダ、シッタート；p.89～90
❻ドイツ、ケルン・リンデンタール；p.88
❼ドイツ、ゴェナースドルフ；p.130～1
❽ドイツ、トーリア；；p.195
❾フランス、テラ・アマタ；p.129～31
❿ドイツ、アイヒビュール；p.89,202～3
⓫ドイツ、ゴールドベルク；p.66
⓬ドイツ、フェッダーセン・ヴィールデ；p.76～7,205
⓭デンマーク、ホブロ；p.202
⓮イタリア、ローマ；p.110～1,154
⓯オーストリア、ハルシュタット；p.194～5
⓰チェコ、ドルニ・ヴェストニツェ；p.136～7
⓱ギリシャ、ピュロス；p.78
⓲ギリシャ、アルゴス；p.184～5
⓳ギリシャ、ネア・マクリ；p.154～5
⓴ギリシャ、ナクソス島；p.184～5
㉑ギリシャ、サングリ；p.153
㉒ギリシャ、セスクロ；p.154
㉓ギリシャ、ネア・ニコメディア；p.152
㉔ギリシャ、オリュントス；p.211
㉕セルビア、レペンスキ・ヴィル；p.132～3
㉖トルコ、アルト・スミュルナ；p.154～6
㉗トルコ、リュキア；p.186
㉘ルーマニア、ピエトレーレ；p.130
㉙ウクライナ、プシュカリ；p.119
㉚トルコ、チャタル・ヒュユック；p.101～3
㉛トルコ、キュルテペ；p.185～6
㉜エジプト、ルクソール（テーベ）；p.85
㉝エジプト、ヒエラコンポリス；p.157～8
㉞ヨルダン、ベイダ；p.100
㉟パレスティナ、ジェリコ；p.100
㊱イスラエル、アイン・マラッハ；p.157
㊲シリア、ジェルフ・エル・アハマル；p.147
㊳シリア、ムレイビット；p.140～1
㊴イラク、ウンム・ダバギーヤ；p.104
㊵イラン、ガニー・ダレー；p.104
㊶ロシア、ペルヴォエ・ススカン；p.69

第1章　エスノ・アーキテクチュアとは

スマトラの建築をはじめて知る

赤道直下のしかもその山奥で、こんな建物に出会うとはまったく思っていなかった。一九七九年二月、インドネシア、スマトラのトバ湖[*1]に浮かぶサモシル島での出来事である。同行者は同じ東洋大学[*2]の仲間二人だけだった。

その建物とは、湖周辺に昔から住むトバ・バタック族[*3]の首長の家（図1）。周囲に同じ形の住居を四棟、反対側にそれを小ぶりにした穀倉を三棟従えながら、そのひときわ大きい鞍型屋根の姿を南国の空に誇っていた。屋根先端の高さは約一二メートル。しかもそれは建物の妻面から水平距離で五メートルほど前に突き出ているから、斜めに立ち上がったその屋根破風の迫力はすさまじい。

大工仕事は日本の宮大工顔負けの的確さで、破風を補強する部材や壁板の上端は、すべて黒と赤を基調とする縞模様で力強く彫り込まれている。これも凄い技だ。建てられた年代は不明だが、おそらく二〇〇年は経ているだろう。

これらの建物の敷地は身の丈ほどの石垣で囲まれているので、そこに穿たれた低くて狭い門を、潜るようにして入らざるを得ない。それで余計に妻破風の高さが身に迫るのか、それともすべての家の棟木が見事な曲線を描いて反り上がっているためか、敷地全体になんともいえない緊張感と垂直感が漂っている。

そのうえ、その勢いを助けるかのように敷地の背後に照葉樹が高く聳え、あたかも日本の神社にある杜《もり》の梢のように、建物の輪郭を引き立てている。高床を支

＊1　約七万年前の大噴火でスマトラ島北西部に出現した長さ一〇〇km、幅三〇kmの長大なカルデラ湖、湖面の標高は九〇〇m。

＊2　東洋大学「東南アジアの都市と住居に関する研究（一九七九〜八四年）」の現地調査。同行者は布野修司と岡利美。

＊3　インドネシア・スマトラ島北部を拠点とするバタック族（プロト・マレー系）の主たる種族で人口は約一〇〇万。その半数は島外に進出している。

える束が貫で固められているところは、出雲の大社造りにそっくりだ。三階妻側の破風の足元にバルコニーがあり、太鼓が据えてあった。祭日にはここで音楽が奏でられ、日本のお神楽や盆踊りのように下の広場で村人が踊るそうだ。

高床造りの二階に入るため、建物の妻側正面にある勾配のきつい階段を上がってみた。中は非常に暗い。建物中央の床上に細長い炉（図2）が置いてある。灰

図1　インドネシア、トバ・バタック族、首長の家（サモシル島、シマルンゲン）

図2　首長の家、二階内部の炉と寝台

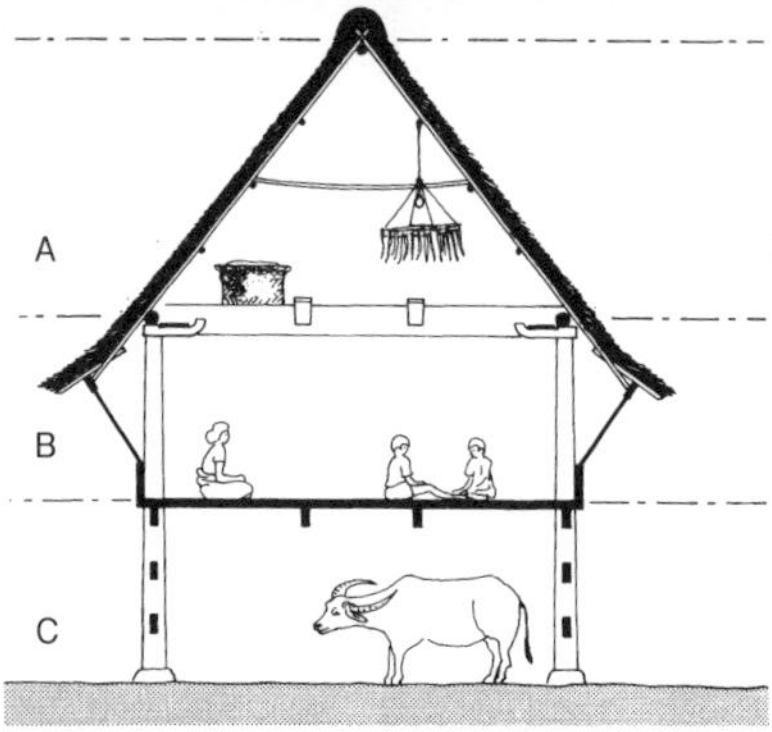

図3　空間の棲み分け（トバ・バタック族）

床を角材で囲った形式だ。ここの湖は標高九〇〇メートル。朝晩は冷えるので、炊事以外でも暖をとることがあるらしい。それにしては小屋裏が高く、鞍型屋根の裏の構造が丸見えで、垂木などに竹を上手く使っているのがよくわかる。

二階の床から二メートルの高さにある妻側の狭い回廊から、先述のバルコニーに出られた。しかし、この二階の天井以上から上は人ではなく、先祖の魂などが住む聖なる空間で、貫で固めた床下は水牛や豚を飼う場所だと案内人がいう。バタック族は住まいの空間をA・B・Cの三段階（図3）にわけ、精霊と人間、それに家畜とがそれらをうまく棲み分けているのだ。こうした慣習は日本にない。だが、この家を見終わったとき、案内人が最後の言葉を付け加えた。

「バタック族には一つの伝説が残っています。大昔、ある処[*4]に住んでいたバタックの先祖たちは、三つの集団に分かれてよそに移住しました。最初の集団はここトバ湖周辺へ住み着き、第二の集団は同じインドネシアのスラウェシ島へ移ってトラジャ族になりました。第三の集団は日本に行ったと伝えられています。」

これは大変な話。スマトラ島のバタック族とスラウェシ島のトラジャ族[*5]との民族的な繋がりはそれ以前から聞いていたが、バタック族が日本に向かったなどとは寝耳に水だ。このような話は日本でまったく聞いたことがない。たしかに柳田國男[*6]の『海上の道』を初めとする南方文化伝播説は有名だが、それも南西諸島やそのすぐ南の地域くらいまでで、日本からはマレー半島の裏側にあたるスマトラ

＊4　プロト・マレー系の祖地はインドシナ半島とされていたが、最近は中国南部から台湾に渡り、そこから南の島嶼部に拡散したという説が有力である。

＊5　スラウェシ島南西部の山岳地帯に住むプロト・マレー系民族。トラジャは「高地に住む人」の意で、人口六五万のうち四五万がタナ・トラジャ県に住む。

との関係など、考えてもみなかったのは事実だ。しかし、その日の筆者には、そのように一見根拠がなさそうな伝説を確かめるよりも、こうした建物に戦後の日本人として初めて出合った感激のほうが、はるかに大きかった。

日本に知られていなかった理由

それにしても、こんなに素晴らしい建築が、なぜ日本に知らされていなかったのだろうか。

私たちの調査行は、この後、ほかのバタック族やミナンカバウ族[*7]の住居（図4）や集落を見て終わることになるのだが、帰国後、こうしたインドネシア建築について、日本でどれだけ調査や研究が行われたのか、さっそく調べてみた。すると、そうした資料が乏しいなかで、太平洋戦争のさなか、日本の南方への軍事的な進出に呼応して、政府や民間でも東南アジアやミクロネシアなどへの民族・民俗学的調査が幾度も行われていたことがわかってきた。しかし、建築学の分野ではきわめて稀少で、とくに現地におもむいて調査・研究した例は、材料・資源工学などの領域を除くと、ほとんどなかったといってよい。

特に、東南アジアやオセアニアと関連が深そうといわれていた社寺建築や民家の研究領域においては、具体的な関心を示した大学の研究者が皆無だった。例外は、戦争末期にバンドン工科大学で教鞭をとり、戦後はボロブドゥール遺跡[*8]の修

＊6　民俗学者（一八七五～一九六二年）。『遠野物語』（一九一〇年）、『桃太郎の誕生』（一九五一年）、『海上の道』（一九六一年）等を著す。

＊7　スマトラ島中部を拠点とする農耕民族で人口は約五〇〇万。その三割は国内の他地域やマレーシアに居住し、世界最大の母系社会を形成している。

図4　ミナンカバウ族の住居

復に参加、これらの経験を加味してインドネシアの社寺建築などの研究をまとめた千原大五郎[*9]くらいだろう。戦時中の東京大学建築学科には卒業論文としてインドネシアの民家研究が数編残されているが、指導に当たった藤島亥治郎[*10]の言によると、現地調査は行われず、オランダの文献や日本の従軍記者からの情報を研究資料にしたものだったという。こうした事情もあって、戦後しばらくは海外に行けない日本の名だたる建築史家や建築家たちは、戦前までに得られたインドや中国、そして韓国等の古い文献資料だけを頼りにし、それを日本と比較しながら、アジアの建築の状況やその歴史を論じなければならなかったのである。

そこで、筆者たちはインドネシアから帰国した年から、当地に残る貴重な建築遺産の存在を、できるだけ多くの建築史研究者や建築家に知ってもらうべく、幾度も報告会を催すことにした。おもしろいことに昭和一桁生まれまでの年代は、自らの戦争体験や罪悪感があるのか、東南アジアに際立った興味を示さない傾向がある。だが、それより若い世代には戦争に対する責任感がない。おりしもB・ルドフスキー[*11]の『建築家なしの建築』[*12]の影響が及び始めたこともあって、報告会には無名の建築や集落のデザインに関心を持つ若い建築家や学生が大勢見にきてくれた。なかには、これらインドネシアの素朴な吊り構造の屋根に興味を抱いた川口衞[*13]のように、新進気鋭の構造家たちも加わっていた。

そのような会のある日、筆者がトバ・バタックの民家をスライドで紹介し、そ

＊8　**Borobudur**　インドネシア・ジャワ島中部に残る世界最大級の寺院遺跡。大乗仏教を信奉するシャイレーンドラ王朝の七二〇〜二九年に建設された。

＊9　建築家・建築史家（一九一六〜九六年）。『インドネシア社寺建築史』（一九七五）、『東南アジアのヒンドゥー・仏教建築』（一九八二年）等を著す。

＊10　建築史家（一八八九〜二〇〇二年）。朝鮮・韓国の建築、毛越寺・中尊寺に関する調査・保存活動を続け、『韓の建築文化』（一九七六年）等を著す。

＊11　Bernard Rudofsky　アメリカの建築家・建築史家（一九〇五〜八八年）。『人間のための街路』（一九六九年）、『驚異の工匠たち』（一九七七年）等を著す。

＊12　*Architecture without Architects*, 1977『建築家なしの建築』（渡辺武信訳、一九八五年、鹿島出版会）。

＊13　構造家（一九三二年〜）。国立屋内総合競技場（一九六四年）、日本万博博覧会お祭り広場（一九七〇年）等の構造設計を担当。

＊14　スマトラ島北端を拠点に交易と農耕で暮らすマレー系の民族で人口は約二五〇万。一五世紀にアチェ王国を築き、イスラームの文化や宗教を受容した。

＊15　建築家（一九一三〜八九年）。乃木神社（一九六二年）、香川県立丸亀高等学校武道館（一九七三年）、国立能楽堂（一九八三年）等を設計した。

図5　アチェ族の集会所

れを同じスマトラ島北部に残るアチェ族[*14]の集会場の写真（図5）に切り替えた瞬間、会場の後方から長身痩躯の紳士が急にスクリーンまで近づいてきて、画面に映し出された屋根の棟の曲線を、指をゆっくり横にし、満員の聴衆の前で感慨深げになぞったことがある。その人こそ、日本で神社設計の第一人者といわれた法政大学の大江宏。[*15]かねてから捜し求めてきた理想的な棟のカーブが、アチェの建物の上に突然現れたため、思わず飛び出していかれたということらしい。

この小さな話は、一九八〇年頃までいかに日本の建築史家や建築家が東南アジアの建築を知らなかったか、そしてこれらの「知られざる建築」の意匠や技法がいかに優れたものかということを、雄弁に物語るものではなかろうか。

「知られざる建築」への興味

こうした事情は西欧でもほとんど同じである。一九六四年、先述の『建築家なしの建築』展がニューヨークで開かれた時、ルドフスキーはこう書いた。

「今日まで西欧世界で書かれ、教えられてきた建築史は、ほんの二、三の選ばれた文明だけを対象にしてきた。（中略）その範囲は二世紀に西欧人によく知られたヨーロッパ、エジプト、トルコのアジア地域からほとんど出ていない。さらに時間的なひろがりについて言っても、建築の発展はその最後の時期だけしかとりあげられていないのが常である。歴史家たちは最初の五〇世紀をとばしてしまい、

図6　築地本願寺（設計・伊東忠太）

*16　Sir Banister Flight Fletcher　イギリスの建築家・建築史家（一八六六〜一九五三年）。父 Banister Fletcher（一八三三〜九九年）と共に『世界建築の歴史』を著す。

*17　*A History of Architecture on the Comparative Method*, 1896『世界建築の歴史―建築・美術・デザインの変遷』（飯田喜四郎・小寺武久訳、一九六六年、西村書店）。

私たちに向かって、ただいわゆる「様式的」な建築の盛装した行列だけを示す。建築芸術をこんなやり方で解説するのは、たとえば交響楽団の出現によって音楽芸術が始まった、と言うのと同じである。（後略、渡辺武信訳）」。

彼だけでなく、こうした既存の建築史研究に対する反発は、モダニズムへの批判とあいまって、一九六〇年代から世界各地で見られるようになる。それが建築で先進国といわれる国々から興ったことは、とても皮肉な現象だった。

このことは、欧米の書物を翻訳しながら世界、あるいは西洋の建築史を講じた がる日本の専門家にとって、すこぶる耳の痛い話だ。B・フレッチャー[*16]が比較研究の手法を用いて『世界建築の歴史』[*17]を著したのが一八九六年。そこに少しは中国と日本の建築が記述されているのに安堵したか、または自分らに歴史観が不足していたのか、世界を見渡した視点で研究成果を示し、ルドフスキーの批判に応えられる日本の建築史家は、伊東忠太[*18]（図6）以降、ほとんど現れていない。

また、一九六四年のルドフスキーの批判には続きがあった。

「これまでの建築史は、（中略）特権階級による特権階級のための建築物、つまり真の神々やいかがわしい神々の神殿、財力にあるいは血統に支えられた王族たちの館の傑作選集にすぎず、貧しい人々の住居については一言も触れられていないのだ。（中略）今日のように過去の建築の模倣が衰退し、銀行や駅が顧客の信頼をよびおこすために石造の神殿に似た形をとる必要がなくなると、これまでのように自分勝手に研究対象を制限してしまうのは愚かなことのように見えてくる（前掲書）」。前述した理由で、日本の建築史も当然これと同じ状況だった。

　こう書いた後、彼は「一言も触れられていない」建築を包括する言葉さえないことを嘆き、これらの建築はその場の状況に応じ「その国特有の（vernacular）」、「無名の（anonymous）」、「自然発生的（spontaneous）」、「土着的（indigenous）」、「田園的（rural）」などの語彙で表現するしかないと述べている。

　この件については、A・ラポポート*19も一九六九年に著した『住居のかたちと文化』*20のなかで触れている。彼はまずvernacularとindigenousとは同義語としながらも、前者は近代から相当変質していると考えた。文字使用前はvernacularというより地域特有の形を固守した「原初的（primitive）」建築であり、その土地固有のモデルを地元の職人が自由に修正しながら建てられる「産業化以前の（preindustrial vernacular）」建築だけにvernacularを限定し、それらと産業化以降の建築家や技術者が関与した「高級な様式の（high style）」建築や「近代の（modern）」庶民建築とを区別することで、世界各地の住居や集落の形とその周辺環境が及ぼす生活文化との関係が、正しく読み取れることを示している。彼は「大衆の（folk）」建築という表現があることも認めているが、この言葉は上位文化に対する下位文化の対比を意味しており、それを「知られざる建築」に使うと自分の発言意図が不明確となるので、彼はこちらの表現を用いていない。

＊18　建築家・建築史家（一八六七～一九五四年）。大倉集古館（一九二七年）、築地本願寺（一九三四年）等を設計、『法隆寺建築論』（一八九三年）等を著す。

＊19　Amos Rapoport　アメリカの建築家・建築史家（一九二九年～）。*Culture, architecture, and design*, 2003『文化・建築・環境デザイン』（大野・横山訳、二〇〇八年、彰国社）等を著す。

＊20　*House Form and Culture*, 1969『住まいと文化』（山本正三・佐々木史郎・大嶽幸彦訳、一九八七年、大明堂）。

図7　パプア・ニューギニア、セピック川流域の鞍型屋根

民族学と建築学との結合

　こうした事情から、筆者がインドネシアで出合った「知られざる建築」をどうまとめて表現してよいか、それを思いあぐねていた一九八一年、一冊の新刊書が手元に届いた。京都大学など日本に一〇年間滞在していたG・ドメーニグ*21の『原初的な屋根架構の構造』*22（一九八〇年）だ。副題で「東アジアや東南アジア、オセアニアにおける古い傾斜破風の諸現象についての資料とその再構築案」という建築的なテーマを掲げているが、実際の内容は建築だけでなく、考古学、歴史学、民俗学、民族学、地理学等の広い領域にまたがる力作だった。

　筆者らを驚かしたのは、東南アジアやオセアニアの伝統建築を紹介しながら、日本の縄文時代の住居から弥生時代の家型埴輪や家屋文鏡、はては近代の五箇山の部落までを中国やタイの古代建築と共に登場させ、それらに東南アジアやオセアニアの建築との密接な関連があるという彼の新説である。

　もちろん、彼はそれまでのヨーロッパの研究（例えばB・A・G・フロクラー*23へやR・ハイネゲルデルン*24の業績）のすべてに通じている。だが、彼の先達となった民族学者たちは、彼らにとって異文化だったこれらアジア諸地域の民家や集落を、建築的な構造や材料、空間配置などから成り立つ「モノ」としてではなく、民族や地域ごとに違う儀礼や習慣、言語や思考等の精神文化がもたらした「意味」として捉えようとした。例えばフロクラーへの「東南アジア等の鞍型屋根（図7）は船

＊21　Gaudenz Domenig　スイスの建築史家（一九三五年〜）。

＊22　*Tektonik im primitiven Dachbau; Materialien und Rekonstruktionen zum Phänomen der auskragenden Giebel an alten Dachformen Ostasiens, Südostasiens und Ozeaniens*, 1980.

＊23　Bernardus Andreas Gregorius Vroklage　オランダの民族学者（一八九七〜一九五一年）。*Das Schiff in den Megalithkulturen Südostasiens und der Südsee*, 1936 等を著す。

＊24　Robert von Heine-Geldern
オーストリアの民族学者（一八八五～一九六八年）。『東南アジアの民族と文化』（小堀甚二訳、一九四二年、聖紀書房）等を著す。

＊25　建築史家（一九〇九～二〇〇一年）。登呂遺跡の復原設計や法隆寺等の文化財保護に尽力、『文化財と建築史』（一九六九年）等を著す。

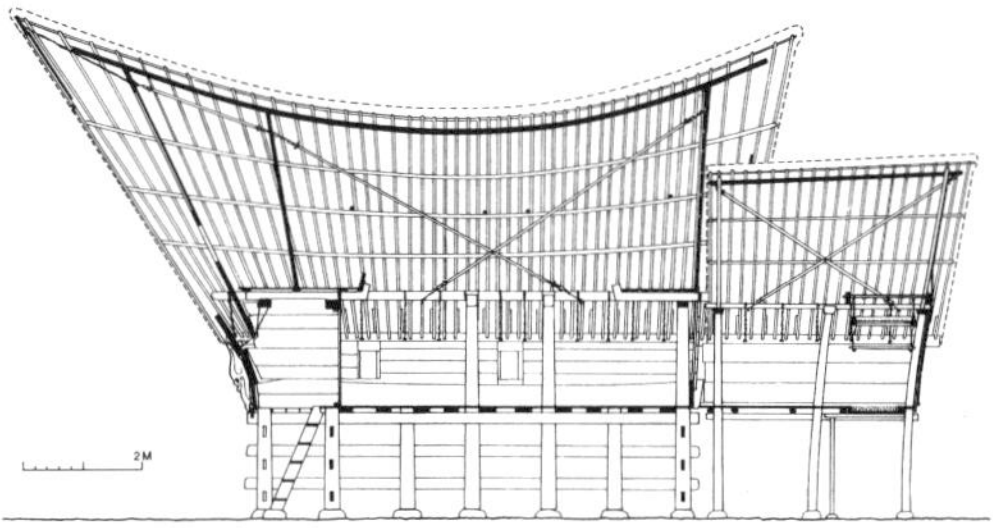

図8　トバ・バタック族住居断面図

の形を象徴したもの」という学説を、いまでも多くの専門家がそう信じている。その後に興った文化人類学でも、家族関係や社会組織といった生活文化や日常思考の構造面で、住居や集落の形の意味を読み取ろうとする傾向が強い。

しかし、ドメーニグは建築出身だけあって、これらの住居、とくに屋根の架構がどうしてこの形になったか、そこに着目した。彼は関野克[*25]や藤島亥治郎などが残した古代住居の復原案を参考にしながら、スマトラ、カロ・バタック族の巨大な鞍型屋根がどのような原初的な形から現在の架構に至ったか、台湾などに残る素朴なブランコの形[*26]を元に、その発展過程を独創的な案にまとめたのである。

もう一つこの本の特長は、カロ・バタック族やトバ・バタック族の住居を、正確な断面図（図8）や集落の配置図などで初めて世界に紹介したことだ。重要な部分の仕口詳細図もある。ただし、その元図は地元の建築調査機構[*27]が一九七二年に行った建物実測調査の図面で、その報告書は筆者らも入手していたが、それをこのような広域の比較研究にまで持ち込むとは、ドメーニグ以外誰も想像していなかった。彼の本がヨーロッパで高く評価されたのも当然だろう。

だが、ドメーニグは、建築的な発想を民族学や考古学の研究よりいつも優先させていたわけではない。例えばトバ・バタック族と同じ民族的な背景を持つスラウェシのサダン・トラジャ族[*28]の場合だ。彼らの住居の鞍型屋根（図9）には、妻側にある一本の長い柱で棟先が支えられている形が非常に多い。これこそ伊勢神

図9　サダン・トラジャ族の集落

＊26　一二一頁、図4参照。
＊27　"Field survey by G.T. Sargeant and R.Saleh, under the direction of A.Hariman, for the Regional housing Center, Bandung".
＊28　南部のタナ・トラジャ県に居住するトラジャ族の呼称。東部にはポソ・トラジャ、西部にはコロ・トラジャとパル・トラジャが住む。

宮に見られる棟持柱と源は同じだと、日本で一時騒がれたくらいである。

ところが、ドメーニグは現地調査の結果、そうでないことを明らかにする。トラジャ族は一九世紀まで極度に閉鎖的であり、外部に対しては抗戦的な態度でその地域社会を維持してきた。当初は棟持柱を持つ急勾配の切妻屋根の住居を建てていたが、稲作農耕に頼る彼らの生活環境が変化し、だんだんと以前より緩い勾配屋根のより造りやすい構造に変えていったのだ。近代建築の視点から見ると、この形の変化は、地域集団のなかでの合理性に沿った技術の発達とその結果といえるのだろう。

だが、二〇世紀になるとオランダによるキリスト教の布教や行政側の努力で地域が開け、他の種族や先進国の情報が入るようになった。すると、サダン・トラジャ族は急に破風の出と棟の反りを大きくし、彼らの民族としてのアイデンティティを誇示しはじめる（図10）。棟持柱が復活して重くなった軒を支え、全体のプロポーションを前と同じに保つため、床高も高くなったのである。

ドメーニグは、こうした経緯を屋根架構の変化と棟持柱の追加という手順で巧みに説明している。東南アジアの民家では、建築における機能中心の考え方だけでなく、民族学でいう建物の象徴性の有無を問題にしないと、その形態の変化が説明できない場合もあることを、実例で具体的に示したのだった。

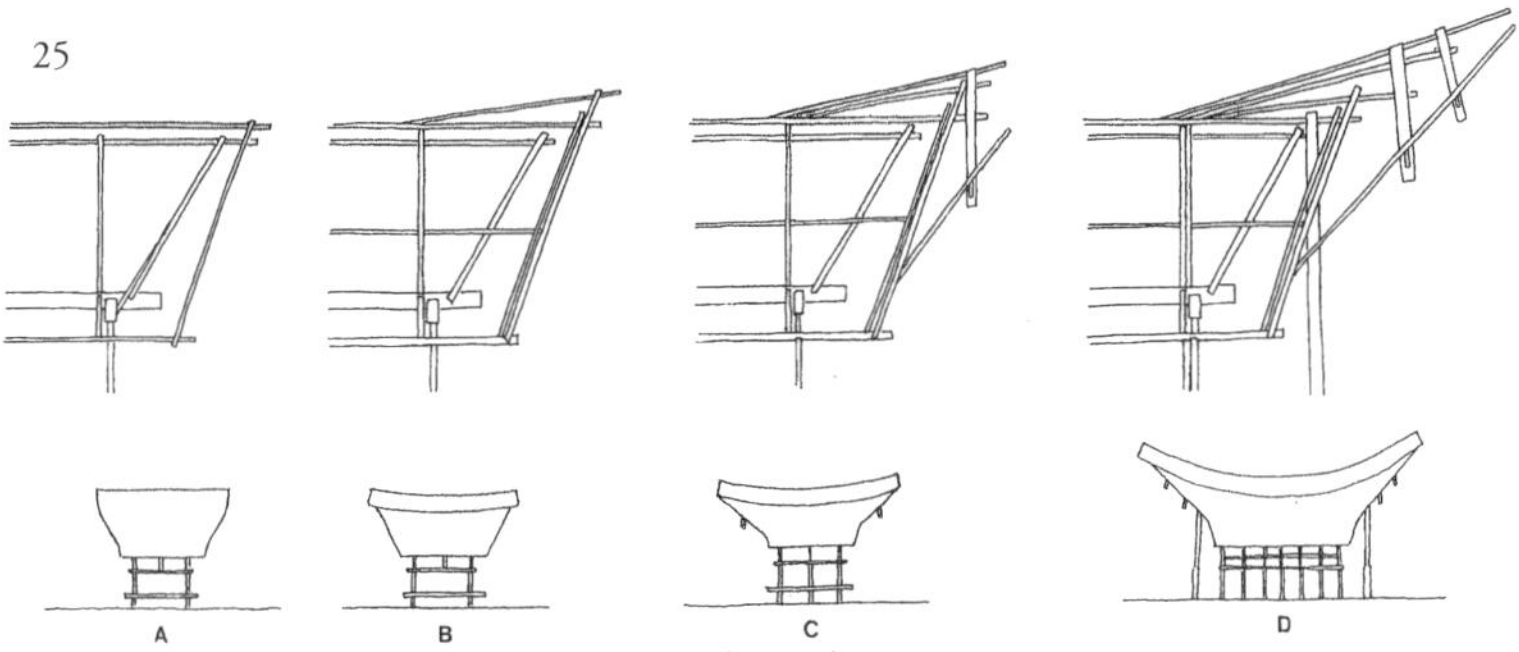

図10　サダン・トラジャ族、鞍型屋根の変遷（A→D）

「知られざる建築」を包括する言葉

　こうした実績が高く評価された結果、ドメーニグは一九八三年一月、国立民族学博物館主催の「日本のすまいの源流」[29]シンポジウムに招かれることになる。当時の彼の身分は、スイスのチューリッヒ工科大学エスノ・アーキテクチュア部門の講師。この大学には小規模ながらこの名前の研究部門がある。「エスノ（ethno）」とは「エスニック（ethnic）」と同様、ギリシャ語で「民族の」[30]という意味。したがって「エスノ・アーキテクチュア」は、直訳すると「民族の建築」ということになる。これは語呂のよい言葉だ、これなら今まで述べてきた「知られざる建築」を包括することができるのではと、彼とこのシンポジウムに参加した筆者は即座に考えた。なぜなら、古代、現代を問わず、どの国どの地域の建築の住み手も、混血の程度は別として、かならずある民族から出自した人たちだ。民族の系統は人類学で明確にされているから、どの地域の建築もその住み手との関係が民族の系統図で整理され比較できる。そうした建築のすべてからラポポートのいうhigh style 建築や、身近にはあるが素性が知れない近代の庶民建築を差し引けば、それが「知られざる建築」の総体になるはずである。

　ヨーロッパ、とくにドイツの「民族学（ethnology）」では、建築学と協力することで伝統的な住居研究が二〇世紀前半まで盛んだった。建築学者[31]はそれまで high style 建築の関係者が無視してきた僻地の民家の構造や平面構成まで調べ、民族学者[32]は民族誌を基に建築という物質文化の民族的な背景を探求した。スイスにエスノ・アーキテクチュアの研究所があっても、なんら不思議はないのだ。

だが、こうした「民族建築学」ともいえる両者の親密な関係が、以後の世界に通用するとは限らない。人類の精神文化や社会構造の探求を主眼とする「文化人類学[33]（anthropology）」がアメリカに興り、住居や集落も、その居住形態や集住構造を研究の主体とする関係で、dwellingとsettlementsとに呼称が変わった。この領域では建築でいうhouseやvillageという物的概念が尊重されず、そのため、「文化人類建築（anthropo architecture）」という概念すら存在しないのである。

そこで、もし「知られざる建築」の中に今日の建築の状況では得られない発想やデザイン、貴重な技術やそれを成り立たせる工学的な原理などを発見したければ、これら「知られざる建築」全体を、やはりヨーロッパ風に「エスノ・アーキテクチュア」と表現するのが、もっともふさわしいと筆者は考えるのだ。

仮に在来の民族学の領域の狭さに疑問を持つ建築の関係者が多くいるのなら、「エスノ」の意味を拡大し、その解釈や運用にもっと柔軟性を持たせることで、「エスノ・アーキテクチュア」の及ぶ対象の範囲を拡張すればよい。

例えばヨーロッパの民族学は自然（形質）人類学[34]と仲たがいしたが、人間の骨格や形状を分析し、そこから人類の歴史や種族の特質を推定する自然人類学の科学性は重要で、それを建築史の研究や分類方法に生かそうとする際、建築の上に

*29　シンポジウムの成果は『日本のすまいの源流—日本基層文化の探求—』（杉本尚次編、一九八四年、文化出版局）に収録されている。

*30　古代ギリシャで、ポリスの住民をデモス demos、それ以外のギリシャ人や非ギリシャ人を種族的単位でエトノス ethonos と称したことに由来する。

*31　C・シェーファー（Carl Schäfer 一八四四〜一九〇八年）やH・フレップス（Hermann Phleps 一八七七〜一九六四年）など。

*32　A・マイツェン（August Meitzen 一八二二〜一九一〇年）やB・シェール（Bruno Schier 一九〇二〜八四年）など。

*33　F・ボアズ（Franz Boas 一八五八〜一九四二年）やA・クローバー（Alfred Louis Kroeber 一八七六〜一九六〇年）など。

*34　人類やゴリラなどに共通なヒト科の祖先から人類はどう進化してきたかを解明する学問領域。進化のメカニズムに注目した領域は進化人類学と称される。

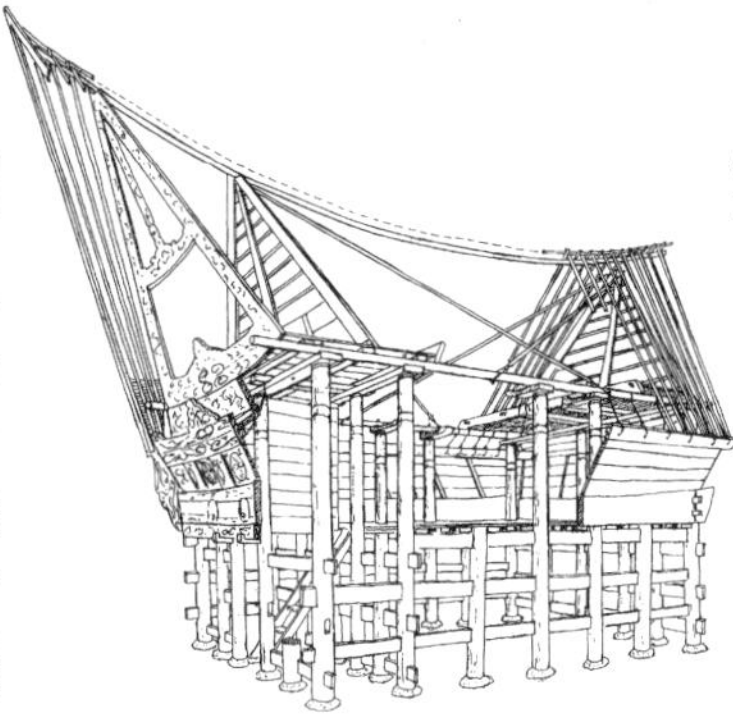

図11　トバ・バタック族、反り棟の構造

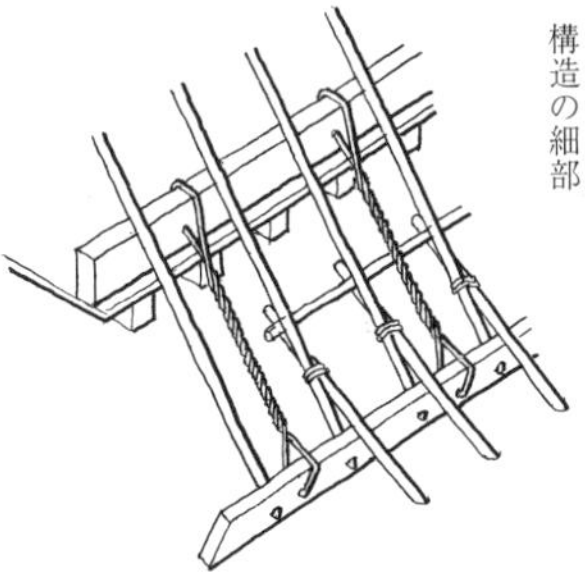

図12　トバ・バタック族、吊り屋根構造の細部

「エスノ」を冠してそれを示すとか、文化人類学が考古学や言語学と協力して開発した、人類の文化を親族関係などの基本的な構造から社会構成のような複合的な構造にまで展開させながら研究する方法を、建築や集落を造る際に必要な知恵や技法の探求に応用することなど、有益な使い方がいくつか考えられよう。

ただし、この「知られざる建築」から幸いにして有用な技術や知恵、原理等が得られた際、それをそのまま現代の建築技術や建築理論と混同して示すと、とんでもない失敗や混乱が生じるかも知れない。例えばトバ・バタック族の家の吊り屋根構造には、世界でも稀な棟木（図11）や垂木の技法（図12）が使われている。あれほど日本の構造家が興味を示したからには、そこにはきっとなにか知られざる原理が使われていたにちがいない。しかし、その構造力学的な原理や合理性については、余りにも珍しいため、即座に証明できない場合もあるのである。

そこで、とりあえずこうした「エスノ・アーキテクチュア」の技法や技術に関わる分野を「エスノ・テクノロジー」、その工学的な原理や科学性に関わる分野を「エスノ・サイエンス」として、既存の技術や科学の概念と分離しておこう。それらが既存の技術や科学の体系の中にめでたく採り入れられるかどうかは、今後の事例収集や分析作業の成績次第である。もし、よい結果が得たければ、「エスノ・アーキテクチュア」のなかに常時「エスノ・テクノロジー」と「エスノ・サイエンス」の存在を嗅ぎ取るだけの、鋭い嗅覚と直感力が必要だろう。それが

図13　富山県五箇山の集落

ないと、今後のグローバル化した社会では、まともな建築家や建築史家になれないのかもしれない。

「エスノ・アーキテクチュア」をこう定義すれば、トバ・バタックの集落もサダン・トラジャの民家も、世界の建築としてやっと位置づけられたことになる。大昔の日本は多民族国家だった。縄文住居や登呂遺跡、五箇山の集落（図13）も、民族の建築という意味で、インドネシア建築の仲間になったともいえるのだ。

それでは、内容に応じて「エスノ・アーキテクチュア」の定義を補強しつつ、次の章から順を追ってこれらの建築に秘められた技術や原理を発見し、これまでの建築の常識とくらべながら、その真価を問うていくことにしよう。

第2章　屋根の材料と勾配の選び方——民族文化と地域の特性

「エスノ」は国民か、それとも民族か

先の章で述べた民族学での「エスノ」とは、「同じ言語や習慣、宗教などを共有する人々の」という意味で使われている。そこで、「民族」という言葉は「こうした人々のグループ（ethnic group）」の意味であることは明確で、決して「国家」や「国民（nation）」と同じ概念でない。

日本のようにその領土内に住む人が単一の言語、互いによく似た習慣で結ばれていると、「民族」と「国民」とが同じ意味で使われることが多くなるのは、ある程度やむを得ないだろう。だが、世界には現在の中国[*1]やアメリカ合衆国[*2]、旧ソ連邦[*3]のように、同じ国なのに異なった言語や習慣、宗教の人々がその国の一部に集まって住んでいる国がいくつもある。そうした地域の人々が、同じethnic group だからという理由で、その周辺地域から政治的に分離独立したがるのがいわゆる民族自立主義、それがいつも紛争のもとになれば少数民族の問題、ということになるが、その一方、異民族どうしがたがいに理解しながら、少なくとも表面上は平和裏に共存している国もたくさんある。

こうした複雑な民族的背景を持つ国の場合でも、民族学や文化人類学では、「民族」を政治的な意味の「国家」でなく、「ethnic group」として扱ってきた。これには二〇世紀前半に民族学がドイツ・ナチズムに利用され、それがユダヤ民族など他民族の弾圧につながったことへの反省も多く含まれている。したがって、言

＊1　漢族（九二％）とその他五五の少数民族（チワン族、満族、回族、ミャオ族、ウイグル族、イ族、モンゴル族、チベット族、ブーイー族、朝鮮族等）から成る。

＊2　イギリス系、ドイツ系、アイルランド系、アフリカ系、イタリア系、メキシコ系、ポーランド系、フランス系のアメリカ人、生粋のインディアン等から成る。

＊3　ロシア人（五一％）、ウクライナ人（一六％）、白ロシア人（四％）の他、一〇〇以上の民族（ウズベク人、カザフ人、タタール人、アゼルバイジャン人、アルメニア人等）から成っていた。

図1　カリフォルニアのバンガロー式住宅

図2　オハイオの伝統的な住宅

語や習慣、宗教といった人類文化の諸相を、国境線といった政治的な枠組みのなかで強引にとらえようとしてはいけない。建築も同じである。例えば「チベットの住居」というと、現在の山に囲まれたチベット国内のものを指すが、そこを「チベット族の住居」ということで、中国西部やネパール北部に住む多くのチベット系の人々の住まいも抱合して研究の対象とする。同じ人類文化のもとに暮らす人々を、なぜ国境線で政治的に分離させねばならないのか、その無意味さを学術的に知らしめるため、成果をあげようとしている研究者も少なくない。

ところでアメリカ合衆国の場合、ニューヨークのチャイナ・タウンやイタリア人街などのように、同じ民族的背景を持つ人が都会の一隅に集中して住んでいるのなら、その建築をある「ethnic group」の特徴としてとらえ、他のグループの建築と比較することは比較的やさしい。だが、何世代も前に移民し、地元の人々と混血を繰り返しながら、アメリカ各地に住み着いたアイルランド系やスラヴ系のような人々の家々から、その民族的な背景や建築の傾向を探り出すとなると、こちらのほうが遥かに難しい。先住民からの圧力を避けるため、集まって暮らした祖先の時代はとうに過ぎ、彼らの住まいが各所に点在しているからだ。

しかし、ある州や郡の住まい全体がどことなく他の地域と違って見えることはよくあること。例えば現代のカリフォルニア（図1）とオハイオ（図2）の住宅は、大きくその形や住み方が違う。すると鋭敏な文化人類学者は、その地域にどのような民族的背景を持つ人々がいるか、例えばイスパニア系が何パーセント、ドイツ系が何パーセントとかを調べ始める。そうしてその多数を占めるグループからサンプルをとり、その人々がどこからそこにやってきたか、なぜそこに住み着いたか、その民族的な系統ごとに細かい記録を作りあげてしまう。これらの民族誌からアメリカ諸地域の建築の民族的な背景が常に説明できるかどうかは定かでないが、見事にその成果を示した研究例はいくつも報告されている。

地域の特性とエスノ・アーキテクチュア

だが、こうした地域ごとに分けた研究で、もしそこに民族的な背景の差による建築の違いが見出せない場合、それらの建築をなんと呼べばよいのだろうか。例えば日本の場合、古代の日本列島に移住してきた民族の多彩さから見れば、日本の伝統的な民家全体が、外国人[*4]から見れば立派なエスノ・アーキテクチュアだ。でも、日本人どうしが非常に長い間混血を繰り返してきたから、いま日本各地に住む人たちの民族的背景が、それぞれ違うとはいえないのだ。もしその違いがあっても、差別を恐れてそれを隠したがる人がいるかも知れない。すると、伝統的な木造民家のように、地域ごとにその特長が見出せる建築は、「東北の農村建築」とか「佐賀の民家」というように、地域の名前を冠してたがいに区分され、比較されるようになる。地域名には、当然ながら険しい山脈や大きな川といった地形

＊4　E・C・モース（Edward S. Morse）『日本のすまい・内と外』（上田篤ほか訳、一九七九年、鹿島出版会）。

図３　フィリピン、ルソン島の茸のようなイフガオ族の家

的な特徴で行政的に区分されている例が、日本では圧倒的に多い。そこで、この地域名は、「中部山岳地帯の穀倉」とか「日本海沿岸の集落」といった、各地域の自然環境を加味した区分にそのうち変わるのは必定で、やがて地域名も抜いてしまい、「豪雪地帯の町並み」とか「照葉樹林帯の木造建築」といった、気候風土の違いをそのまま建築の区分に用いるのが、慣例となってしまうのである。

　こうした地域や地形、自然環境を軸とした建築の区分けは、ルドフスキーがこれまで知られていなかった建築を、「その国特有の（vernacular）」とか「土着的（indigenous）」、「自然発生的（spontaneous）」とかいう言葉で包括しようとした考えと同じである。とくに最後の自然発生的という建築の捉え方は、周辺の自然環境の違いが、そこで生まれる建築の形態や使い方の差に直接顕れるという、環境決定論的な考えを代表している。「民家は茸だ」＊5という表現が日本で好まれる理由はまさにこれで、これは日本の自然の多様性を誇りながら、日本では民族的背景の差異が少ないことを、その反面で強調する姿勢なのかもしれない。

　しかし、これまで建てられてきた世界の民家建築を地域ごとに見てみると、はたしてそのすべてがその地域特有の気候風土とか、それに根ざした住民の生業から生まれたものとはいえない例が多くでてくるのだ。例えば同じ緯度や高度に生育する広葉樹林帯でも、そこに住む人々の家の建て方は、時代やその民族的な背景によっていくつも型が違うし、農業や牧畜の形式も決して同じではない。逆に

＊5　篠原一男『住宅建築』（一九六四年、紀国屋書店）。

＊6　ゲルマン系では西ゴート、東ゴート、ブルグント、ランゴバルド、アングロ・サクソン、ジュートなど、東方系ではフン、サルマタイ、スラブなどの諸族。

図4　バイエルン地方の石置屋根

同じ形の民家が別々の場所にあっても、その周辺の自然環境や生業の方式は様々な場合もある。とくにこれまでその「地域固有の形態」といわれていたものが、歴史的に見てみると幾度も変遷している例が非常に多いのだ。

その変遷の理由は、「気候温暖化」という類の自然環境の大きな変化や、「農業生産のグローバル化」といった生業の構造的な変化等が、民家の形の変遷に徹底的な影響を与えたことはもちろんなのだが、時代を古くまで遡ると、その地域の建築が大きく変化するのは、「エスノ」の対象とされたその民族自体が大規模な移動を起こした場合だろう。ヨーロッパにおける民族移動の時代も、様々な民族[*6]が山河を越え、先住民の文化を駆逐していくたびに、その地域の民家の形式はめまぐるしく変わったはずだ。ただ、それは彼らの原文化を育んだ祖地と新たに移動した地域の自然環境とが、瓜二つ似ていた場合に限られる。もし、その新たな土地が、その民族が持っている伝統的な建築の手法にそぐわない環境だったら、その時、彼らはその土地に合う方法で「土着的（indigenous）」建築を新たに考えるか、それとも伝統的な手法、彼ら本来のエスノ・アーキテクチュアを強引に固守するか、そのどれを選ぶかは非常におもしろい問題である。

ただし、どのような文化でも、住生活や食生活では、人間社会をとりまく環境がよほど変化しないかぎり、人は伝統にしたがって保守的な生活を送りたがるものだ。そこで、古代の人々は、従来の狩猟や農耕・牧畜に頼る生活がその地域

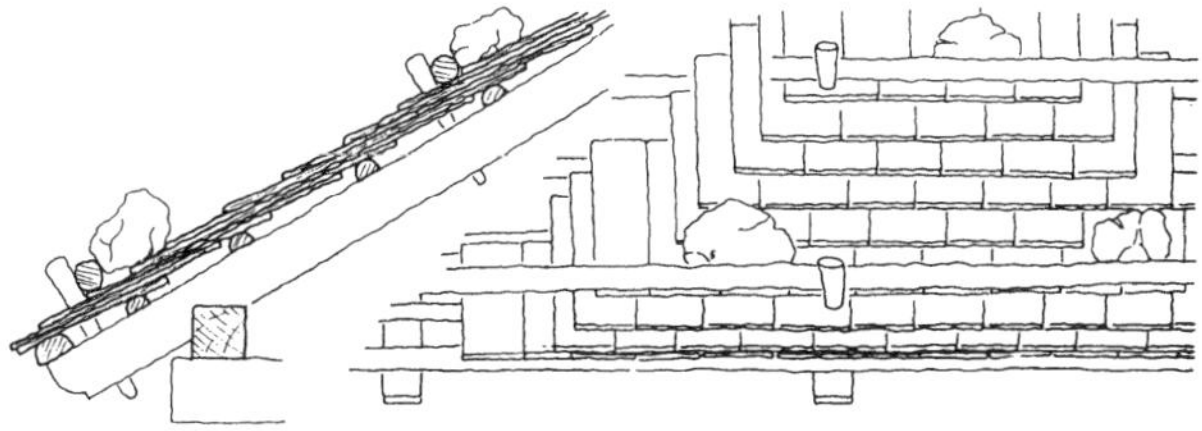

図5　バイエルンの石置屋根詳細

でもはや維持できなくなった時、より良い環境をめざして移動した。他地域の資源や住民を征服するための移動という政略的行為を別にすれば、それが ethnic group としての民族移動である。したがって、彼らの移動の経路は、周辺地域の情報を探りながら、自分たちの食生活、住生活のための適地を求めて、最初は慎重に選ばれていったに違いない。それなりの判断力を皆で働かせていたのだ。それでも、その判断が狂うとか、適地がすでに他のグループに先取されていると、思っても見ない自然環境の中を通過し、場合によってはそこに定着しなくてはならない場合がしばしば起きてくる。そうした古い民族移動の跡や、そこで生まれた苦し紛れの生活文化は、世界中いたるところで幾重にも堆積している。

それではそこでどんな建築、エスノ・テクノロジーやエスノ・サイエンスが生まれてくるものか、その例を一九世紀のドイツの民家について見てみよう。

地域に適した屋根勾配と民族の伝統

ミュンヘンの南、バイエルン地方の山岳地帯は、堂々とした大きな屋根を持つ木造の民家（図4）が多いことで有名である。屋根の勾配は緩く、素性のよい木材をたち割った板を葺いて、その上に押さえの石を置くのが古来からの屋根葺の手法（図5）だった。人々はカラマツやトウヒ、そして欧州アカマツを七〇センチから九〇センチの長さにし、それを斧で一つずつ割って幅八センチから一二セ

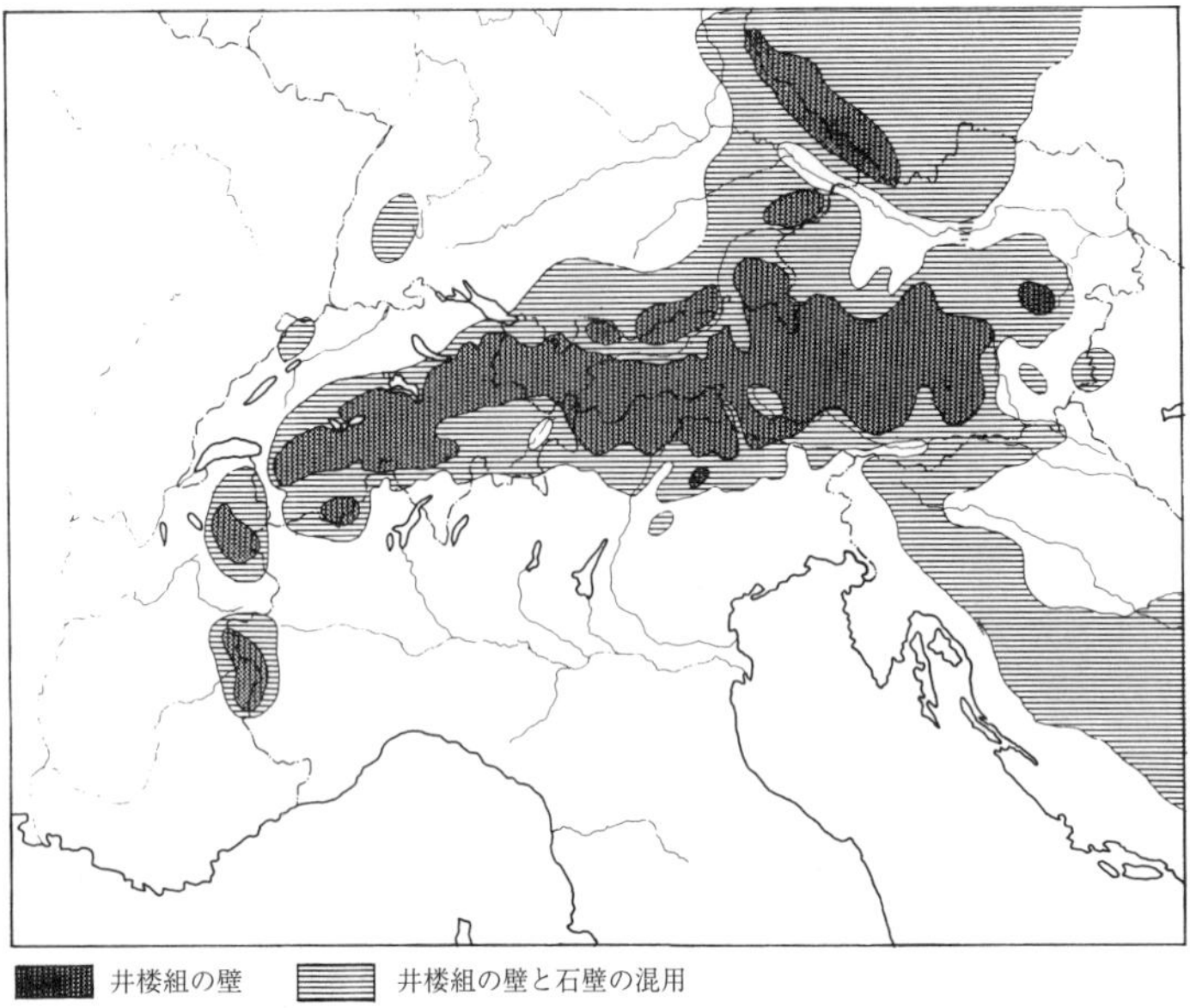

図6　ヨーロッパ中央山地における井楼組の壁の分布

ンチ、厚さ六ミリから一五ミリの榑《くれ》板を作る。これを通常三枚から四枚重ねになるように小屋組の上にならべ、その上へ約四五センチの間隔で桁行方向に丸太を流し、それを石で押さえるのだ。この丸太を以前は木釘で葺板の上から垂木に打ちつけたが、最近は針金で垂木にくくりつけている。こうすると暴風雨でも板が飛ばないし、冬季は屋根面に積もる雪が均等になるからである。しかし、こうして石を載せるため、屋根の勾配は緩く、伝統的な手法では最高二五度、最低一八度の間が適当とされていた。

　このような緩い勾配の木造屋根は、バイエルンの山地からチロル山中にかけて、三〇〇〇年も前からの古い歴史を持っている。針葉樹材を用いた井楼《せいろう》組の壁面を山地特有の強い風雨から護るため、屋根の軒の出は深い。こうした井楼組の壁（図6）と緩い板葺屋根（図7）との組合せは、ゲルマン語族の一つであるバイエルン

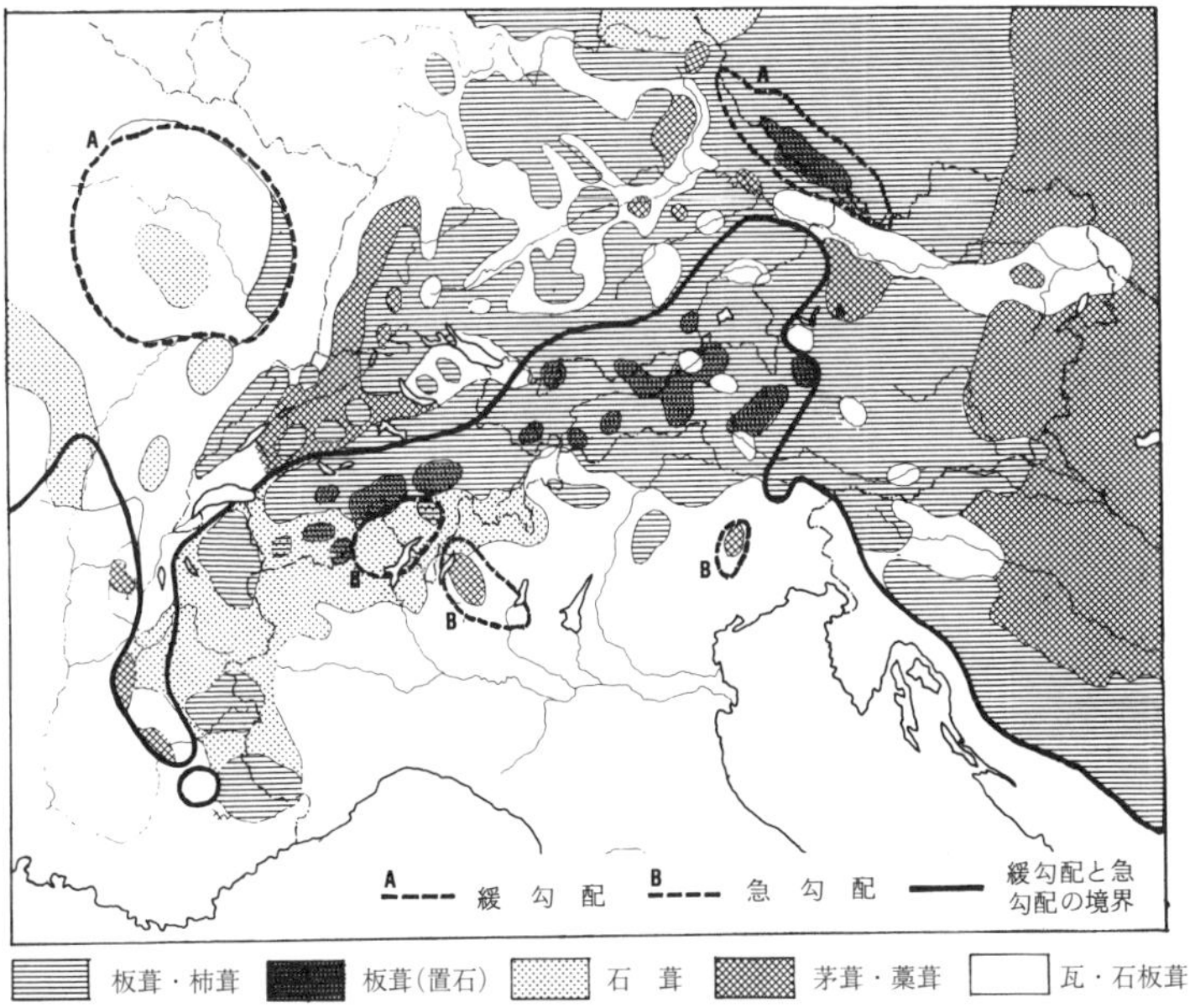

図7　ヨーロッパ中央山地における屋根葺材および勾配屋根の分布

人が、東からこの山岳地域に移住する六世紀以前から、この地域に固有な住居の伝統だった。それは先住民のイリュリア人が東のアジアからもたらした遺産でもあったとされている。この住居の構法や平面の形式は、使用する木材が少なくてすむことと、簡単に屋根が架けられる点で、ヨーロッパの中央に広がる山岳地帯の自然環境に合致していたことは言うまでもない。それは立派なエスノ・アーキテクチュアであり、そこに自然と人間が一体となったエスノ・テクノロジーを見出すことも可能なのである。

ところが、東から移住してきたバイエルン人にも、民族としての住居の伝統があった。東ゴート人[*7]特有の五〇度を越すような急勾配の屋根である。それは藁葺や芦葺の屋根に最適な傾斜であり、農耕社会の発展にしたがい、バイエルン地方の農家の住宅や納屋に好んで用いられていた。しかもその形は大きく、寄棟屋根がほと

図8　中世バイエルンの農村風景

＊7　一五〇年頃から黒海北岸に定住していたゴート族の一派。二二〇年頃西ゴート族と分かれ、三七五年フン族に征服されてパンノニアに移動、四九三年イタリアで王国を建てた。

＊8　Albrecht Dürer　ドイツの画家（一四七一～一五二八年）。遠近法を学び、ニュールンベルクを拠点として数多くの宗教画や木版画の傑作を残した。

んどで、中世末期までのニュールンベルクからミュンヘンにかけての農村風景は、A・デューラー＊8の絵（図8）に出てくるような、こうしたバイエルン人独特の急勾配の藁葺屋根で彩られていたのである。

南バイエルンの山岳地帯の人々は、これら民族固有の急勾配で寄棟の屋根と、土地に適した緩勾配で切妻屋根との二つの伝統の間で、一四〇〇年にわたって暮らしてきた。やがて山地の開発が進むにつれ、農耕主体でなく、牧畜や林業を兼ねた生活を人々が営むようになると、当然のことながら藁葺よりも板葺が増えてくる。たとえ急勾配の藁屋根のほうが住居としての性能がよくとも、麦の栽培に適さない山地では、豊富な針葉樹材を利用した板葺を用いるほかはなく、それによって古来の緩い勾配の石置屋根にせざるを得なくなったのである。

しかし、近世以降の東バイエルン人やオーストリア西部の人々は、四〇度を越す急勾配の屋根に薄板を木釘で打ちつける方法を開発した。それが上端は厚さ三ミリから六ミリ、下端は八ミリから一〇ミリで長さ四〇から五〇センチの板葺、すなわち柿葺《こけら》（図9）である。形を寄棟にしたこの柿葺の大屋根（図10）は、ゲルマン系の民族の伝統を偲ばせながら、屋根葺材としては現地の産材を有効に用いる古来の手法に従ったもので、一種の混合型といってよい。この柿葺には大量の木釘が必要だった。この木釘には柔らかい針葉樹材より硬い広葉樹材の方が有利だ。だからこうした木釘が安く入手できる東寄りの地域から、柿葺が普及しは

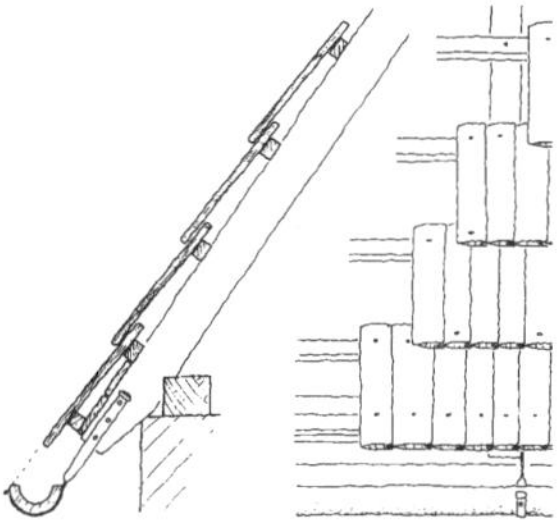

図9　バイエルンの柿葺屋根詳細

図10　バイエルンの柿葺大屋根

じめることになったのである。

かくして、近世からのバイエルン人は、ここに掲げた三種の伝統的な屋根の形態を持つことになり、その仕上げは藁葺、柿葺、そして板葺石置屋根になっていくのである。いままでの言い方にしたがえば、それぞれが特定の民族的背景を持つエスノ・テクノロジーに支えられ、それぞれが屋根の形態に特徴づけられた、三つのエスノ・アーキテクチュアがこの地域に存在していたといってよい。

瓦葺屋根の登場

しかし、一九世紀も後半になると、このバイエルン地方にも近代化の波が押し寄せてくる。農村だけでなく都市の発達で家屋の建設量が増し、そのために建築用資材や労働力の不足が深刻な問題となってきたのである。山岳地帯ではすでに板葺用のカラマツ材が減少し、都市部の需要はまかなえなかった。加えて板葺は火災に弱い。そのために瓦や天然スレート葺の屋根が、都市やその近郊の農村で住宅に使われはじめたのは当然だった。

ところが、天然スレート系の屋根は、在来の急勾配の藁屋根や柿葺の屋根の代用になっても、緩い勾配の屋根には使えない。また、このような石置屋根の形を雨や雪から護るだけの瓦の技術は、一九世紀半ばのバイエルンでは、まだ考えられていない。すでにトタン屋根は開発されていたが高価だった。だからこの屋根

図11　バイエルンの瓦葺屋根

＊9　イギリスの富裕層で子弟をヨーロッパ本土に旅（グランドツアー）させる慣習が一八世紀に生じ、アルプスの登山や観光もそれ以降盛んになった。

＊10　Berner Oberland　スイスのベルン州南部を総称した地方名。アイガー（Eiger）、メンヒ（Mönch）、ユンクフラウ（Jungfrau）などの高峰を含む山岳地帯として有名。

葺材の問題は、バイエルンでもやや西寄りの緩勾配の屋根の伝統を持つ人々には、より深刻だったのである。

一八四〇年代になると、各地の村や町で大火が続いて起きた。都市だけでなく農村まで屋根葺材を防火性のある非木材系に変えるよう、州の法令で指示がだされる。そのような気運に乗って、バイエルンにも一八六〇年代から八〇年にかけて、勾配が三五度から四五度の在来より高めの屋根が出現するようになった。屋根は瓦葺（図11）が主体である。その傾向を助長したのは、当時のバイエルンに及んでいたスイス風のデザインの影響だった。ヨーロッパでスイスアルプスの風光美が認められたのは一八世紀末[＊9]であって、特にベルナーオーバーラント[＊10]の民家（図12）は、その大きく庇が張り出したスタイルこそ、「真の山の家」としてバイエルン人の憧れの的だったという。スイスのこの屋根は従来の石置屋根よりも勾配がやや急で、バイエルン州が防火を義務づけるために建築基準法で決めた平瓦（ビーバー・シュバンツ）でも、この屋根なら造れたのだった。

一八五〇年のムルナウの大火から、バイエルンの各地では従来の緩勾配の屋根の家々の間に、こうしてやや急勾配の屋根の新築の家が混ざって建つようになった。当然のことながらバイエルンらしい伝統的民家の街並みは破壊される。農村の風景も年を追って変わりはじめた。井楼組や厚板を使った伝統的な木の壁の構法も、一九世紀になると高地バイエルンの民家の大部分は石壁に変えられつつあ

＊11　Wilhelm Ludowici　ドイツの実業家（一八五五〜一九二九年）。父のカール（Carl Friedlich Ludowici 一八二七〜一八八一年）の業績を継いでドイツ瓦の開発と普及に尽力した。

図12　ベルナーオーバーラントの伝統的な石置屋根の民家

ったし、深かった軒や庇の出も年々小さくなり、従来の屋根と壁のプロポーションの美しさが見られなくなっていたので、屋根の材料と勾配の変化は、地方文化の継承にとって、まさに致命的な結果を招いたのだった。

二〇世紀になると、ドイツ各地では民族主義的傾向も手伝って、郷土の美化運動が盛んになった。バイエルンの伝統的な景観を保とうという官民一体となった運動である。急勾配の赤い瓦屋根が見えるくらいなら、亜鉛鍍鉄板屋根を緩い勾配で葺いて黒く塗ったほうがいい。それでないと山から見下した風景がバイエルンらしくない、とまで言われたのだ。ところが、幸か不幸か一八八一年、ヴィルヘルム・ルドヴィチ[＊11]が三〇度以下の勾配でも使える新式瓦の特許を獲得した。二五度ぐらいでもなんとか瓦葺にできる技術である。そこで勢いを得たバイエルン政府は、観光資源保護の意味もあって、新築の民家の屋根勾配を三〇度以下に抑えようとした。特に一九一四年、ミッテンバルトのマーケットで大火があり、その復興計画に間に合うよう、法制化を急いだのだった。実際には二七度以下、日本流にいうと四寸勾配から五寸勾配の間の屋根が多く、庇を適当に深くとれば外観はほとんど伝統的な石置屋根の形に近くなる（図13）。さらに主要な街並みでは、往時の井楼組の壁のデザインに合わせ、開口部は窓を必要以上にとらず、また窓枠は壁面より六センチ以上後退させないようにして、石造のイメージを軽減するための細かい行政指導が行われたのだった。

図13　バイエルン、緩勾配の瓦屋根

民族の歴史を秘めた地域固有の形

一九世紀末のバイエルンでは、すでに農家の藁屋根は姿を消している。ただ柿葺の寄棟の姿にみられるように、急勾配の堂々たる屋根への愛着はいまだに生きていて、瓦屋根が発達すると、寄棟は村役場とか、重要な公共機関の建物の屋根だけに使われるようになった。もっとも当時は、寄棟には高度の瓦葺の技術が必要なためにその費用も高く、一般に緩勾配の切妻は比較的安価だったため、これらの公共建築を含めた屋根の形や価格の序列が出来上がっていたこともある。いずれにしても、そのままだと他のドイツ諸地域と同じように四〇度前後の急な屋根になるところを、こうした経緯でバイエルンの民家の屋根は強引に伝統的な緩勾配の造形に戻され、現在に至っているのである。

屋根葺材の不足と、都市化という新しい事態にもかかわらず、バイエルン人がこのような緩い勾配の屋根に固執した事実を、単なる懐古趣味とか、伝統の継承だと受け止める見方は狭い。そのなかに現代でも通用する合理性を見出す見方もあるにはある。例えば、三〇度あまりの傾斜での施工し易さだとか、勾配が二四度だと風下側の屋根版は風圧が理論的に零となるとか、屋根に雪が程よく積もることは、保温としてむしろ歓迎すべきことだとかいう議論である。しかし、同じような利点は、今では小数派になった急勾配の屋根にもあるだろう。内部空間の利用し易さ、水はけの良さ、合掌の小屋組も使える構造の強さなど、これまた例はつきない。三種三様のバイエルンの伝統的屋根から、一つ一つの形態が全く機能的で、現代の科学でもその形態の有利さを証明できる箇所を抽出することは、いとも簡単である。力学の計算でも、使用資材量の把握でも、環境条件の測定ででも、いずれか一つの優位を立証しようとすれば、それはいずれもゲームとして可能だ。優位でなければ、他の解決の方法を知っていながら、数百年も自分たちの伝統的な屋根の形に固執してこないからである。

　このバイエルンの屋根勾配の決定については、屋根葺材の利点の多寡を比較しても、その選択のメカニズムは解明できない。そのできない理由は、屋根葺材と小屋組との関係とか、その小屋組と壁体や平面との関係など、部分と全体との関係にもう一つ不明解なところがあるからだ。屋根葺材一つで伝統的な屋根の良さを変えてたまるか、という見方は評価していないのである。たとえ営利的な成功を夢見たとしても、このように形自体の良さを信じていなければ、ルドヴィチの成功もなかったであろうし、新しい規制に従う人も数多くなかっただろう。

　この緩やかな勾配屋根が、これらバイエルン人の民族誌を知らない者には、この土地固有の自然がもたらした形と見えるかもしれない。しかし、民族の様々な歴史や伝統を尊重しながら、いわゆるバイエルンを代表する民家という全体像のなかで、この形が唯一のものとして選ばれていることを忘れてはならない。そして、現代の日本の我々が想像する合理的な屋根とは全く違うものを彼等はこのエ

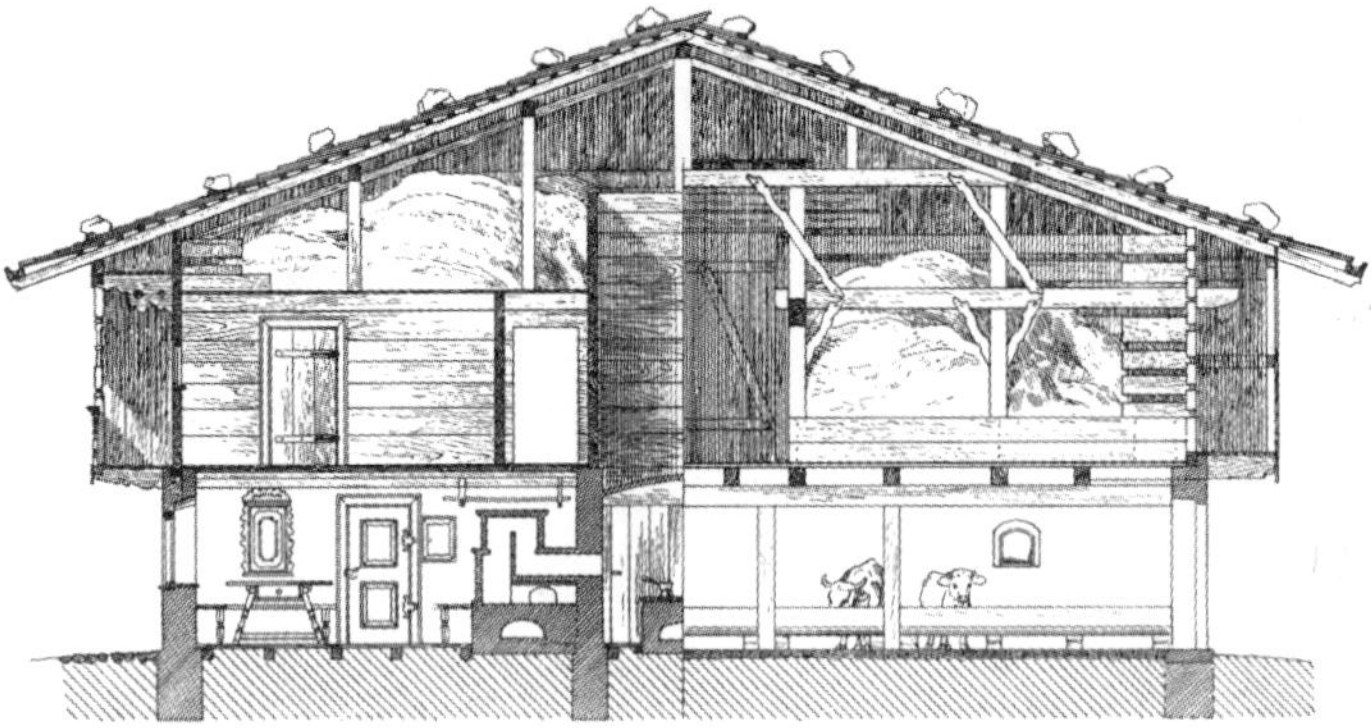

図14　バイエルン地方の石置屋根とその大きな屋根裏の構造

スノ・アーキテクチュアに期待しているかも知れないのだ。例えば日本人は屋根から雨が漏ることについて必要以上に厳しく非難するが、アルプスの人達、特に小屋裏に牧草を収納する農家（図14）にとっては、少しぐらいの雨漏りより、仕上げは粗末であろうと大きな容積のほうが重要だったりすることがある。これは施工技術の問題ではなく、それを運用する建築のシステム、建物の考え方の問題なのだ。寒風が少々入ったところで、冬には住まいの上に断熱材をかねた乾草が豊かにあったほうが安心だ、という建築の文化もたしかにあるのである。

　そこには現代の科学だけを適用しても理解できない地域特有の技術、エスノ・テクノロジーがあると考えたほうがよい。山間部での人間の生活環境と、そこに暮らす人々の健康にかかわるエスノ・サイエンスがあると思ったほうがよい。さらに留意すべきは、ここのエスノ・テクノロジーとエスノ・サイエンスには、急勾配その他の屋根で培われた様々なノウハウや知見までが、ものの見事に蓄積されていると考えることだ。バイエルンの場合、屋根の形の変化に関する考察は、かくして屋根葺という地域的な建築技術の背景を探ることから出発して、彼等の建築観を左右する民族文化の基層にまで序々に及んでいくことになる。それなるがゆえに、バイエルンに限らず、その民族文化を深く知るには、伝統的に優れた民家を、一つ一つエスノ・アーキテクチュアとして分解し、また類型化しながら理解を深めていく態度が必要となるはずである。

第3章

右が先か左が先か——二者択一の原理

どちらでもよいものとそうでないもの

新しい建物の設計を任されたとき、形が似ていながら使い方がちょうど反対になるもののどちらを採るか、迷うことがよくある。例えばある部屋の廊下側の壁の中央に片開きのドアをつける時、右開きにするか左開きにするか、という問題だ。どちらでもよいようだが、どちらかに決めなくては設計にならない。その時は、開ける人にとって、室内の人がいない側が最初に見えたほうがよいとか、右手がまず把手にかかるほうがよいといった、さまざまな理由をつけながらドア勝手を決めていくのが普通だが、たいした理由付けもなく、なんとなく決めている内気な設計者も多そうだ。「こうした場合は右開き」といった規範があれば、どんなに設計も楽だろうと、きっと彼らは思っているに違いない。

ところが、同じ右と左でも、どちらかがなんとなく優位になる場合がある。その一例が中世ヨーロッパの城郭に多く見られる石造の狭い廻り階段で、それと同じ階段は教会や大邸宅でも使われてきた。右手を中心にしながら右廻りで上る形と、その反対の左廻りで上る形の二つのタイプに分かれるはずである。

現代のビル建築では建築法規等の関係で昇降階段の幅が広くとられ、右か左のどちらかの壁に沿って上り下りするかなど、大きな問題ではなさそうなのだが、人がやっと一人通れるような中世の廻り階段では深刻な問題だったらしい。筆者が見た限り、壁を左手側にし、右廻りで上る階段（図1）のほうが圧倒的に多い

＊1　五月祭で頂部から色とりどりの細布を垂らしたサンザシやシラカバの柱（メイポール）を建て、その布の端部を持って柱の周囲を輪になって踊るゲルマン系民族に特有な伝統行事。

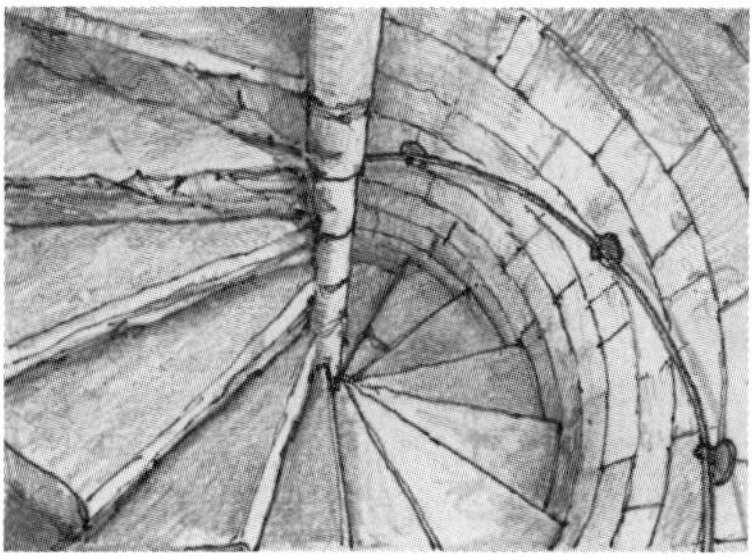

図1　イギリス、ヨーク城、クリフォード塔の右廻り階段

のだ。その理由がすべて判っている訳ではないが、一説によると、中世の城砦では防御する兵が上にいて、下から上がってくる敵兵を右手の剣や槍で突き落とすため、右廻りの階段のほうが有利だったらしい。他にも、下りてくる時に右手が壁ないしは手摺に触れるほうが安全、という平和な時代の説もある。残念ながら城郭はエスノ・アーキテクチュアに含まれないが、これらの狭い廻り階段に見られる「右か左か」という選択肢の奥には、エスノ・テクノロジーに相当する築造技術と、エスノ・サイエンスにもみられる身体科学の法則が、人知れず秘められていたに違いない。この問題の解明はこれからの建築史家に期待しよう。

前述したように、エスノ・アーキテクチュアと呼ばれる建築には、この石造の城郭のように、多種類の部材が複雑に組み合わされることで総体化された、大きい建物は含まれていない。みな構成部材の種類と数が少なく、組み合わせ方も単純だ。なかには、一本の柱を地面に掘立てたゲルマン系のメイポール[＊1]とか、岩と岩との間に据えた丸木橋のように、部材が一つのものもある。

しかし、メイポールのような単一部材を地上に立てる場合でさえ、敷地の選定はもとより、その柱は根元を下にして立てるか、それともその逆か、という手法の選択があって初めて意味のある建造物になる。丸木橋にしても、反った丸太の背が上か、下かで橋の架け方が違う。方法が二つある時、結果に差が出ればどちらがよいかという判断が生まれ、その選択の方法が後世に伝わっていくのだ。どちらがよいかを決めることがエスノ・テクノロジーの一種といえるなら、そこからすでに一つの技術の体系が芽生え始めているともいえよう。

二者択一とはいえない選択

一本の柱や梁をめぐって、その末か元、背か腹のどちらを選べばどうなるか、という場合は、どちらかが先に腐るか、どちらかが折れるか捩れるかして、選択した結果の優劣はすぐ軍配が上がることでわかりやすい。こうした勝負は建築部材の使い方の差にもよく現れる。たとえば木で柾目が使える場合は関係ないが、板目を使った場合、木表と木裏のどちらを仕上げ面に出すかは、建築や家具のどこにその木を使うかで状況は異なるが、乾燥すると木表が凹面に反り、木裏が凸面に反ることで、その勝負は決着する。また、木を木目に沿って縦に使えば収縮率が少ないし、横に使えば収縮しやすい。縦か横か、それとも縦横の組み合わせ如何によって壁や床に隙間ができたりできなかったりする。ただしこの場合、最初は二者択一にみえて、結果が二通り以上になるのが微妙なところだ。

それは、一つの部材の縦横どちらかを選びながら、壁や床にその部材を二枚以上組ませて使うからで、丸木橋の場合と違うのだ。こうした混乱は、複数の部材または部屋、建物をAB二通りの選択肢のなかでどう配置するか、またはどれを優先するかという段になって初めて頻繁に起こってくる。部材や部屋、建物の数

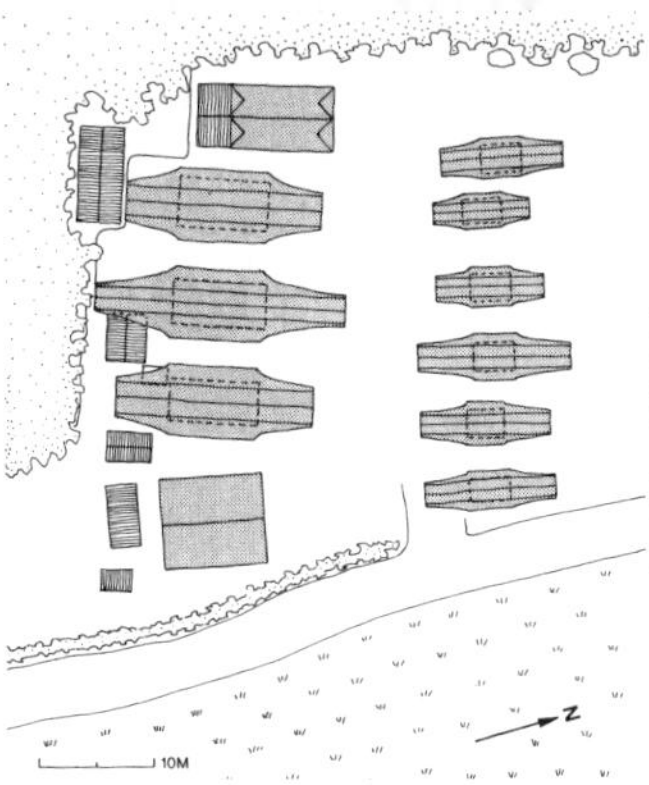

図2　インドネシア、サダン・トラジャ族の集落・配置図

を二つにすると、初めをＡ、次をＢにしても、二つ合わせた全体ではこのＡＢのほかにＡＡ、ＢＢ、ＢＡといった、つごう四種類の組み合わせになって、果たしてＡとＢどちらにしたらよいのか、結論が出にくくなるのである。

例えばサダン・トラジャ族のような東南アジアの平面が長方形の住居は、屋根の棟木がその中心軸を通っているので、家の方向を互いに揃えやすい。その軸を近くで一番高い山から海への方向か、傍を流れる川の川上と川下の方向に揃えるのが彼らの伝統である。この場合、家の正面の向きは山か海、あるいは川の上か下のどちらかしかないから、二者択一はいとも簡単だ。しかし、住居と穀倉を一セットにした場合、両方の建物の正面を向きあわすことを条件にしないと、住居と穀倉との形の関係は四通りになってしまう。実際には、幸いほとんどの住居の正面は山、または川上を向いているから、結果としては二通りにもならず、図2のように整然とした集落の形が見事に保たれてきているのだ。

それに比べると、円形プランの多柱住居で、どの位置から柱を建て始めるのかという問題は、「どちらにするか」という選択とはまったく意味が違う。仮に複数の柱を東と西の群に分けたとしよう。ヨーロッパやアジアの一部では、太陽が昇ってくる方向だからという理由で東を尊ぶ伝統がある。そこで真東の柱から建て始めるという推論が出そうなものだが、その次に建てるのが東南と東北の柱のどちらか、このままでは判らないはずだ。そのため、その地域では南北どちらが尊いのかとか、右廻りと左廻りとどちらが慣例なのかといった、対象を二分する操作を更に繰り返さないといけない。二者択一どころではないのである。

　このことを考えると、最初から方位を細かく分け、その各々に色とか動物、春夏秋冬などの特別な意味を与えた漢民族の五行十二支[*2]の方位感が、いかに彼らの伝統的な住居の空間を序列化し、柱や壁の位置等の相互関係を複雑にしてきたか、想像できるだろう。しかもこの方位を意味付け、空間を序列化する伝統は、彼ら漢民族の周辺に住む多くの少数民族に大きな影響を及ぼしてきた。したがって、中国とその周辺地域のエスノ・アーキテクチュアは、その平面の構成に関して二者択一の方法ではとうてい分析できないと思うほうが、この分野の研究の初心者にとって安全である。そうした事情もあって、東アジアの中国寄りではない地域から二者択一の方法が可能な事例を選び、話を進めることにしたい。

柱をどちら廻りで建てるか

　ひとつミクロネシアの住居の例で考えてみよう。ヤップ島[*3]の家屋（図３）は、長六角形をした石積みの基壇の上に、特殊な柱の構造で切妻造りの屋根を架けることで有名だ。柱は掘立柱。基壇の両端に六本あるがこれが主材でなく、中央部分にある一〇本以上の柱が棟木や桁を支え、その建て方の順序はじつに複雑である（図４）。しかもこれらの多数の柱は屋根を支えるためだけにあり、就寝部分

＊2　五行（木＝青・春・東、火＝赤・夏・南、土＝黄・土用・中央、金＝白・秋、西、水＝黒・冬・北）に十二支（東＝寅・卯、南＝巳・午、中央＝辰・未・戌・丑、西＝申・酉、北＝亥・子）が対応。

＊3　ミクロネシア、カロリン諸島の西端に位置するヤップ州の主島で面積は約一〇〇平方㎞。

図３　ヤップ島の住居（マノール）

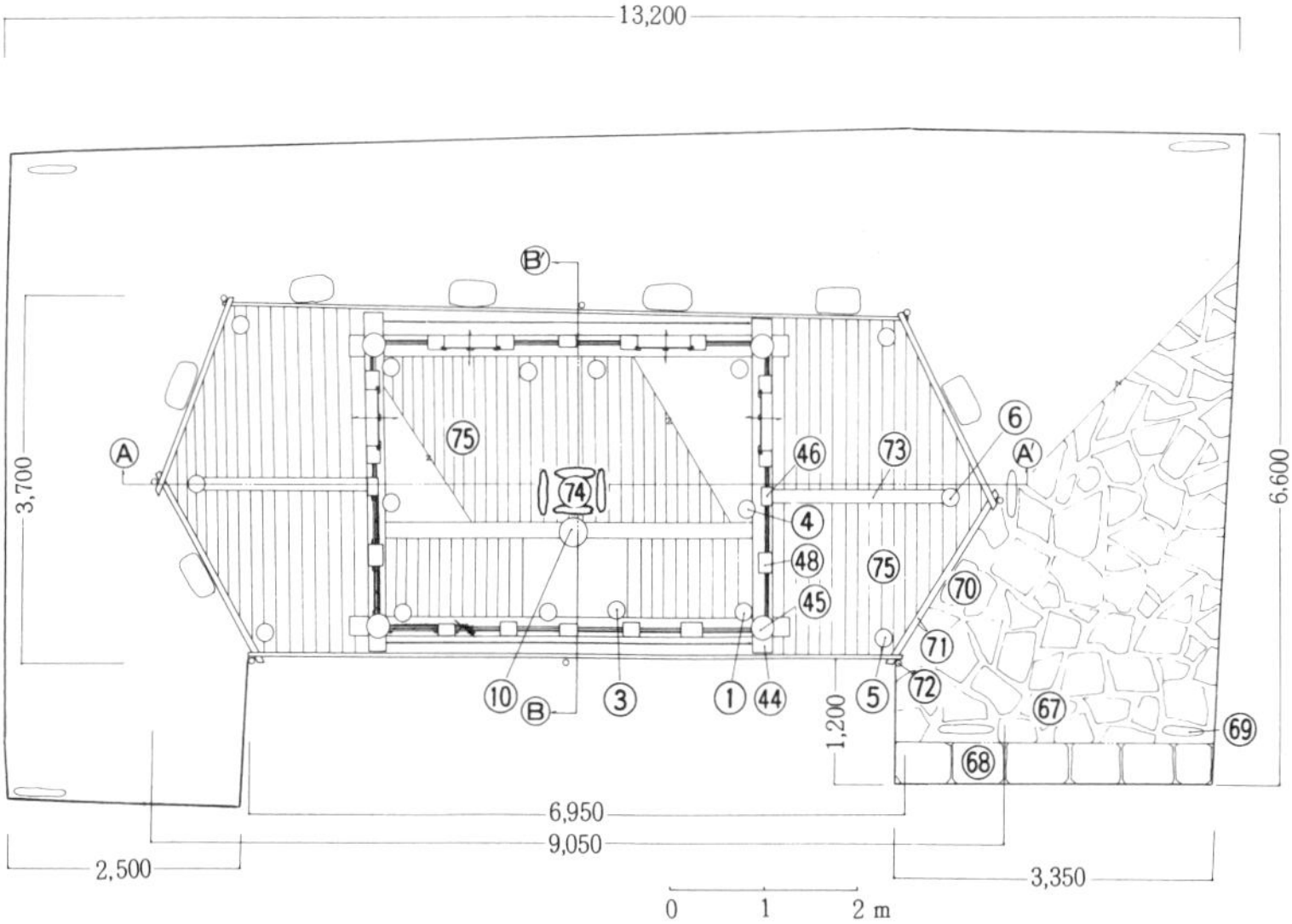

主要各部名称

①	ギライ	㊺	タブスン	⑦①	ウロ
③	ブルチェ	㊻	ナファス	⑦②	シィッグ・ネ・バグベッグ
④	ドゥガ	㊽	シィッグ	⑦③	チョーチュ
⑤	マビル	⑥⑦	ウヌベイ	⑦④	モゥアットゥ
⑥	スール	⑥⑧	ギレサム	⑦⑤	ラウエル
⑩	ンガラブ	⑥⑨	マギレ		
㊹	タァ	⑦⓪	トゾン		

図４　ヤップ島の住居（マノール）　平面図

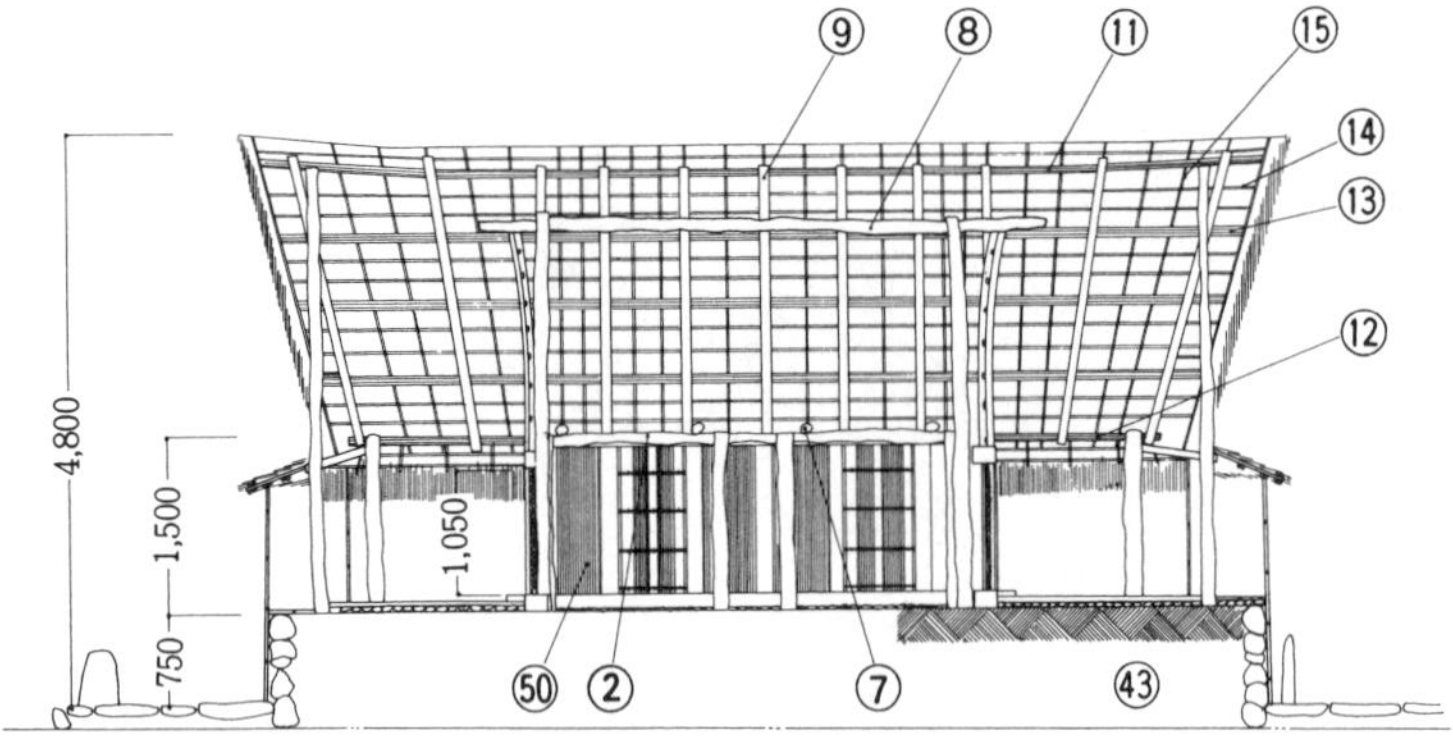

主要各部名称

② ラロップ
⑦ ロロン
⑧ アマチ
⑨ ヨウ
⑪ ウウル
⑫ エネヨウ
⑬ パンゲッグ
⑭ モルヨル
⑮ フィテヨウ
㊸ デフ
㊿ ルンルン
屋根　チギー
平軒　バグベッグ

図5　ヤップ島の住居（マノール）断面図

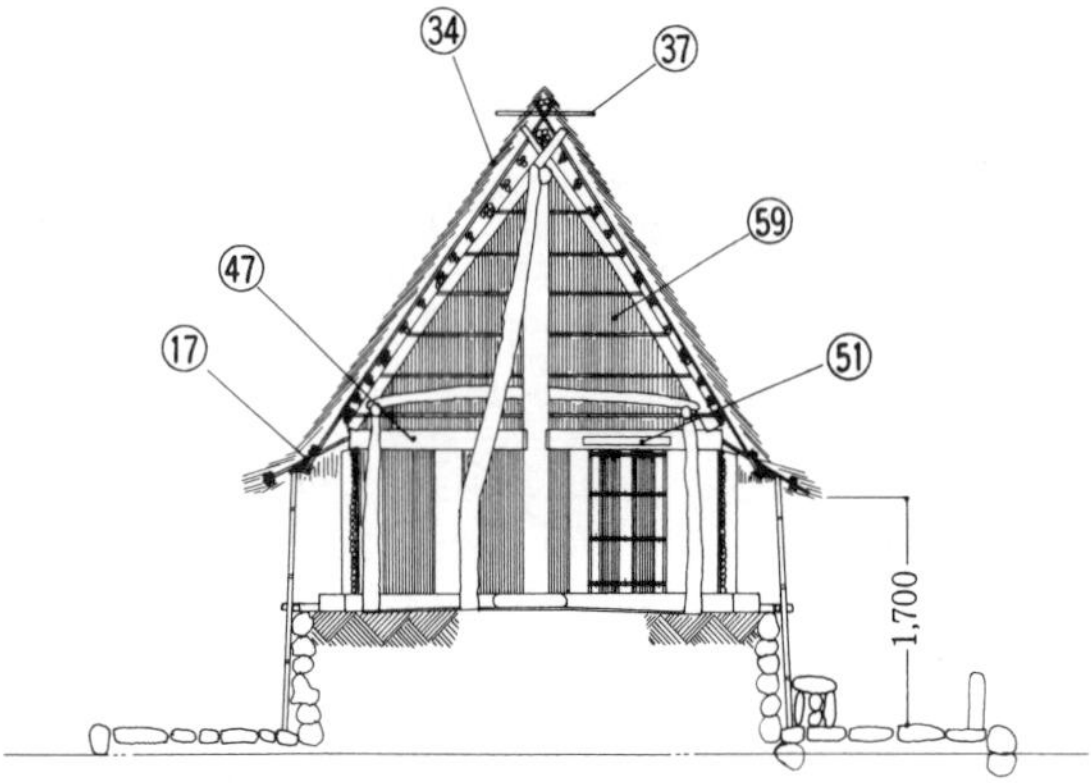

主要各部名称

⑰ シグシグ・ネ・バグベッグ
㉞ エン
㊲ レーヤル
㊼ ウアスウ
(51) ギリダッグ
(59) ンゴルンゴル
妻　リバウ
妻軒　ソリィール

図6　ヤップ島の住居（マノール）断面図

＊4　民族学者（一九四九年～）。『世界一周道具パズル　これ、なんに使うのかな?』（二〇〇四年、光文社）等を著す。

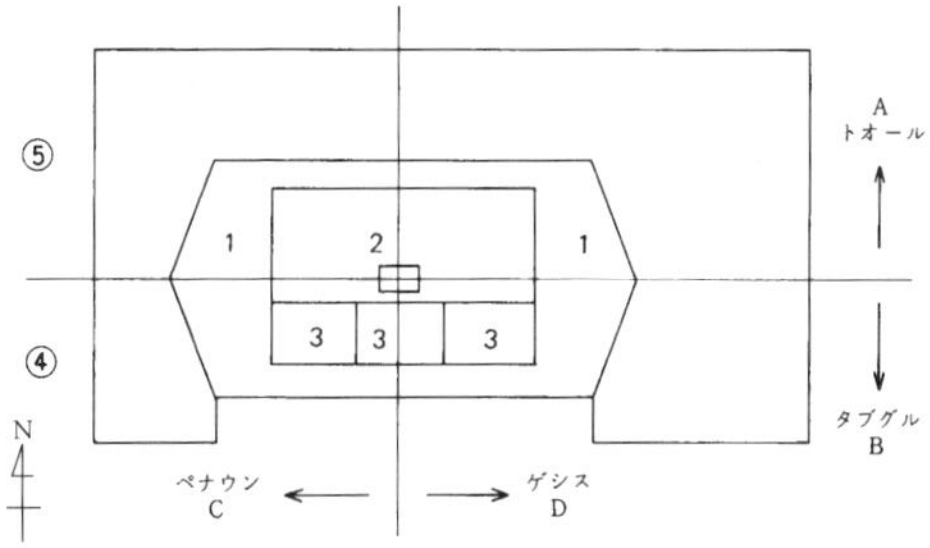

図7　ヤップ島の住居（マノール）空間概念

の周囲の竹壁を支える柱は、これとはまったく別に土台を長方形にめぐらしたその上に建てるのだ。これらの民家の断面図（図5・6）をみただけでは、桁を支える内側の四本の柱（ギライ）が先で、その後に棟持柱と棟木、軒桁と添え棟を支える周辺の六本の柱（マビル、スール）を据え、それらを使って屋根を葺くという順番は想像だにできない。屋根を葺き終わってはじめて石の基盤を積んで掘立柱の根元もあわせて堅固にし、それから内側の土台を敷いて、その四周に柱（タブスン）を建てるのである。

　この住居の建築過程を詳細に調査した小林繁樹[＊4]によると、最初の四本の柱は、先ず南西の隅の柱から建てはじめられる。南西をなぜ優先するのだろうか。ヤップでは、住居の桁行方向を図7のように東西にとった場合、棟より北を表の空間A（トオール）、南側を裏の空間B（タブグル）とに分け、前者は女も含む家族全員に開放される空間で、不浄な空間と考えられている。後者は女子供を避ける男の空間で、家の裏ながら浄なる空間である。更に建物の中心を通る南北軸で居住空間を東西に分け、西は建物の背面C（ペナウン）、東を前面D（ゲシス）とし、日常生活は東端の吹抜広間で行われ、南西側は女子供を入れない。要するに南西部分がB—Cという関係では最も聖なる奥の空間で、以後B—D、A—D、そしてA—Cの順で聖なる空間の序列が下がっていくからこそ、建前でも南西から柱を建て始め、左廻りで建てていくのだと、小林繁樹は報告している。

図8　現在の板図（組合せ番付）

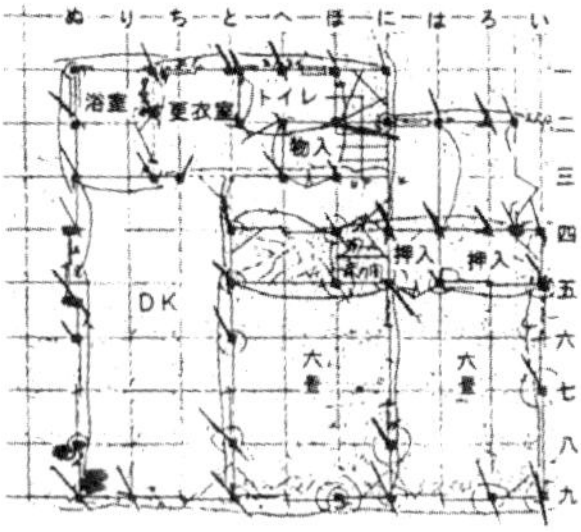

このような左廻りの建築手順は、ヤップ島の空間の象徴性を離れてみたとしても、二者択一の技法として非常に興味深い。木造架構の把え方として、世界の各地では柱の順を左廻りに数えるところと、右廻り（時計廻り）に数えるところがあり、建前の順もそれに従うところが多いからだ。日本での柱の番付は、明治末期以後の大工技術だと、板図の右上隅から左へ「い、ろ、は…」を桁行方向へ、右上隅から下へ「一、二、三…」と奥行方向に名をふる組合せ番付だが、それ以前は右廻りの廻り番付だったという。標準的な組合せ番付では、「い、ろ、は…」の順で建て方は進行するから、柱の順序は左廻りに把えられていることになる。伊藤ていじ[*5]によると、明治以降の大工が義務教育を受けた影響で算用数字に慣れ、そのため書きやすい左廻りの番付をうつようになったという[*6]が、それだけであろうか。四国では右廻りの廻り番付の歴史が古いという。それには各々なにか特別の理由があったにちがいない。

木造の架構を左廻りに捉えるか、その反対かと一見どうでもいい問題にこだわりたい理由がまだある。それは、日本の木造古建築の修復に永らく従事した[*7]杢正夫がいうように、日本の木造建築全体に捩れが生ずる場合、その殆どがきまって右廻りに捩れる現象があるからである。彼の説によると、木材そのものに木理《もくり》が右巻きなものが多いことと関連があるのではないか、また木の元口と末口の使い方によって捩れの出方が違うという。先述の掘立柱の据え方にしても、元口と末

＊5　建築史家（一九二二年〜）。『日本デザイン論』（一九七九年）、『日本の民家』（二川幸夫との共著一九九一年）、『重源』（一九九四年）等を著す。

＊6　伊藤鄭爾『中世住居史』（一九七六〜二〇一〇年、東京大学出版会）

＊7　建築史家、文化財修復家（一九一二〜九九年）。『法隆寺五重塔及び金堂の根本修理』（「建築雑誌」一九五五年四月号、日本建築学会）等の論文を著す。

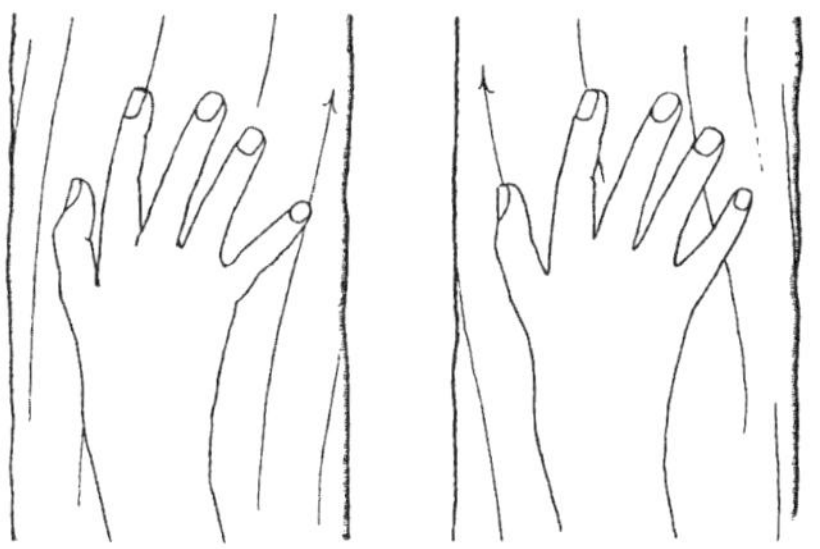

図9　バイエルン地方、木の選び方

口の使い方には日本のなかにも地域差があり、これらの二者択一の手法のなかに、まだ解明されていないエスノ・サイエンスがあってもおかしくない。

樹木に右巻きの性質があるのは北半球の場合で、主として木が成長する際の追日性によるものらしい。ドイツのバイエルン地方では、建築材を選ぶ時には幹に右手をあてる。親指の方向に木理が走っている木は、太陽の進行方向を追う形で成長した右廻りの木で、建物には不適とし、木理が小指の方向に走っている、抗日性というべき左廻りの木を選ぶのである（図9）。アジアの左廻りに部材を組む手法は、この抗日性の木を適材とするドイツの伝統的な判断とどこかで似ているようだが、ドイツの場合が結局は右廻りの捩れをもたらす外力に抵抗する手段になるとしても、アジアの伝統は観念的で、その捩れを阻止したい気持ちを建前の手順を逆にする儀礼の形で伝えているだけなのかもしれない。

右と左とを区別する方法

話をヤップ島の住居に戻そう。この地域では、棟持柱で棟木を受け、その棟木と軒桁の間に急勾配の垂木をかける。垂木の下端が桁にヤシ縄で固定され、棟木にかかる交叉部は、左右の垂木の長さが均等になるよう調整されてから棟木にやっと固定される。それまでの掘立柱は穴の中に立てられているだけで、棟木を左右に振り動かすことができ、このように垂木の長さを決めてから掘立柱の穴が土

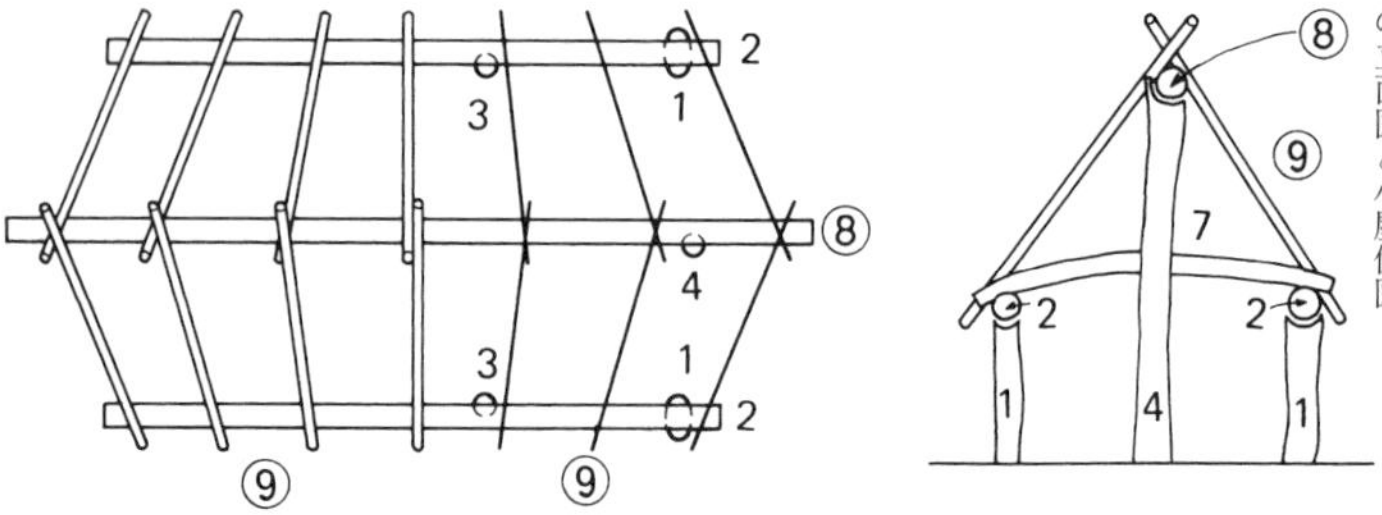

図10　ヤップ島の住居（マノール）の立面図と小屋伏図

（部材番号は図4、5と同じ）

で埋められて固められる。一見簡単にみえる垂木の架け方にも、部材の接合部の微調整、ひいては屋根全体の歪みを除去するチェックポイントが、棟持柱の固定という工程をのばすことで用意されているのである。

棟木の上で垂木を組み合わす方法も、小林繁樹の調査では、重ね合わす順序が厳然ときめられているという。向って左側にある垂木を手前に、右側の垂木をその外側に組む〝左前、左廻り〟の手法だ（図10）。元来はこの島では右手は善、左手は悪という考えがあって、その価値観がこのような組み手を決めていると小林はいうのだが、どちらを前にするかを自分から見るか、他者から見るかによって違うのだから、その判別はむずかしいが、やはり右廻りにせず、左廻りするところには、なにがしかの物理的な理由があるに違いない。

『自然界における左と右』[*8]を書いたM・ガードナー[*9]によると、左利きの手が普通という社会は、文化人類学的にまだ知られていない。右利きが生物学的に優越しているからこそ、右手が善で正義をあらわし、英語でright、仏語でdroigtのように二重の意味で語られているのだろう。これも人間の動物学的な構造が、心臓の位置に代表されるように、全く非対称であることが原因である。最近の科学によれば、もっと細分化された細胞の段階で、蛋白質（右廻り）とアミノ酸（左廻り）の分子構造の違いが、人体をはじめ生物体の構造を非対称にしてきた原因と考えられている。

＊8　*The Ambidextrous Univers; Left, Right, and The Fall of Parity*, 1964『自然界における左と右』（坪井忠二・小島弘訳、一九七一年、紀伊國屋書店）

＊9　Martin Gardner　アメリカの数学者（一九一四年〜）。『一〇〇万人の相対性理論』（金沢養訳、一九六六年）、『不思議の国のアリス』（注解、石川澄子訳、一九八〇年）等を著す。

＊10　W・ジェームス『心理学原論』（*Principles of Psychology*, 1890）中の論考「空間の知覚」（The Perception of Space）参照。

＊11　William James　アメリカの哲学者・心理学者（一八四二〜一九一〇年）。『純粋経験の哲学』（伊藤邦武訳、一九九二年）、『心理学』（今田寛訳、一九九三年）等を著す。

ただし、このように顕微鏡的な世界までいかなくとも、利き腕とか心臓の反対側の手というように、非対称の事物の存在が明らかに認められる世界でないと、右廻りとか左廻りという技法を伝えることは全く意味がない。例えば、互いに物体を手渡せない二地点（島と島、惑星と惑星など）の間で、振動する信号の形で伝送される言語によって、「左」の意味を伝える方法はあるのだろうか。これは長い間、物理学上の難問だった。

地上に置かれた正六面体に対した時、上か下か、前か後かそのうちの四つの面を物理的に表現することは可能である。しかし、残りの二面については、「どちらが右か左か説明する言葉がない。ただ実際に指差しながら、こちらが右であちらが左だと、ちょうどこれが赤で、あれが青だというように同じように言わねばならない[＊10]（W・ジェームス）」[＊11]のである。指差している人の行為を直接見ない限り、言葉はおろか、写真やTVでも正確には伝わらない。もし画像の左右が逆になって伝わった場合、誤りを訂正する言葉がないからである。

左と右とを区別する三つの方法

こうしてみると、右廻りか左廻りとかいう住居の建て方の順序が伝統的な技術になったのは、次の三つの場合しか考えられない。その第一は、右とか左とかを決めなくとも、どちらかの方向をとることで建物に物理的な差異が生じ、その優

図11　右手を主に使う実習、ものつくり大学

劣を本能的に感じ取ることで、二者のうち一つを選択した場合である。先述したように、建物や樹木の捩れをよく観察して、その力に対抗する木理やジョイントの向きの原則を考えるような時である。

第二は、人体などの非対称的な形態を通じて、右か左かの言語で表現される区別がすでに生じており、それによって二分される行為、またはそれによって生ずる価値観の違いにより、建て方の順序が決まる場合である。実在する非対称性を生物系の形態に求めるのは在来の科学でも致し方がないことで、物理的に絶対な非対称性が分子以下の世界で認められたのはここ一九五〇年代以降であるから、世界各地の左右どちらかに固執する建築技術は、これらの最新の科学的発見とは全く無関係のところで、経験的に決められたものだったに違いない。

第三の場合は、完全に実物を通じての伝承である。「このようにして」、「この順で」と、建築の現場に居合せることで、肉体的に習得できる技能として伝えることが可能だからである。この選択は、右と左のもつ象徴的な差とか、建物の将来に及ぼす物理的な影響を考えたあげく、といったものではない。むしろ建設での肉体労働を通じ、右手での細工のしやすさ、部材の持ちやすさ、右の効目《ききめ》を使った時の見通しのしやすさなどを総合したもので、体験した者だけが知る直感的な判断の方法によるものである。

ただしこのような体験なしでも左右の区別が伝達される場合もある。それは、建物の現場をすべて映像として記録し、建て方の順をテレビで観ているように覚える場合である。こうした左右不均衡な映像のパターンから左右の違いを知ることで、技術は伝承され、それが様式化されることで正確になっていくのだ。建て方の順については、後から実際の建築をいくらみても察しがつかない場合が多いから、これだけは実地検証が必要とされるのだろう。

この三つの場合を比較すると、第三の場合の建設現場における体感的な認識とか、第一の場合の物理的な違いを利用した二者択一の手法のほうが、建築にとってどちらがためになるか認めやすいこと、そうして言葉としては説明できないままでも、そこにエスノ・サイエンスに相当するなんらかの合理性があると、それをどちらかを選ばねばならない立場の人が信じていることがよく判る。そしてその合理性は、説明が出来ない度合いが大きい程、その地域、その民族に固有なエスノ・サイエンスであり、文化や技術の伝播によるものでなく、そこに住む人の間から生まれる自然発生的な認識なのである。

だから、もしヤップの住民の技術のなかに、右廻りの木材の捩れを予想したうえでの具体的な処置があるならば、遙か離れたヨーロッパのバイエルン人にみられる樹木選別の原則と共通した、自然発生的なエスノ・サイエンスの存在を双方に認めることができるのだが、ヤップでその処置がないところをみると、彼らは木の捩れと無関係な領域で、建築の儀礼や空間のタブーだけに、住空間の非対称

＊12　フランス革命後の国民公会（一七九二〜五年）で議長席から見て左に急進派のジャコバン党、右に保守派のジロンド党が席を占めたため、右派と左派の区別が生まれた。

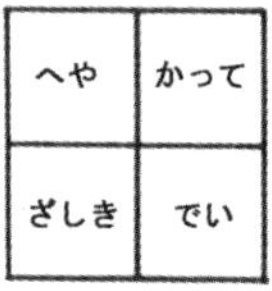

整型四間取り

図12　日本の民家の間取り

性に対する想いを凝結させていることが理解できるのである。

　そこで、第二の意味的空間との関連による選択では、その地域や民族に固有の建築の考え方だけでなく、その社会の基層文化、価値観によって、左と右の選択そのものがそれこそ左右される率が多くなってしまう。とくにその人間の社会現象が二分され、左と右の違いに擬して考えられる場合は、それだけ文化的な価値基準からの選別が強いというほかはない。

　例えば洋服の襟の重ね合わせで左前が男、右前が女という習慣や、与党と野党を右と左に分け、そこから思想の傾向まで印象付ける設定[＊12]は、左右のどちらからかという物理的な空間の順序が、社会的背景で大きく歪められてきたことを示している。だから、こうした先入観がすでに生じている人間社会では、左右の分類そのものが、どちらを先にとるかという造るプロセスの問題でなく、そのどちらかをとると、結局は意味がまったく異なる二つの領域に分けて組み込まれ、評価されてしまうという、社会の価値体系への帰属問題に化してしまうのだ。したがって、ヤップの住居の柱の建て方が、もっとも神聖な奥の空間から始められ、左廻りに善なる右手が奥になるように進められていくからには、そこに部材の追加とか仕口の工夫といったエスノ・テクノロジーの存在が認められない限り、その左廻りの概念は、やはりこの第二の場合の意味的空間との関連性が強い、と考えざるを得ないだろう。

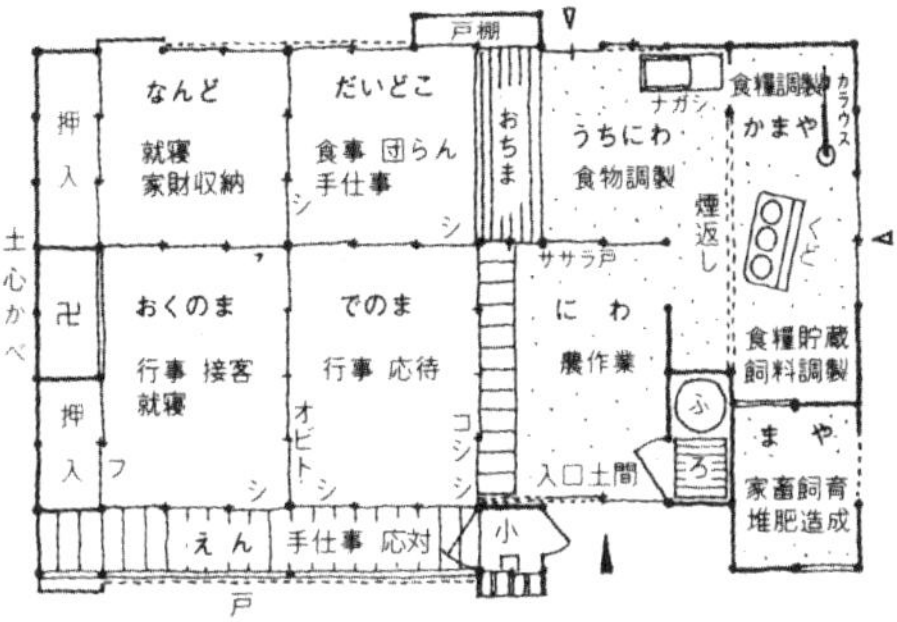

図13　日本の伝統的な民家における整型四間取り、三重県

儀礼や慣習の広域的な繋がり

ところが、この空間を二分し、その優劣を選択する建築の方法は、インドネシアにおける山と海、川の上下の概念と同じように、地域から地域、民族から民族へ、ただの儀礼や慣習として伝わった可能性が強く、その事例も多く報告されている。こうした意味で、ヤップの場合も周辺諸地域の空間の棲み分け事例との関連が、あらためて問題になるだろう。

ここで興味深いのは、日本の伝統的な木造民家の間取りとの比較である。なかでも南方系とされる土間なしで整型四間取り（図12）の形式を考えてみよう。この形は住まいの空間が南北軸、東西軸できれいに四分割されていて、東から入る場合、南西部分が「ざしき（奥座敷）」、南東部分が「でい（座敷）」、北東部分が「かって（茶の間）」、そして北西部分が「へや（寝間）」になる。この間取りの関係は平入り住居の東に土間がついた一般型の整型四間取り（図13）でも同じで、仮にこの家の西側に土間が付いた場合、部屋の序列は南北を軸に線対称、つまり東南部分が「ざしき」となる。土間が東か西に付くか、妻入り住居の前面に付くかは時代や地域で違っていて、同じ地域でも地勢や生業の違いで左右逆の間取りになることも多い。それでも、土間が東に付く間取りのほうが日本では普通といわれている。

　すると、ヤップで最も浄とされ、男しか入れない南西のペナウンは、日本の儀式を行い賓客を迎える奥座敷と同じ機能で、以下南東のゲシスが男の接客空間（座敷）、北東部分（トオール）が家族の食事や接客の空間（茶の間）、北西部分が女子供中心の就寝空間（寝間）で、男はここか南側の座敷で寝る習慣を含め、室内空間の使い方がすべて日本と同じことになる。この浄から不浄にいたる左廻りの空間序列が、温度や風向きの違いによる居住条件の環境物理学的な差を考慮した結果だとは、先述した逆の例があるだけに、日本の例だけでは断定できないが、もし昔の東アジアの誰かが、こうした二者択一の方法になんらかのエスノ・サイエンスを見出していたならば、その有為性が儀礼や習慣の形に固定化され、細かい理由付けもされぬまま、ミクロネシアや東南アジアに広がったか、その逆にそれが日本に伝えられたことも想像できよう。そうすれば、日本の板図に見られる柱の番付や建て方も、これら先人の優れた選択を左廻りとか右廻りという手順、すなわちエスノ・テクノロジーの形で工匠たちが具現化している典型なのかもしれない。いずれにしても、ヤップの間取りからこうした建築の構法だけでなく、居住様式や周辺環境の変遷までを含む多彩な領域まで、解明すべき課題が拡大、深化していくところに、エスノ・アーキテクチュアの特質と研究領域としての魅力がうかがえるのである。

第4章

末口からか元口からか——部材の向きが及ぼす形態的な特性

図1　兵庫県、箱木千年家

垂木の末口と元口

木造住居の柱を建てる順序を、左廻りにするか、右廻りにするかということには、社会的慣習としては片付けられないなんらかのエスノ・サイエンス的な要因があって、それが一見どちらでもよさそうな手順を選ぶ際に、その理由づけに用いられてきたのではないか、と前章で論じてきたが、これに似た二者択一の原理のうち、かつては建築の機能や建物の構造形式を二分する部材の用い方があったにも拘わらず、現在はその区別を全く忘れてしまい、もはや選択の余地もない位に固定概念と化した例を、木造建築の垂木の架け方にみてみることにしよう。建物の中心点、または中心軸から外縁部へむけて架ける垂木において、木材の元口を下にするか、末口を下にするかという、単純な選択の問題である。

現代の日本の木造架構法では、棟木から軒桁、それに小屋束で支えられた母屋から母屋にわたす場合も加えて、すべて垂木を打つ場合は、末口を上に、元口を下に、すなわちその木材が、かつて樹木として生えていた方向と同じに打ちつけるのが常道とされている。若い大工が誤って上下逆に組もうとすれば、きまって棟梁におこられるはずだ。均一な寸法に製材された部材なら、形態的にどちらが上でも同じだろうに、やはり部材の元の部分は心なしか太くて頑丈であり、末口は細くて頼りない感じがすることから、これらの垂木の用い方は直感的に納得できるし、その為に構造的に不利になるとは、普通考えないものである。

＊1　梁の上に棟束（オダチ、真束）を立てて棟木を支え、棟木から垂木を配る古民家の構法。関西地方を中心に室町時代から広がった。

図2　箱木千年家の引っ掛け垂木断面図

＊2　太い斜材を三角に交差させた上に棟木や母屋桁を載せ、そこに垂木を配る奈良時代からの古い構法。近世以降は民家の茅葺屋根に広く用いられた。

しかし、一見してどちらが末口であるかわかる丸太の長い部材となると、必ずしもその末口を上にしたとは限らない。日本では、古い民家に棟木から降ろした太い垂木で、末口を下にしたものがあるからだ。現存する民家としてはおそらく最も古いとされる神戸市兵庫区の箱木千年家（図1）の垂木は、棟木にその元口をのせ、通常とは逆に末口を下にして、やや放射状に近い形で寄棟屋根の構造の下地材を形成している（図2）。この家は江戸時代より前、少なくとも室町時代まで遡る建築であることから、日本の木造構法には、その昔、垂木を上下逆さまに架ける手法もあったと考えられよう。この構造はこの家で非常に目につく特徴であり、当初から真束で棟木を支える「オダチ組[*1]」だったとすれば、この垂木の架け方も、それと同じ伝統的手法として現代まで保存されてきたと考えてよい。近世以降、日本の農家の小屋組の基本は、棟の直下に束や柱がない「サス組[*2]」が圧倒的多数を占めるようになったが、この箱木千年家の小屋組は、それ以前のオダチ組の貴重な例を示しているのだ。

考古学的スケールで日本建築の構造を考えてみると、その伝統的な手法のなかで、地上から立上げた二本以上の柱で棟木を支え、それを軸として屋根、そして建物全体を構築するいわゆる「棟持柱」の架構形式は、非常に有効でかつ基本的な手法と考えられている。これはなにも日本に限らず、東南アジアや中国大陸はもとより、遠くヨーロッパにも、その遺例を広く求めることが出来ることから、

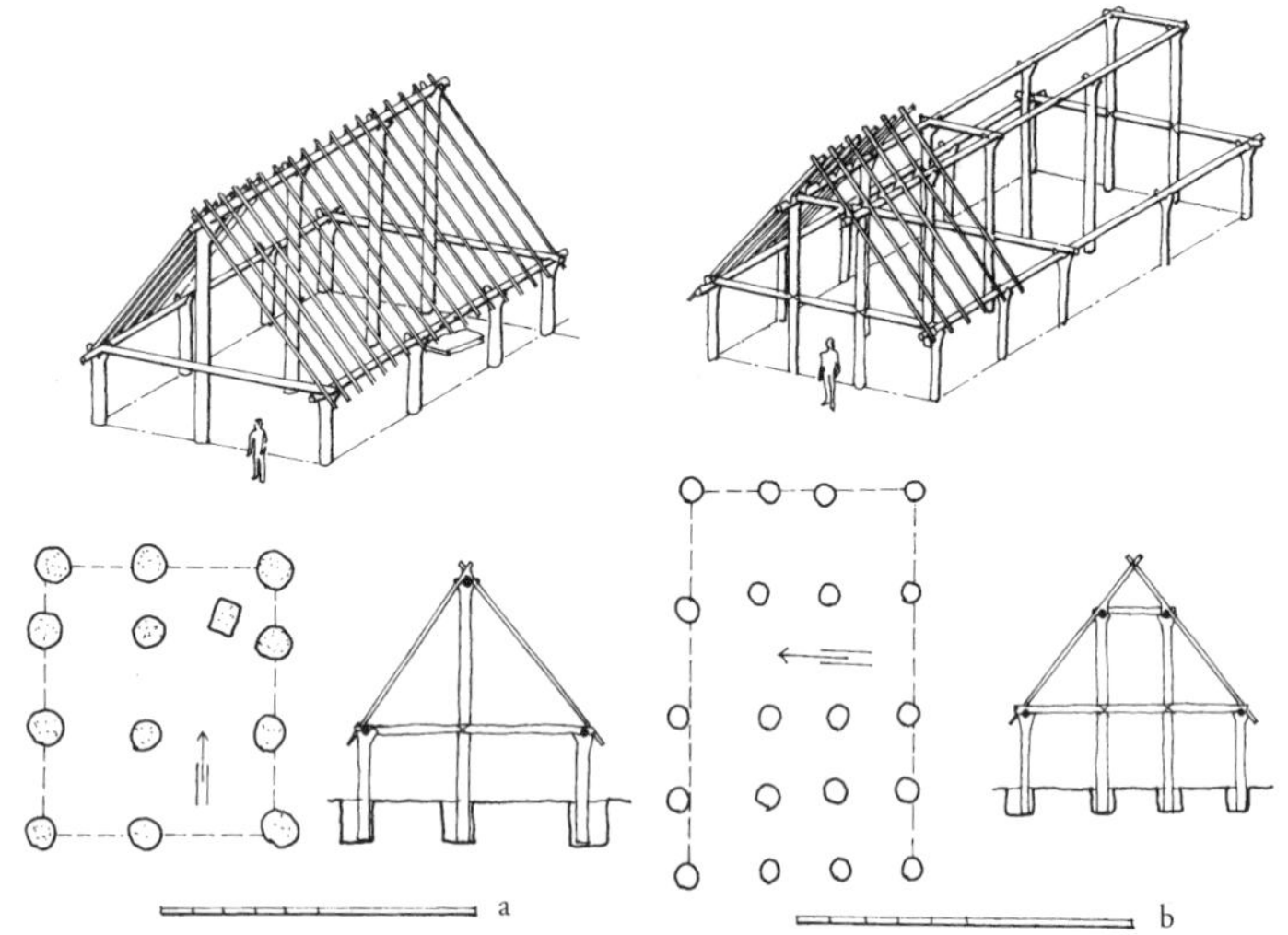

図3　南ドイツ、ゴールドベルクの住居（初期鉄器時代）復原案

この棟持柱を日本独特の手法と断定することは暴論としても、伊勢や出雲の神社建築の構造上の特色として、かくも判然とした形式に残っているからには、少なくとも古代からの日本の建築的風土には、最も適切な屋根・小屋組架構の手法の一つであったことには間違いない。

ヨーロッパの引っ掛け垂木

ところで今から約三〇〇〇年前、ヨーロッパは青銅器時代から初期鉄器時代（いわゆるハルシュタット期）にあったが、その頃の南ドイツの住居復原案[*3]（図3）が、ドイツの建築考古学者A・ツィッペリウス[*4]によって公表されている。そのなかでおそらく棟持柱形式でないか、とされている住居タイプの垂木の架け方をみると、木の元口を上にしたいわゆる引っ掛けタイプの垂木として復原されているのに、奇異の念を覚える人が多いだろう。幹から枝が分かれる二股の部分を故意に垂木の下端に残し、それを上下逆にして、その股の部分を水平の棟木に引っ掛ける、極めて原始的で、しかも確実な手法が描かれているからである。この手法は棟持柱形式だけでなく、他の三廊式住居の復原案、すなわち棟持柱が家屋の中心軸になく、その左右二列の柱列の頭をつなぐ母屋桁が二本ある住居タイプでも繰り返して用いられて、今度は二股の部分は垂木の端部でなく、元口から約三分の一ほどのところに位置しているのである。はたしてこのような手法は、ヨーロッパの木造住居で当り前のことだったのであろうか。

やはりドイツの民家研究者T・ゲブハルト[*5]による、一五世紀のバイエルン地方の住居の復原（図4）でも、棟持柱に垂木を架ける場合は、完全に元口の二股部分を仕口の一種として用いており、末口は下になっている。またソ連のV・P・コビチェフ[*6]の報告では、コーカサス地方にはつい最近まで図5、6のように棟木に引っ掛けた垂木の使い方がみられたという。またこのような自然の造形の恩恵にたよる垂木の仕口だけでなく、より素直で長い丸太の元口に太い木栓を打つことで、元口の部分を交互に棟木に引っ掛ける垂木の技法（図7）が、中世

＊3　goldberg　ドイツ、ノルトリンゲン近郊で発見された紀元前六―五世紀の住居遺跡

＊4　Adelhard Zippelius　ドイツの建築考古学者（一九一六年～）。*Das Bauernhaus am unteren Deutschen Niederrhein*, 1957 等を著す。

＊5　Torsten Gebhard　ドイツの建築家・建築史家（一九〇九～一九八九年）。*Alte Bauernhäuser. Von den Halligen bis zu den Alpen*, 1979 等を著す。

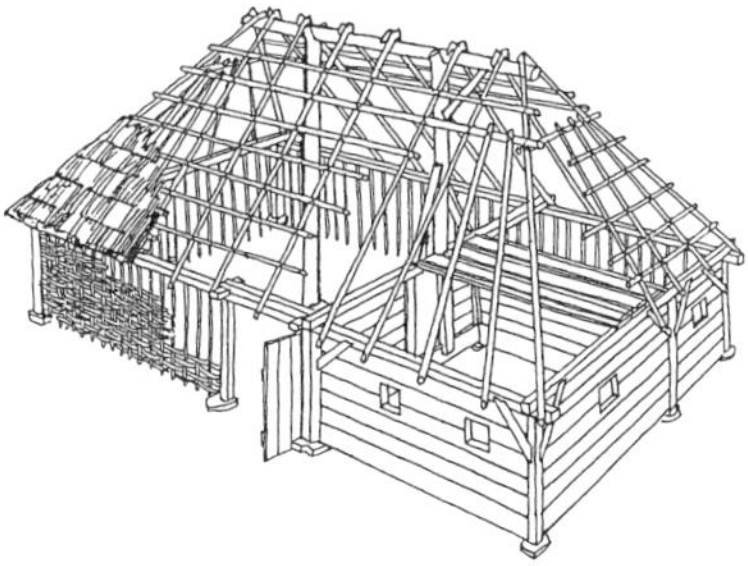

図4　バイエルン地方の住居復原案

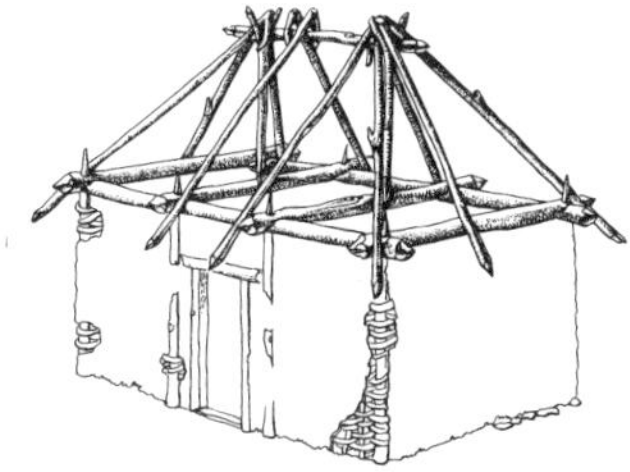

図5　北カフカーズの民家

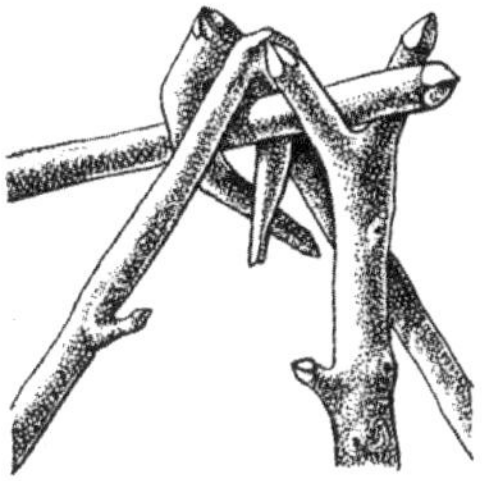

図6　北カフカーズの引っ掛け垂木

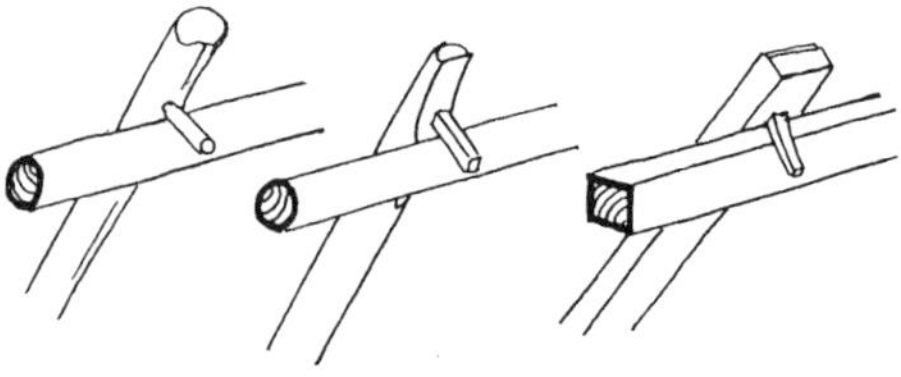
図7　東ヨーロッパの引っ掛け垂木

＊6　Veniamin Pavlovich Kobychev　ロシアの民族建築史家。*The settlements and housing of the North Caucasus in XIX-XX centuries*, 1982 等を著す。

以来ながくヨーロッパ、特にその東部にあったことを、数々のヨーロッパ建築史家が報告しているのである。

これらの復原例や実例に共通していることは、この垂木の下方を受けるのは、必ず壁の上端又はその上に置かれた桁であって、しかも垂木はそこで終っているのでなく、桁材の上に載せかけるようにして軒先までのびている。これらの側壁を有する住居より前から存在したとされる、傾斜した屋根が直接地上まで達している型（図8）の、日本でよくいわれる天地根源造り、伏屋式の住居では、このような垂木のかけ方はみられない。この場合は、無理して垂木を棟木に引っ掛けなくとも、垂木を自然に育成した向きに応じて、その元を地面に差していけばよいからである。その場合、棟木にかかる応力は、前例のような棟持柱の型よりも当然少なく、従って棟木は細くてよいし、その棟木を支える柱も大きなものでなくてよい。しかも、棟と側壁との間に短柱で支えられた母屋桁が二列あると、そこで垂木の中間点が支えられるため、棟木がなくてもよい場合さえあるのだ。棟持柱のある建物の中心軸よりも、建物の両側の壁に荷重を二分する構造の発想は、このように垂木を地面またはそこに横たわる土台などに差し、なかば自立させるような「立ち垂木」の使用からはじめて生れたものなのだろう。

このように、屋根版が地上または部厚い壁から庇なしで立上る場合に比べ、立派な垂直の壁を有し、その壁面や開口部を保護する形で軒をのばす場合は、きま

図8　ヴォルガ流域、ペルヴォエ・ススカン遺跡、立ち垂木

って「引っ掛け垂木」が登場する可能性があって、日本やヨーロッパでも、この発想のほうが、棟持柱やオダチ組の架構にあってはある時代まで明確に存在した、といってよいのである。

ヨーロッパの学者が古代住居の復原にあたって、このような大胆な垂木の用い方を採用しているのには、近世以降の実例に力を得るとともに、元来ヨーロッパの先住民が住居を建てていた地域は落葉広葉樹林が優越していた地域であり、それだけ二股の部材が得られる機会が多い、と考えたからでもある。ヨーロッパの針葉樹は、その種類と量が古くから極端に少なく、あっても素直すぎて、このように二股部分を逆にし、しかも引っ掛けて使うような発想は得られなかっただろう。コーカサスの例にあるように、この引っ掛け垂木は広葉樹林帯独特の小屋組の技法かとも思えるのである。

この二股を持つ部材の使用は、この垂木の構法の前提ともいえる棟持柱にもいえる。面倒な仕口を考えずとも、上部が二股になっている柱なら、それで難なく棟木を支持することが可能だからだ。従って原始的な段階の住居では、棟持柱形式の架構が、針葉樹林帯よりも広葉樹林帯のほうで多く用いられた、と推測する可能性は充分あろう。それ以上の記述は、建築と自然環境、特に木造建築と植生との関係を、環境考古学的な資料を分析しながら検討せねばならないのでここでは省くが、垂木を逆に使う手法が、どちらでもよいだろうという選択から、伝統的な技術として定着したものでないことだけは、明言できるのである。

引っ掛け垂木が日本で忘れられていった理由

さて、日本はといえば、中国地方の民家、例えば先の箱木千年家や京都の石田家[*7]のような引っ掛け垂木の手法が、なぜ生じ、そしてなぜ消えていったかを建築史的に解明するのは容易ではない。これらの地方にオダチ組がまとまって残っていた理由すら、現在のところ定かでないからである。使用材種からみても、縄文時代の本州ならともかく、広葉樹を主要建築部材に用いなくなって久しいこれらの民家に、針葉樹でありながら引っ掛け垂木が依然として用いられている過程についても、適当な解釈が与えられたことをまだ見たことがない。というより、なんで垂木のかけ方ひとつの差を問題にしなくてはならないか、この垂木の技法における二者択一の持つ意味さえ、建築学や歴史学のなかでは捉えられていないというのが実状なのである。

このような垂木の向きへの関心が薄れた一因には、これら建物の中央に長大な棟持柱を有する架構の様式が、柱材の供給不足とか、プランの使い難さなどの関係で衰退し、やがて壁の上に斜材の元口を立て、母屋桁の上に末口の下部を結合することで、壁がありながらその建物の中心軸に柱のない平面が広く得られる、いわゆる合掌組やサス組[*8]の様式が、中世末期から洋の東西を問わず盛んになって

＊7　所在地は京都府南丹市美山町。入母屋屋根・茅葺・妻入りの重要文化財で、三五〇年前から続いた摂丹型住宅の典型とされる。

＊8　二つの斜材を頂点で交差させず、付き合わすことで斜材の上の母屋桁を支え、サス組とは違い棟木を支持しない構法。ヨーロッパで広く用いられる。

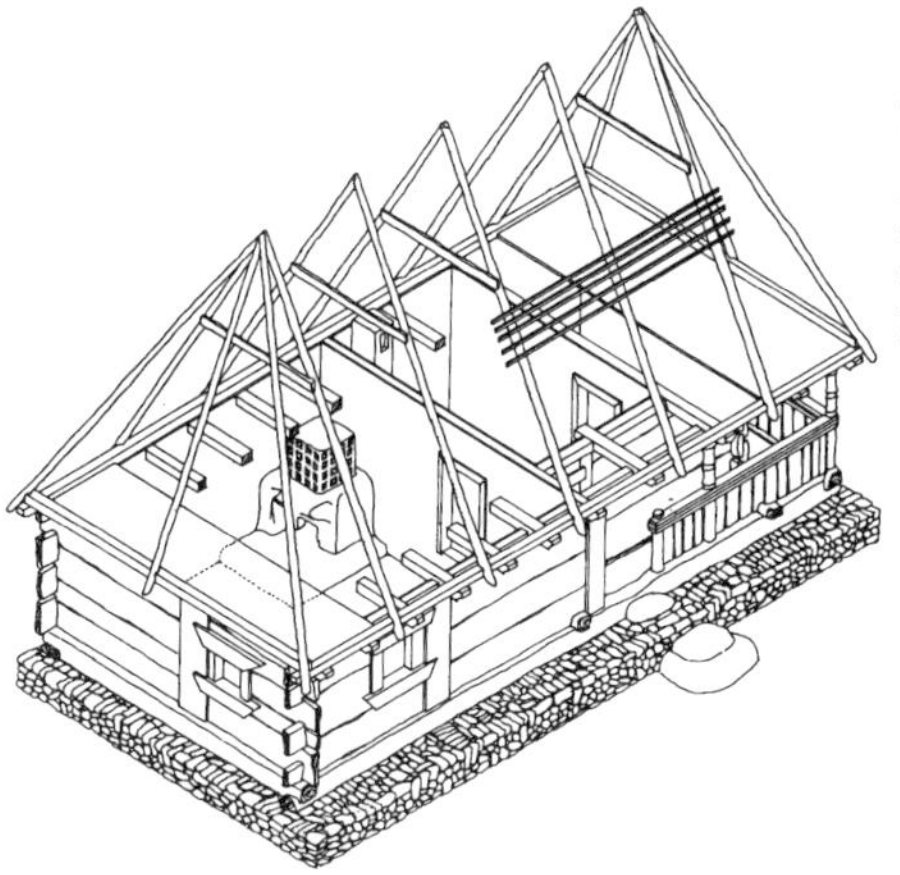

図9　ルーマニア、マラムレッシュ地方北部の合掌組屋根

きたからである。すなわち、主たる構造部材としての垂木やサス材には、元口を下にして立てる方式が、諸事に合理的な手法として尊重され、一方の引っ掛け垂木は、いまだに棟持柱や太い棟束を持つオダチ構造に固執する人達の手で、細々と伝えられる技法にしか過ぎなくなった、ともいえるだろう。

しかも、これらのサス組やオダチ組にしても、それらが四五度を越す急勾配だったのは、斜材を構造的に組むこと以上に、茅や芦、そして農作業から生れた麦藁などの植物性の屋根材を葺くのに適した勾配だったからである（図9）。これら草葺き用の材料は、品不足や施工、それに補修の手間の多さを考えてか、やがて焼成瓦や薄いスレートに変っていった。これらの材料では、従来の草葺きに比べ、それだけ急な勾配は必要としない。すると、小屋束の成を小さくして小屋裏の体積を減らし、そのかわり小屋束の数を増やして、垂木のスパンを小さくしたほうが垂木を細くできる。それで屋根勾配は緩くなる一方になったのだ。屋根勾配が五寸以下になると、母屋などの支点間に渡された斜材には、その部材の長さ方向にはたいした辷りが生じない。木材とそれに垂直におかれた木材との間に働く静摩擦係数の関係があるからだ。また、この勾配だと垂木の上に

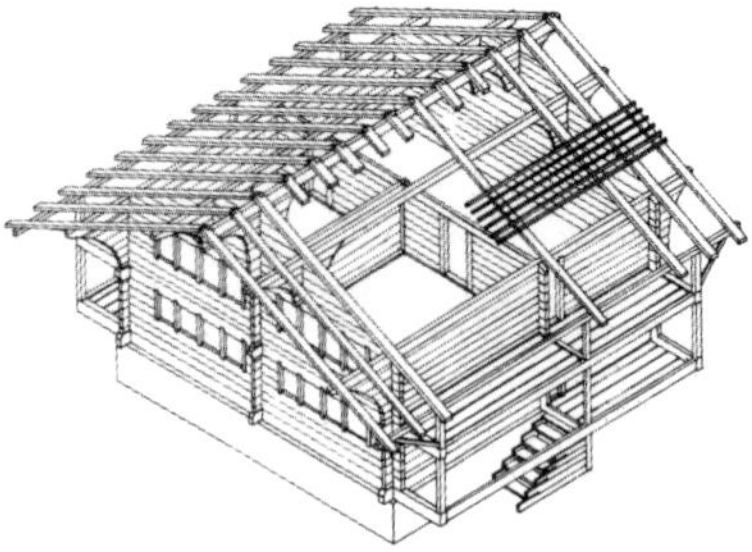

図10　スイス、ベルナーオーバーラント地方、緩勾配の垂木屋根

人が載ることも出来るから、屋根の上での作業も楽になり、そこでますます屋根葺材が発達し、垂木の勾配も緩くなっていくのだった（図10）。

細くて短い垂木を緩い勾配で打つ場合には、もはやその材の末口と元口を区別する必要はなくなったようにみえる。ちょうど床の構造下地材としての根太の用い方のように、その向きを指定するだけの仕口の制約はなく、あるとすれば部材の捩れの方向が揃うのを避けるだけの意味しかない。それも全体としては僅かだろう。ここに至れば、故意に末口を下に、元口を上にする意味はもう見出せないといってよいのかも知れない。それでも、何かの理由で勾配が急になることもあるだろう。その場合は、垂木等の斜材の脚元に力が余計に加わることを考えて、一応末口を上、元口を下にと申し合わせておいたほうが無難である。だから、極めて消極的な理由だが、やはり垂木はその材が自然に生えていたままの状態で建物に打ちつける、という手法が恒常化していったのではなかろうか。

軒桁の上を辷る垂木

ところが、先述の引っ掛け垂木と立ち垂木の上で、際立った対照を見せる垂木のディテールが一つあった。それは壁がある場合の屋根の下端の納まり、すなわち垂木を軒桁でとめるか、それとも軒桁の上を越えて軒の端まで垂木をのばすか、という処理の問題である。末口と元口の区別、すなわち垂木を棟木に引っ掛けるか、壁の端に立てるかの区別はすでに不要になったとはいえ、元来その区別から発生した異種の架構の原則があったとし、それが各地でひとつの建設技法、すなわちエスノ・テクノロジーとして存続しているとすれば、それを共に忘れ去るというのは極めて無謀な技術の進歩、一方的な合理主義といわざるを得ない。はたしてこの垂木の処理でそうしたディテールの伝統を無視することがあったのか、そしてそれが許されるのかという問題である。

垂木をその下の棟木や母屋で支えるサス組、あるいは棟木なしで直接屋根版を支える合掌組のように、斜材だけで構成された屋根版は、いつも同じ傾斜を厳密に保っているとは限らない。風や地震でゆさゆさ揺れ動くこともあるし、長い間に部材の各所が収縮変形して、後には勾配が変化してしまうこともあるだろう。また、それらの変形は屋根版だけでなく、それが直接載る壁や桁組の変形と密接に関連している。どちらかが大きく変形すれば、それと上手に順応して変形しない限り、建物の主要部分は破壊してしまうので、立派な伝統的建築では、それに対処する技術がどこかに発揮されているのが通例である。はたして垂木の施工方法では、なにがエスノ・テクノロジーとして残ってきたのだろうか。

棟木を構造体の中心に据えた建築で、標準地盤に対しての棟木の絶対高さは、棟持柱の場合そう変化しない。軒桁も、同じように垂直な木材またはそれに類した収縮率を持つ材料で支持されている場合、今度は棟木と軒桁との相対的な高さ

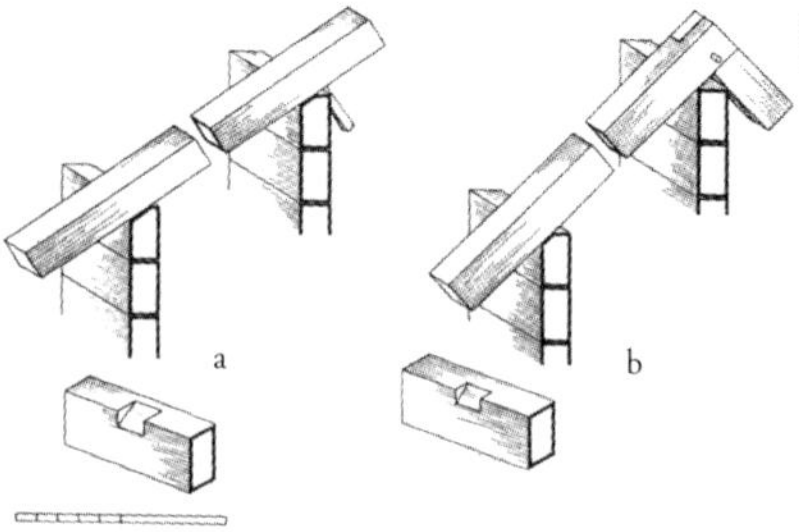

図11　引っ掛け垂木と井楼組の壁の仕口

の差だけを求めると、その値は、どのような部材の経年変化があろうとも、ほとんど一定だと考えてよい。ところが、棟木はそのままで、壁が収縮し易い厚板や丸太等を横に積み重ねた手法の場合となると、棟木と軒桁の相対的な高さの差は変ってしまう。壁の四周が固定していて、水平方向に変位がとれない、すなわち壁が内倒しにならないとすれば、軒桁が下に沈むことで当然ながら支点間の距離が変ってしまう。伊勢神宮に代表される神明造では、軒桁を柱で受ける前に、ほとんど板倉ともいえる厚い横板壁の上に軒桁を載せてしまう。あらかじめこのような壁の収縮を予想した上で、その分だけ軒桁と柱との仕口に隙間をとり、年を経た後に軒桁が平側の柱列の上に落着くようにしていたからだ。それゆえ、垂木と桁との仕口の破壊を避けるためには、軒桁のところで垂木を固定しないで、その上を辷る格好（図11）にしておかなければならない。だから棟木に垂木を全面的に引っ掛ける形になるのである。互いに反対方向から引っ掛けられた垂木は、棟木の上で組合わされることがあっても、軒桁には固定しない原則が必ず守られなければならない。そのためには、二股の広葉樹（図6）に代表される末口を下にした垂木の架け方のほうが、まったく理にかなうのである。

　このディテールは、棟持柱を用いないで四周を井楼《せいろう》組の壁にした場合の切妻屋根でも同様である。妻側の三角形の壁の上に棟木や母屋を載せると、中心側の校倉壁はよけいに収縮するから、棟木などと軒桁との相対高さは、今度は縮まって

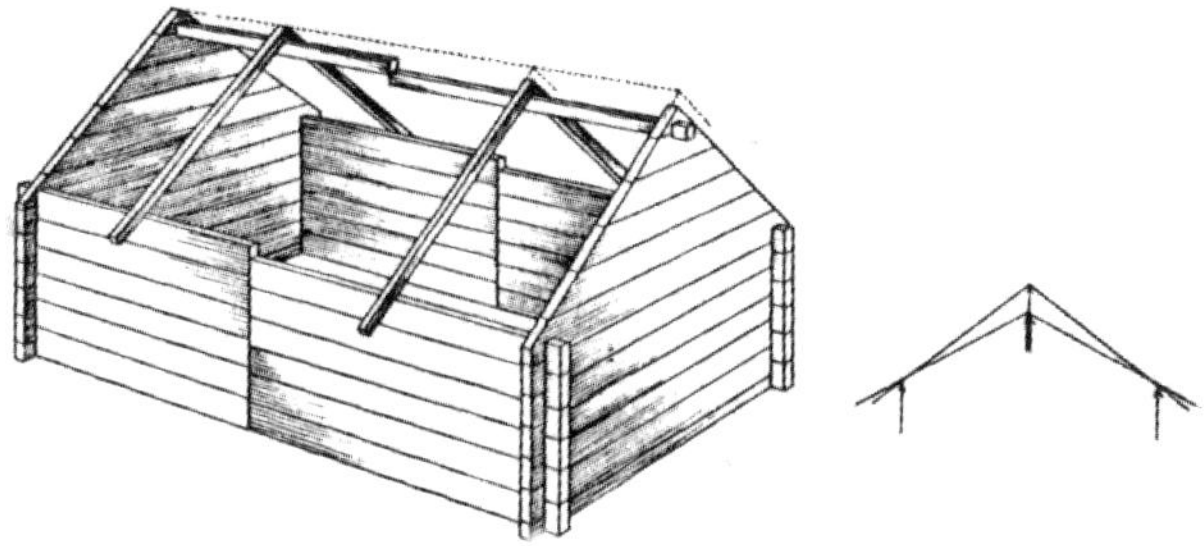

図12　ドイツ、北西バイエルン地方の引っ掛け垂木と井楼組の壁の収縮

しまう（図12）。校倉のための用材は、伐採後長く乾燥させることが一般に少なく、ひどい時は棟の高さが元の四分の一から五分の一も収縮するから、先のように軒桁と垂木との仕口を辷るようにしておかないと、垂木の上下どちらかの仕口が参ってしまうのだ。ただし、先述の棟持柱を囲んだ板倉の場合と違って中央が先に沈下するので、屋根版はすこしだけ傾斜が緩くなる。ヨーロッパの山地にいくと、現在でも校倉の壁に棟木をわたして家を建てているところがあるが、彼等の住居は常にこの壁の収縮の危険に曝されており、そのために引っ掛け垂木が有利であった。しかし、今日ではそれが収縮しやすい壁材に頼らざるを得ない場合のエスノ・テクノロジーであることを、知る人さえ少なくなっている。なお、ロシアなどの寒冷地だと、妻側の三角壁は無理してもぴったり校倉で上まで積まねばならなかったが、オーストリア以南の比較的温暖な地域では、そうせずに軒桁より上の小屋組は、すべて小屋束を重点的に用いている。当然妻壁の上部はあいてしまうが、そこは装飾をかねて束と板でふさぎ、小屋裏の通風をよくして農作物などの収納にも転用するのだ（図13）。束を用いるとなると、もはや軒桁から棟木への高さの絶対値はそう変化しない。このことは、日本で普通行われる小屋梁の上に束を細かく立てた小屋束組とまったく同じである。そこでオーストリア人は、引っ掛け垂木の原理を使うことなく、軒桁に垂木の下端を固定する手法をやっと用いることができた。しかし、それと共に末口と元口とを区別するエスノ・テク

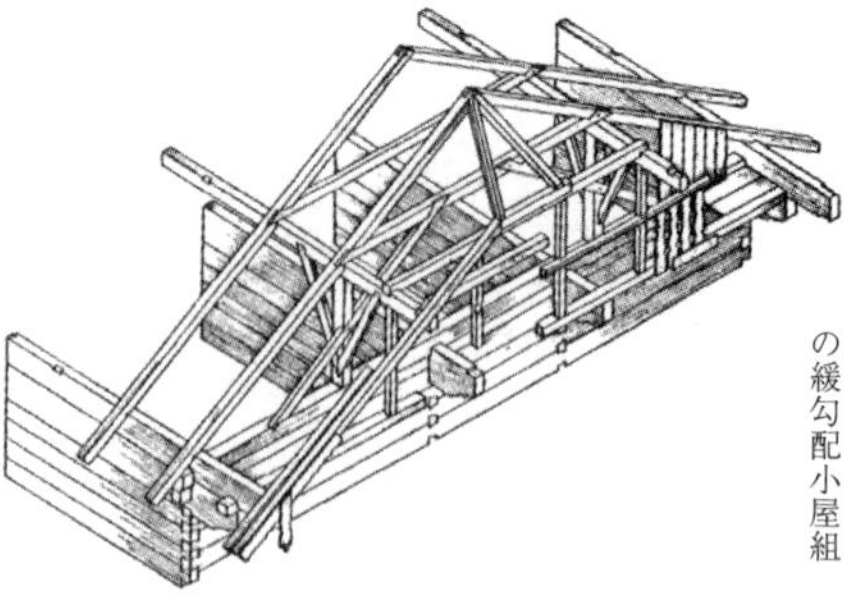

図13　オーストリア、ザルツブルクの緩勾配小屋組

図14　スウェーデン、ゴットランド島の立ち垂木

ノロジーの一つを忘れていったのである。

垂木の向きが生んだ二つの建築の平面

この引っ掛け垂木と立ち垂木（図14）の手法の差は、必然的に建物の柱列のとり方に二つの考え方を生むようになった。今日では軒桁のディテールよりも、この平面形の区別の方がはるかに重要である。それは先のツィッペリウスの三廊式の復原案などわずかな例外があるにせよ、引っ掛け垂木は、原則として切妻や寄棟の棟の直下に柱列が要る平面形となり、立ち垂木では、棟の直下に柱列がいらない、したがって、中央を広く使える平面が可能になったことだ。前者は桁行方向の長さが小さい場合を除き、常に梁間方向の内部空間の柱列による分割が複数となる二廊式ないし四廊式、後者は奇数の三廊式[*9]（図15）か五廊式である。西北ドイツの農家に代表される巨大な住居の平面は、表の妻側に人間の居室、その背後、三廊式の側廊部分に数多くの畜舎を置き、その間の身廊部分を作業場、その階上を乾草置き場に使うことで完成していった（図16）。この平面こそ、ヨーロッパの教会建築、とくにゴシック様式の石造建築の平面の原型というべきものだろう。この平面は、これまで述べたように、立ち垂木の考えなしにはとうてい生まれることができない形だった。中央に棟持柱がくる空間の使いにくさや、小屋組みの中央にそれでも巨大な真束が残る構造的な不明確さは、引っ掛け垂木を用

＊9　建物の正面奥に向かって中央の柱間が身廊（Nave）、その両脇の柱間が側廊（Aisle）となる建築の形式。

＊10　古代ギリシャ神殿の初期の建築様式（紀元前六〜五世紀）。単純で直截的な形の構成に特徴がある。

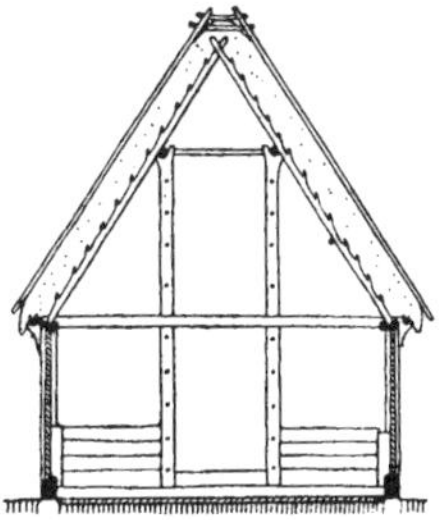

図15　スウェーデン、ハッランド地方の立ち垂木と三廊構成

図17　ギリシャ、パルテノン神殿

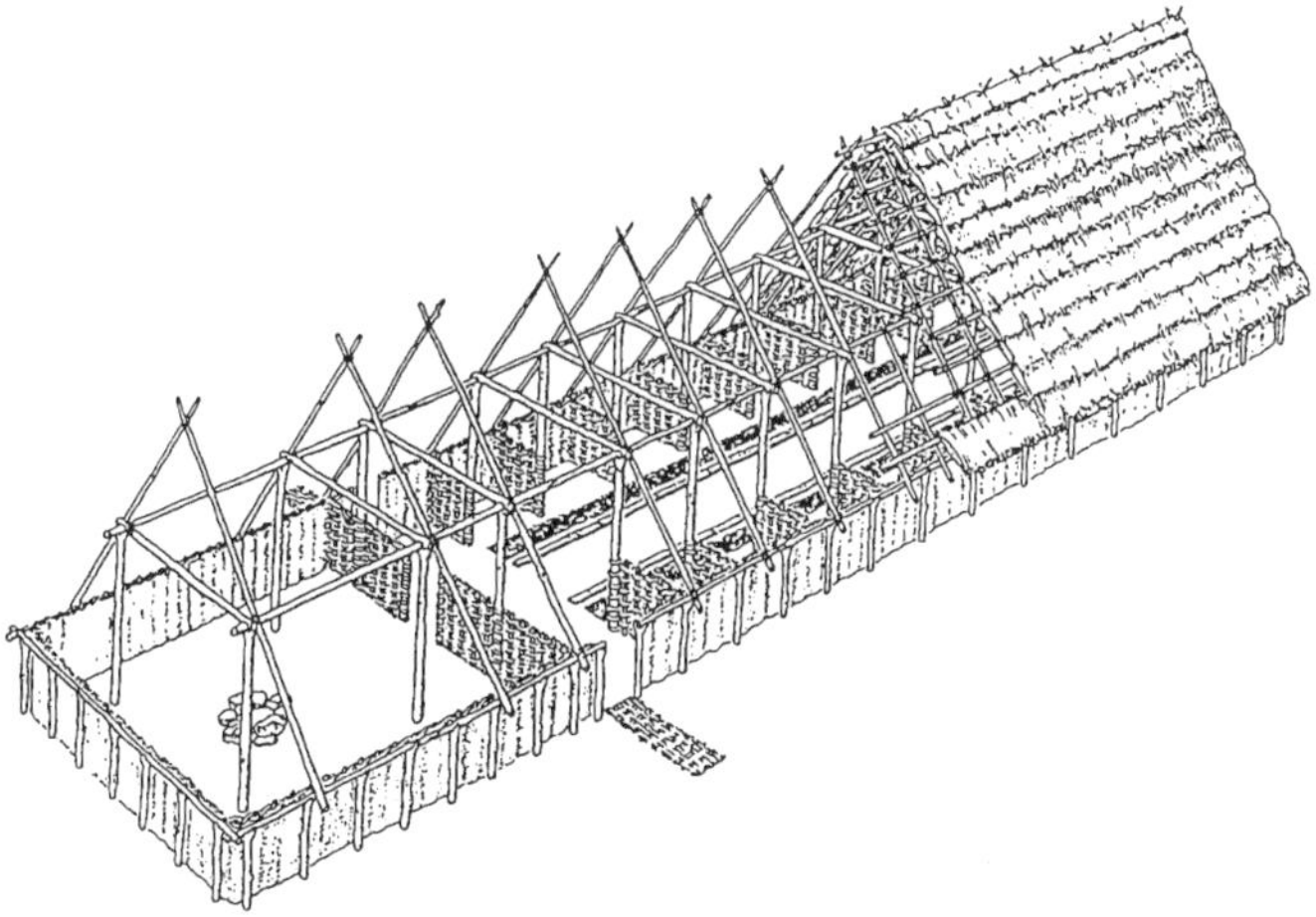

図16　北ドイツ、フェッダーセン・ヴィールデ紀元前一〜二世紀の古代住居

いている限り、永遠に解消されなかったのである。

ただし、ヨーロッパの木造建築は、垂木の向きの選択では立ち垂木を強く選ぶようになったが、柱の向きでは、引っ掛け垂木を必要とする棟持柱のように、木の根元を地中に深く据え、末口を上にして柱径が段々小さくなる形を決まって選ぶようになった。これは柱の根元の剛性を高めることで、あえて柱の上部を強く固める必要のない、掘立柱の構造的な利点を固守する、伝統的な姿勢でもあったのだ。その下は元口、上は末口の選択は、ギリシャの木造神殿でまず行われ、ドリス式[*10]の石造神殿（図17）で様式化された。後者の柱が掘立柱の形を留めている証拠としては、この様式だけ石柱の足元に礎

図18 ギリシャ、ピュロスの宮殿復元図

石がないことで明らかだろう。

その逆に根元を細くし、上に行くに従って柱経が太くなる柱は、ギリシャ以前に繁栄を誇ったミケーネ文明の宮殿建築（図18）でわずかに見られる。木の末口を下に、元口を上にする発想である。柱の足元をピン構造にし、柱の上部と桁や梁を固く結合して剛構造にすれば、それはそれで強い建築になるし、木の元口は根が張って幅が広いので、桁や梁との仕口も加工しやすいはずだが、現存する例が非常に少ないことをみると、この柱の構法は忘れ去られたエスノ・テクノロジーに属するのかもしれない。その点で、上下逆の柱の発想を見事ジョンソンワックスの本社社屋[*11]（図19）に蘇らせたF・L・ライト[*12]の仕事は、また違った面で再評価されるべきものと、筆者は考えるのだ。

ギリシャ神殿の石柱には、次のイオニア式[*13]からその足元に礎石が加えられていった。一見するとエジプト神殿の石柱様式とまた同じになったと思われるが、日本の木造建築が掘立柱から石場建て[*14]の架構に移行していく際に日本人が抱いた、あの固い礎石と太い柱のすり合せに対する期待感と同じ感情が、その時代のギリシャ人の心中にあったかどうか、今になっては知る由もない。礎石の上に聳え立つ堂々とした先細りの石柱の姿は、やがてローマの神殿からロマネスクの教会へとその洗練度を増していく。足元はピン構造[*15]でも、柱の上部はアーチやヴォールトで固められているから、見た目には安定感が増していく。太い柱には元口から

＊11 Johnson Wax Headquarters（一九三六〜九年）、設計はF・L・ライト。所在地はアメリカ、ウィスコンシン州、ラシーヌ。

＊12 Frank Lloyd Wright アメリカの建築家（一八六九〜一九五九年）。旧帝国ホテル（一九二三年）、落水荘（一九三六年）、グッゲンハイム美術館（一九五九年）等を設計する。

＊13　小アジアを中心として発展した古代ギリシャ神殿の建築様式（紀元前六〜五世紀）。女性的で流麗な形に特徴がある。

＊14　柱下端を礎石の凹凸に対応させながら、礎石の上に柱を直接立てる民家の構法。

＊15　建物を構成する部材の節点または構造物の支点が、回転は自由だが、部材相互の相対的な移動は拘束されているような場合の構造形式。

図19　ジョンソン・ワックス本社

末口にいたる上昇感が相変わらず期待できるので、柱の表面もギリシャ・ローマの木目に沿った縦溝（フルート）から、ロマネスクの石積みの目地そのものの表現へと、多彩に変化していった。

なかでもゴシックの柱の表現（図20）は凄い。主柱だけならそれ相応の石の太さで立ち上がるところだが、その表に細い抱き柱を何本も添え、それらがそのまま上昇し、やがて数十メートルも上空のリブヴォールトと一体化してしまうと、その造形は石造ならぬ木造の、それも細い幹が一斉に伸びて森の樹冠を形成する様に匹敵することは、誰にも知られている建築芸術上の事実なのだ。しかし、こ

図20　フランス、ルーアン大聖堂（一二―一四世紀）

図21　ゴシック教会の木造屋根（部分）

の元口から末口にいたる石柱の構造美のその裏に、これら三廊、五廊の室内空間を生み出した立ち垂木の、上昇感豊かな木造のイメージが重なることに気づく人はほとんどいない。教会の外に出てみれば、これら石造の繊細な交差ヴォールトを風雨から護るための、急勾配で強靭な立ち垂木の技法を生かした、巨大な木造置屋根（図21）が目に入ってくるはずなのにだ。その立ち垂木の二者択一の相手が引っ掛け垂木。その原理を伝統的な匠の技に置き換えたのが日本のエスノ・テクノロジーだ。それが箱木千年家などに残ることを知れば、それと反対の原理を芸術に活かしたこれらゴシック建築に対する日本人の見方も、またその楽しみ方も、きっと変わってくるに違いないのである。

第5章

建築はなぜ四角になったか①——対角線による柱組

人類の住まいは円形住居から始まった

今から二〇万年前、アフリカ東部に生まれた現人類（ホモ・サピエンス）は、それから紀元前八〇〇〇年頃まで、主として外観が半球か円錐型の住居に住んできた。平面の形でいうとほとんどが円か楕円だ。これらの住居の伝統は、今のアフリカや中央から北のアジアにまだ色濃く残っている。ところが、現在世界に住む人の一〇億を超える住まいの平面は、そのほとんどが正方形や長方形だし、住居以外の建築も、大部分が四角や長方形の部屋から成り立っている。

それなら、人間はなぜ四角い建物を建てるようになったのだろうか。歴史や考古学の資料の有るなしは別として、このような問いは、建築の存在そのものに深くかかわっているはずだ。にもかかわらず、現代の建築の社会でこの小さな問いすら発する者は非常に稀で、それに答えようとする人はさらに少ない。

日本人の周辺には、その伝統からして、壁が直角に組まれた建築が圧倒的に多かった。東西南北という直交座標を基準として空間が方向づけられているだけでなく、建築の各要素が、桁行きとか梁間方向といった座標に添って造られ、使われていることは自明のことで、一般にもその常識が行き渡っている。そのため、どうやって日本の建築が四角い形になったのか、考えもしない建築家のほうがむしろ普通なのだ。膨大な数に及ぶ建築の専門書や歴史、美術の本のなかで、この問題を正面から捉えているものは、まだ一つもないのである。

図1　縄文時代前期の住居跡、栃木県・根古谷台遺跡

こうして無関心だった領域への興味を引き出すべく、あえて日本の建築家や学生に「なぜ建築が四角になったたか」と直接聞いてみると、きまって柱をどう置くようになったか、どうやって先人たちが直交軸を意識するようになったか、その問題からまず考え始める。これはもっともなことで、彼らが知っている古代の日本の住居跡は、掘立柱があったという穴の幾つかと、その辺りに残された壁や土盛りの跡から必ずなりたっている。そこから復原できる建物は、数本の柱と梁を組み合わせた木造軸組みの建築で、その梁に垂木を架けて草葺か盛り土にした屋根しか、思い浮かべることができないからだ。

これがロシアの学生だったら、どうして井楼《せいろう》組の校木を互いに直角になるよう地面に敷いたのか、とまず考えるだろうし、ナイジェリアの建築家なら、地面に置いた最初の日乾煉瓦の横に、なぜ二番目の煉瓦を縦に置くようになったか、その謎を解こうと考えるかもしれない。このように「なぜ建築が四角になったか」という問いが根源的なものであればあるほど、時代や地域、そして民族によってその答えは変わってくる。住居を建てる材料や技法、それに四角や円い建物が人々に与える心象自体がみな違うのだ。どの国の建築家や学生にとっても、自分たちの先祖が建てた最初の建物は、エスノ・アーキテクチュアの典型である。それを意識してもらうのがこの問いの狙いだが、同時に古くからエスノ・テクノロジーが多様な形で存在していたことを、知って欲しいこともあるのだ。

それではまず身近な木造軸組みの建物から始めよう。柱を何本も据える時、その柱の列をなぜ四角い平面の形に据えるようになったのか、という問題だ。その際、最初に四角い建物を建てた昔の日本人は、柱と柱とを結ぶ軸がたがいに直角になるよう、ほんとうに考えたのだろうか。初めから直角という概念や、その造り方を知っていたのだろうか。

どうやって直交する座標軸を求めたか

人が昔から整然とした直方体の建築を貴び、直交する空間の座標軸のなかに、美の規範としての建築の効用を見出してきたことについては、後世の美術史家や建築家が、「建築の起源」という名のもとにこれ迄幾度も意見を述べてきた。しかし、四角い建築の概念そのものの発生と、そのエスノ・テクノロジーとしての技術的背景については、建築家は今まで考える余裕すらなく、その手掛りすら摑んでない。仮にあったとしても、現代の幾何学的な常識にこだわり、これらの空間創造の秘儀を自分勝手に解釈してしまうものばかりである。建築の特質を三次元の世界で明確に把えながらも、いざその建築の成立をたすける技術の役割となると、途端に粗野な描写が目立つ例をひとつあげてみよう。

「原始人がその荷車を止めて、ここを彼の領地と定める。森の中の空地を選び、迫りすぎる木を倒し、周囲の土地をならし、川まで、あるいは去って来た以前の部落へつながるように道をつける。杭を打ってテントを張れるようにする。これを囲んで柵を造り、一部に入口を配する。道は彼の道具と腕と時間の許す限り直線的に引かれる。テントの杭は正方形か、六角形かあるいは八角形を描く。柵は矩形をなし、四隅の角度は等しく直角である。小舎の戸は囲いの中心軸に開き、柵の扉は小舎の戸に面している。（吉阪隆正訳）」

これはル・コルビュジエ[*1]が彼の有名な著書『建築をめざして[*2]』のなかで、部落の人たちが聖なる小舎や祭壇をつくる際、「指標線」を用いることから建築に統一性が誕生していく様を描いた一節である。そして彼は、この宿命は家屋の平面でも、寺院の平面でも同じであるといい、これと同じ精神がポンペイ[*3]の家屋にも見出せるし、それはルクソール[*4]の神殿の精神と同じであると述べている（図2a、b）。

この平面には、初源的な数値が決め手となっていること、すなわち人間が一つの尺度によって測り、指標線を描くことで、はじめて建築に統一がもたらされる過程が描かれているのは明白である。しかし、この原始人が大地に直線の道を描くとき、また正方形をはじめとする多角形を求めるとき、そしてより基本の動きだろうが、四隅を直角に決めるとき、彼の心に去来する願いは、今われわれが理解できるものとまったく同じだろうか。空間を獲得する手段には、原始的なものとそうでないものとの差があるが、平面に統一を求める考えは不変であるという

＊1　Le Corbusier　スイス・フランスの建築家（一八八七～一九六五年）。サヴォア邸（一九三一年）、ユニテ・ダビタシオン（一九四五～六〇年）、ロンシャン教会堂（一九五五年）等を設計する。

＊2　*Vers une Architecture*, 1923『建築をめざして』（吉阪隆正訳、一九六七年、鹿島出版会）。

＊3　Pompei　イタリアのナポリ近郊に一世紀まであった町で、七九年のヴェスヴィオ火山の噴火で埋没、一八世紀からその発掘が進められている。

＊4　Luxor　旧名のテーベはエジプト中王朝時代（紀元前二〇四〇～一七五〇年）の都。ルクソール神殿、カルナック神殿、ハトシェプスト女王葬祭殿等の遺跡がある。

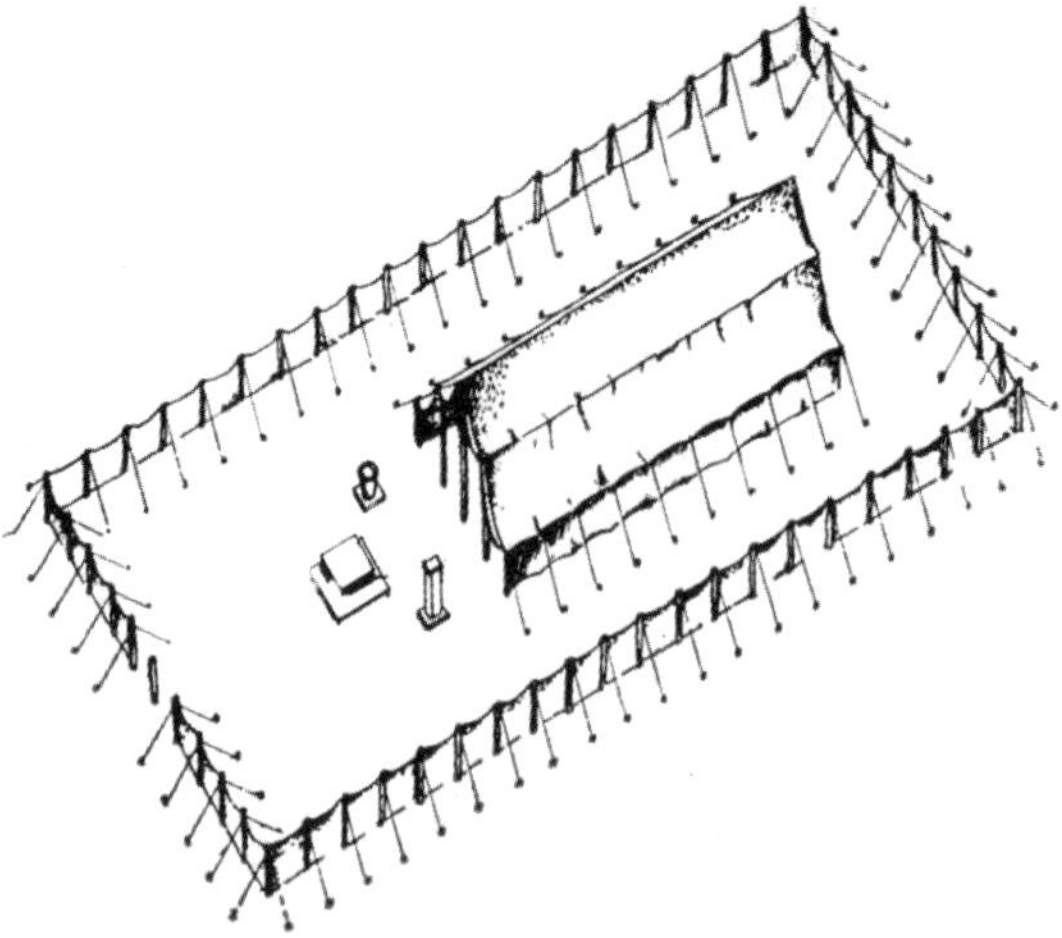

図2a　ユダヤの移動式神殿（墓屋・タバナクル）

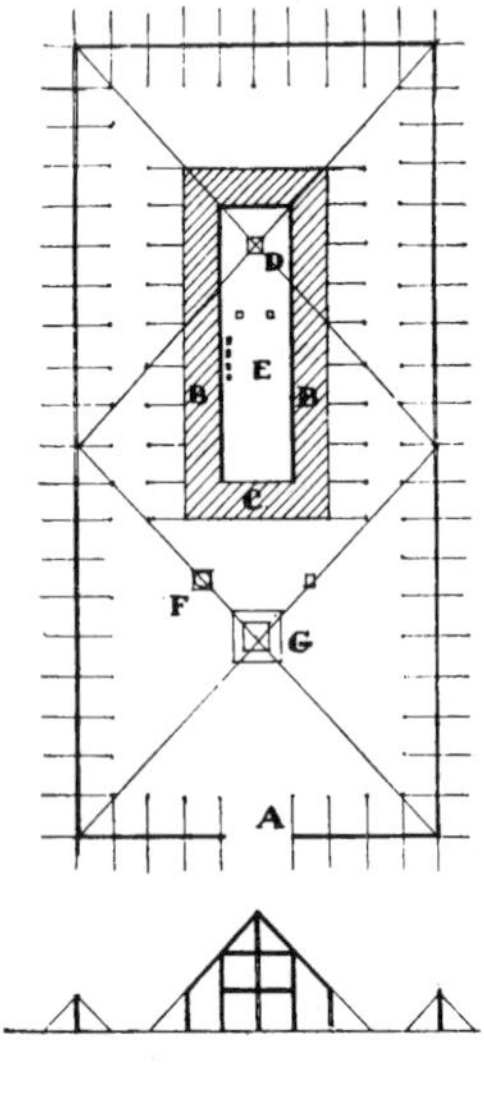

図2b　ユダヤの移動式神殿　平面図・立面図
原始的な寺院
A　入口
B　ポルチコー（回廊）
C　ペリスタイル（柱廊）
D　内陣
E　祭祀用器具
F　供物瓶
G　祭壇

のは、ル・コルビュジエ自身がそう願っているからである。指標を求めるエスノ・テクノロジーそのものを識らない者にとっては、原始人が果たして空間の統一を望むのか、エスノ・アーキテクチュア本来の多元的な世界を識ることなしには、彼らの目的と手段とを結びつけることはできない。同じ指標線への精神を、ポンペイの民衆とルクソールの神殿に求めることが出来るだろうか。線の引き方には時代と地域によって著しい差があったのは事実である。その差異を克服する人間共通の考え方があるとすれば、このル・コルビュジエが例にあげた長方形の平面は、そうした共通の考えで創られた結果なのだろうか。建物が四角になったのも、同じような背景があったのだろうか。

＊5　二本の斜材を叉首状に組んだ支持材の上に棟木を渡し、そこから急勾配の切妻屋根を地表まで葺き下ろした壁なしの建物。日本における神社建築の祖とされている。

＊6　建物の頂点または棟木から地表まで急勾配の円錐状、寄棟状等の屋根を葺き下ろした壁なしの建物。

荷車をひいた人間が原始人といえるか、森林地帯に長方形のテントを張るような遊牧民族がいたかなどということを、ル・コルビュジエに詰問するのはこの際意味がない。民族学的な知識の上でこの問題を展開する意志など、彼にはまったくなかったからだ。しかし、この平面図に描かれた正方形を二個を重ねた外柵の決め方は、一見するとある種のエスノ・テクノロジーの存在を示しているかのように思われる。長方形の短辺をまず決めておいて、その両端から一定の角度で対角線をひき、その操作を繰返すことで正確な長方形が得られるからだ。だが、彼が説明に用いた図は、今から約二〇〇〇年前に建てられたとされるユダヤ教の移動式神殿で、テント屋根の構造は棟持柱を中心とした四廊構成、日本でいうと地面から立ち垂木がせりあがる「天地根元造り」[＊5]、または「伏屋」[＊6]だった。祖国を追われたユダヤ人が、諸国に四散しながら自分たちのアイデンティティを異民族たちに誇示するための神聖な宗教建築である。A・ラポポートの分類では、現代の高層ビルや大ホールと同じで、high styleと呼ばれる建築といってよい。それは、その周辺地域の民衆になじみのない先端技術や空間のデザインをあえて使うことで、大衆の心を摑むことが要求されている、特殊な建築だったのだ。

　そのことは、この建物の敷地で二つの正方形をつなげる対角線が、基線に対して四五度になっていることでわかる。なぜなら、角度定規を持たない二〇〇〇年昔の大衆にとって、更地《さらち》に直接四五度の線を描くのが至難の技だった。嘘と思う

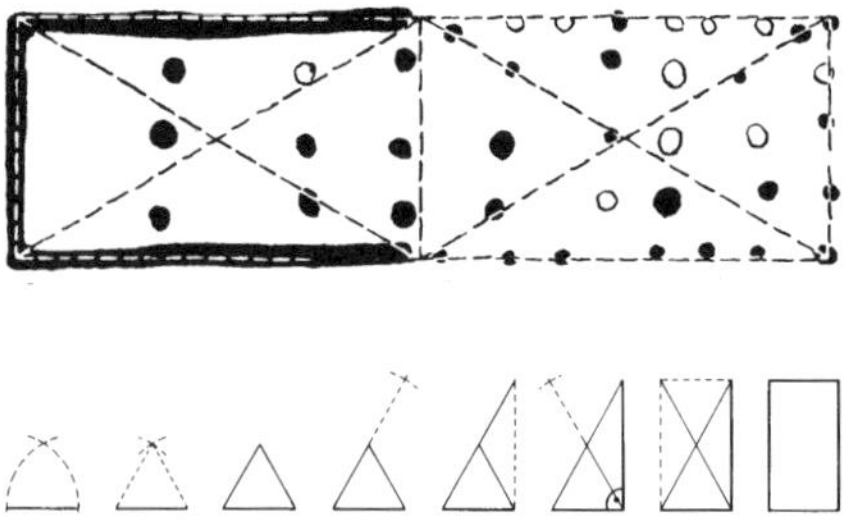

図3　ケルン・リンデンタールの古代住居　平面図と直角の求め方

のなら、縄と棒だけでこの角度を、幾何学を学んだはずの現代の建築家や学生は、みずから定規なしで描いてみるがよい。凄く時間がかかるはずだ。

定規を使って簡単に四五度を描いていた、しかもカルテジアン[*7]としてのル・コルビュジエは、ポンペイの民衆もこれと同じ感覚で直角を求め、それがその地域の家屋の宿命だと書いたが、その点に関しては彼のほうがうかつだった。ルクソール神殿を造った工人は、こうした幾何学上の秘儀を知っていたからこそ、高給で雇われていたのだ。当時の工人が持つ技術は、当然のことながらポンペイの民衆が持つ伝統的な技の水準をはるかに越えていただろう。したがって、この四五度を使う技は、正確に言うと当時のエスノ・テクノロジーとは云い難い。それなら、工人たちはその技の源泉をどこに求めていたのだろうか。

六〇度を使った直交座標

対角線を利用したと思われる古代建築の遺構で有名なものに、紀元前約四〇〇〇年頃のドイツ、ケルン・リンデンタール[*8]の長方形住居（図3）がある。この時代の住居は幅七〜八メートル、長さが二四〜八メートルに達し、長手方向に三列の柱列がならび、その周辺を外壁の柱列で囲んでいる四廊構成である。ドイツのR・ヘルム[*9]の分析によると、これらの住居平面の細長比は、どうも正三角形を基準に決まっていたらしい。こうした平面形の決め方を、この遺構より約

＊7　フランスの哲学者で直交座標を発明した数学者R・デカルト（René Descartes　一五九六〜一六五〇年）の近代合理主義を信望する者。

＊8　Köln-Lindenthal　ドイツ、ケルン郊外のライン川岸で一九二九〜三五年に発掘された線帯文土器文化（紀元前四三〇〇〜四一〇〇年）時代の遺跡。

二〇〇〇年後とされている南ドイツのアイヒビュール[*10]の例（図4）で見てみよう。

　この前室付きの住居は幅約七メートル、奥行はその長さに三の平方根を乗じたものである。建物の幅を決めると、その長さを利用して正三角形を地上に描く。その頂点を通って、いま描いた二本の斜辺を延長し、その線上にさきの頂点から建物の幅と同じ長さをとる。すなわち長方形の対角線の長さを建物の幅の二倍、約一四メートルとする。この二本の対角線の先端を結ぶことで、はじめて四隅が直角の平面が得られるのだ。これを描くのには、数本の小さな棒と最低七メートル強の紐か縄があればよいだろう。

　一方前室とそのうしろの主室との間仕切はというと、それは先程描いた正三角形の底角を正確に二等分した線が、周壁と交わる点をちょうど通るように設けてある。こうすると妻側の壁と完全に平行で、かつ建物の外形と同じ細長比の前室が得られるのだ。この例は、有名な黄金分割[*11]の例を想わせ、なにやら出来過ぎの感がなきにしもあらずなのだが、この時代以降のヨーロッパには、この例と同じ細長比の平面を二つ連結した先のケルンの例をはじめ、似たような住居趾、しかも整然とした矩形の柱列を有する事例[*12]（図5）が、その時代実に豊富なのだ。もちろん柱列の軸が不明確なもの、全体が梯形状になるような柱列が平行でないもの、と種々あった上で、ある程度の数の長方形住居の平面がこうした幾何学上の特性を示すのだから、この事実を無視することはできない。

＊9　Rudolf Helm　ドイツの芸術史、建築史学者（一八九九〜一九八五年）*Das Bauernhaus im Alt-Nürnberger Gebiet*, 1978年等を著す。

＊10　Aichbühl im Federseemoor　ドイツ、ウルム南西五〇㎞のフェーダー湖で一九三〇年に発見された新石器時代中期（紀元前四二〇〇〜四〇〇〇年）の杭上住居跡。

＊11　細長比が2対$1+\sqrt{5}$の矩形。そこから2対2（正方形）の部分を除いても、残る矩形の細長比が同じになることから、幾何学的に最も美しい形状とされている。

＊12　オランダ最南部のシッタート（Sittard）遺跡。近くのエルスルー（Elsloo）遺跡と同じく、線帯文土器文化時代の長大住居跡が多数発掘されている。

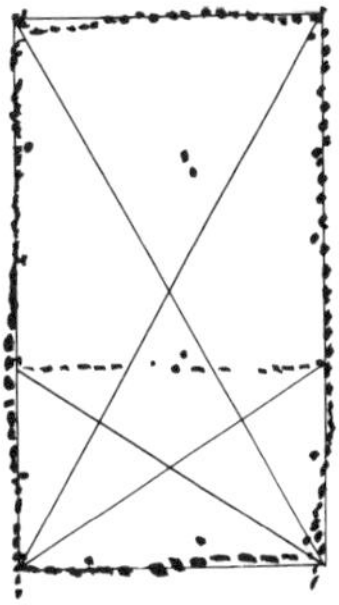

図4　アイヒビュールの古代住居平面図

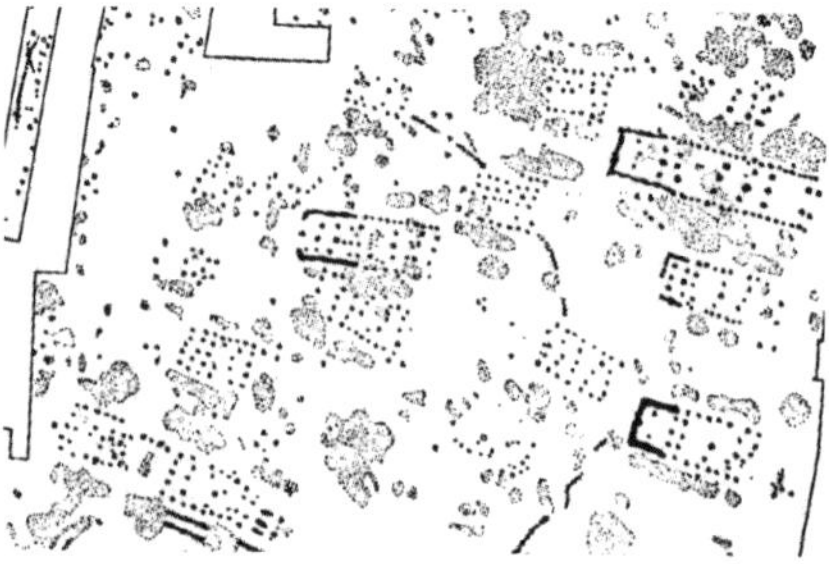

図5　オランダ・シッタート遺跡（紀元前五〇〇〇年紀）の住居址（部分）

＊13　ギリシャの哲学者ピュタゴラス（Pythagoras 紀元前五八二〜四九六年）を戴く学派で、幾何学や音律等の定理を見出し後世に伝えた。星形五角形が学派のシンボル。

＊14　中国神話に登場する紀元前三〇〇〇年頃の神または帝王で三皇の一人。女媧とともに人類の祖として雲南省の苗族等に信奉されている。

この平面の作り方で文化史的にもっとも興味深いのは、長方形を直角の定規を使うことなしに求めていることである。なまじ四隅を九〇度で決めていくよりもはるかに正確なこの方法が、どうやって普及したのかは今のところまったくの謎なのだ。現在でも世界中の大工が用いる三対四対五の比の直角三角定規は、数学的な定理として紀元前六世紀のギリシャ、ピュタゴラス派＊13の活動によって広められたとされるが、実際はそれ以前のメソポタミアやエジプトの時代にも使われていたらしい。それがあってか、この比の直角三角形が中国の文献に登場したのがたとえ三世紀初頭であっても、中国で普及していのたは意外に古く、ギリシャよりも早いという学者もいるくらいである。しかし、このヨーロッパの新石器時代の住居のどれをとっても、これらの三辺の合成による直角の概念は、住居の平面構成に際しては全く使われておらず、隅の柱を対角線上に立てる方法が普通だったと考えるほうが自然だろう。

なお、東アジアにおける本格的な角度定規の出現した時代は、後漢時代（二五〜二二〇年）の拓本に描かれた、中国の天地創造神である伏儀《ふくぎ》＊14と女媧《じょか》＊15が手にしているコンパスと二つの角度定規で明らかにされている。この定規は現代と同じ四五度と六〇度・三〇度との直角三角定規（図6）なのだが、興味深いことに、その直角部分の枠の上に小さな孔があり、それによって二二・五度や一五度の角度も得られるよう工夫されている。この事実は、この時代の建築や土木の設計や

*15　伏儀の妹。人類の創成期に父雷公と戦い、雷公が起こした洪水に生き残った二人が、夫婦になって子孫を残したとされている。
*16　考古学者（一九二六年〜）。『古墳の設計』（一九七六年）、『古代の土木設計』（一九八三年）等を著す。

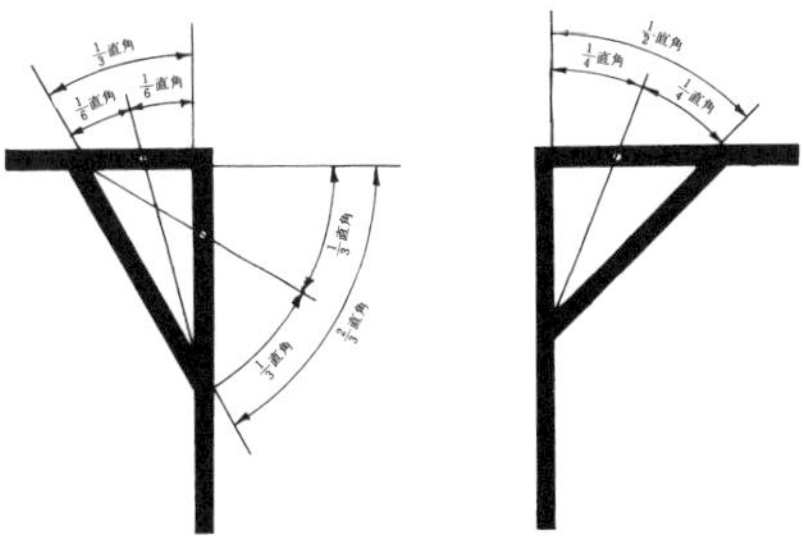

図6　後漢時代の角度定規

構築物にこれらの角度が縦横に使われていたことを立証するもので、直交軸の上に柱間隔などの寸法をとるだけでなく、対角線などを使った他の方法で、いろいろな形の建物や構築物を造っていたのではないか、と予測させてしまうのだ。その技の伝統は、これまで述べたように、それより数千年前の木造民家の平面の決定方法まで遡るのかもしれないが、現在の考古学では、その源郷が世界のどこにあったのか、残念ながらまだ明らかにされていない。

日本における対角線の使い方

このように壁の位置を基準とし、その出隅からの対角線によって住居の平面を想定する方法は、日本の弥生時代の竪穴住居にもあったとする説が、椚《くぬぎ》国男*16によって提出されている。弥生時代の住居跡は、よく知られているように隅円方形の外周部のなかに四本の掘立柱があるのが普通だったが、椚国男による南関東の事例分析によると、これらの竪穴住居のうち、弥生後期の四本柱は正方形よりむしろ長方形に変化するもので、これらの住居平面に対角線を書き入れてその中心角を測ると、それが、四五度、七五度、八二・五度、または六〇度のような、直角を等分して得られ易い角度またはそれの合成値に収斂してくるという。

そうして椚国男は、これら一定の中心角を持った対角線を地表に描き、その中央の交点から等距離の四点を中心に、隅丸部分のカーヴを決める同じ半径の小さ

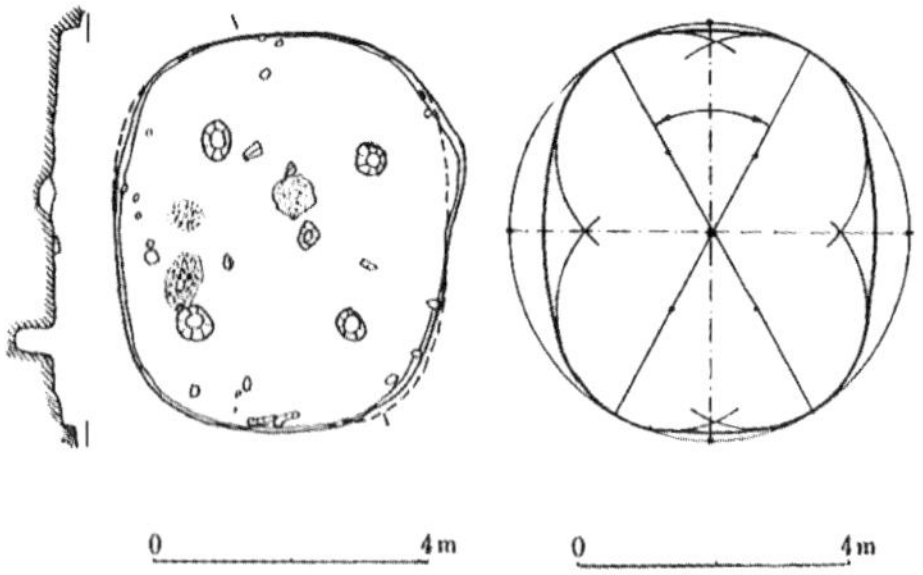

図7　円弧連結形住居・船田遺跡A地区23号とその輪郭の求め方

な円を四つ描いてみた（図7）。この四つの円の交点は四箇所できるから、中心点を介してそれらを互いに結ぶと十字形の軸ができる。次は中心点から四つの小円に外接する大きな円を描く。この大円と先に求めた十字形の軸との交点はすぐ求められるので、後はその四つの交点から順次小円に外接する二種類の円を描けば、隅丸平面全体の外形が求められると考えた。すると、関東南部にある弥生遺跡の平面は、ほとんどがこの形にその輪郭が重なるのだ。弥生人が彼らの住居を掘る際、棒と縄だけで対角線や円を描くというエスノ・テクノロジーを使いながら、誰もが住居の輪郭を決めていたことが、こうして確かめられたのだった。

それを建築する立場で類推すると、この四つの小円は、それぞれが上の梁や桁に架けられた立て垂木の、四隅の足元が描く曲線と一致していたに違いない。すると、こうして垂木が四隅を半円錐状に丸めることにより、寄棟を曲面化したようなこの時代の屋根の姿が、われわれの眼前に浮かび上がってくるのだ。

弥生時代の住民各々が精密な角度定規を使いこなせたかどうか疑問だが、住居の平面の形成にあたって、四辺形の対角線を用いる手法が古代の日本にあったとすると、先程のヨーロッパの事例と比較してみれば、まことに興味深い事実を秘めていると云わざるを得ない。また、椚国男の分析をまつまでもなく、伊勢皇大神宮（内宮）の社殿配置と周囲の細長い板垣の長さには、長方形の囲みの隅からひいた対角線の中心角を六〇度ないし四五度に設定したらしい跡（図8）がある。

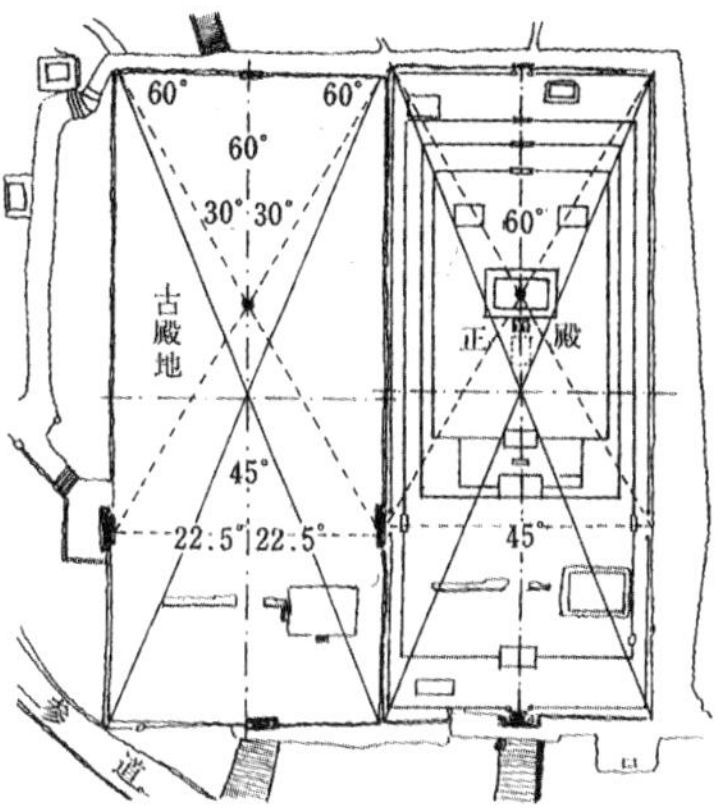

図8　現在の皇大神宮（内宮）社殿配置図

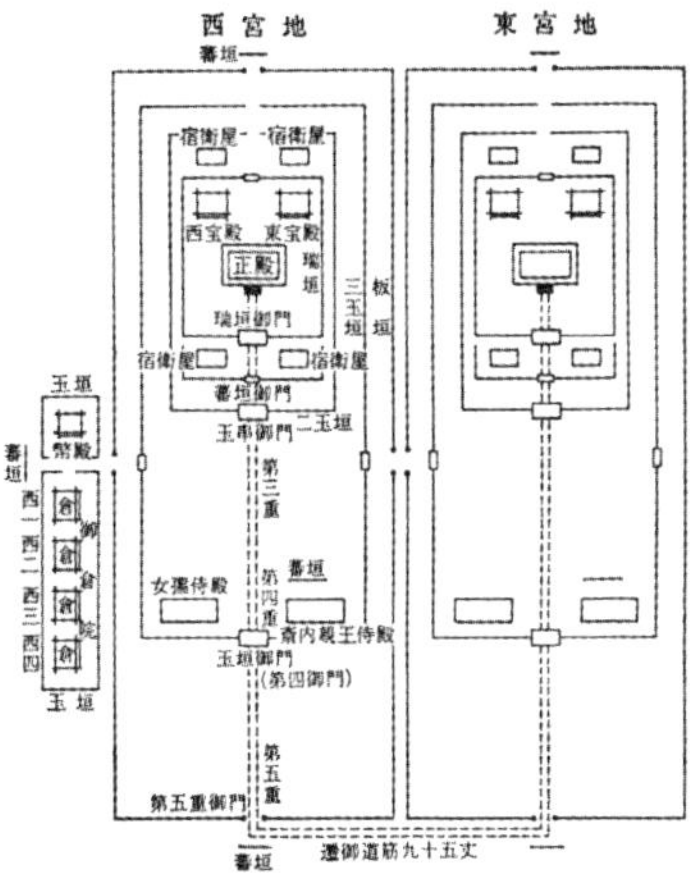

図9　古代の皇大神宮（内宮）社殿配置図

現在の姿は一五八五年当時の形式を遵守しているとはいえ、それ以前の奈良朝時代の推定図（福山敏男復原　図9）によっても、同じような構成原理がうかがえるのだ。対角線の交点に正殿と玉垣御門があったことは、正殿床下の心御柱《しんのみはしら》の意味とあわせ、いずれ日本の建築史研究でも検討せねばならない問題だろう。その際は、心御柱がかつては天御量柱《あめのみはかりのはしら》という名で呼ばれていたことも、ぜひ検討してもらいたいものだ。

ただし、図2と図9とを比較するとすぐ分かるように、ユダヤの神殿と伊勢神宮の配置があまりにも似ているため、巷間では伊勢神宮のユダヤ起源説[*17]が常にささやかれている。だが、エスノ・テクノロジーを重視する立場でいうと、この問題よりもこれら両者の敷地の構成が、今から五、六〇〇〇年前にあったヨーロッパの長大な木造住居、それも四廊構成の架構とその対角線を利用した平面の求め方と極似していることのほうが、はるかに重要であることはいうまでもない。

ところで、弥生時代の庶民住居にあっては、スパンを決めてから直交する柱列を描く場合、六〇度や七五度以外の中心角を簡単に得ることが出来ただろうか。とくに四本柱の平面の場合、中心

＊17　紀元前八世紀にイスラエルを追われたユダヤ人の一族が、その宗教観と移動神殿（幕屋）の建築形式を伝えたのが日本の神道と神社建築の祖であるという説。

角を九〇度にすることはなかなかむずかしい。はじめに立てた一対の柱の位置から、それぞれ狭角が四五度になる線を最初に描く方法がないからである。

　むしろ最初に住居の中心点を定めて円を描き、その線に内接するように四本の柱を出来るだけ等間隔に近く立てるほうが実際的であっただろう。一番正確に求めるには、こうして求めた円周上に最初の柱を立て、そこから中心点を通って反対側の円周上に二本目の柱を立ててから、その二本の柱から等距離にある残りの二点を円周上に探せばいい。いま描いた直径の垂直二等分線が描ければ完全であるが、おそらくそれは後世の技法であって、試行錯誤でおよその位置に柱を立てたことも充分考えられる。

　およその見当で四角形を求めるのなら、一対の柱をあるスパンの長さで立て、その長さを半径とする円をその二本の柱を中心にそれぞれ描き、その円周上にスパンの長さを予測しながら、四角の隅のどこかが九〇度に近いように調整するのも、もう一つ現実的な建て方だったに違いない。縄文時代から弥生時代へかけて、日本の竪穴住居の一部は方形の輪郭になっていった。もはや対角線の上から隅を丸めるための小円を描く必要もなくなったが、それまではおそらく一対の柱の上が股木になっていて、そこに桁が載っていた。柱の上に載せる前、その桁の長さを定規として前記の動作を繰り返せば、たいした誤差を生まずに四辺形が得られる。もっとも、一つの角が正しい直角にならない場合は、柱の平面が歪んで菱形

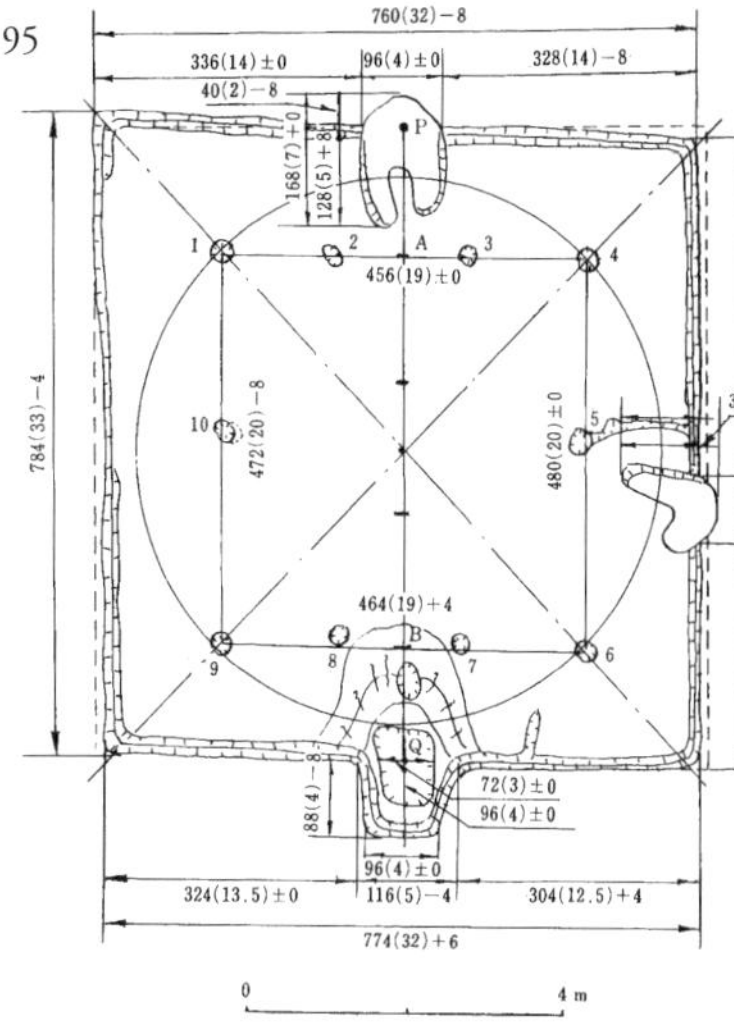

図10　弥生住居輪郭

＊18　『竪穴住居の設計計画』（『考古学雑誌』五二巻四号・五三巻二号、一九六七年、日本考古学会）。

＊19　中国で魏から晋の時代（二二〇～四二〇年）に使われた尺度。一尺は二四・二二cm。

になるが、事実そういった遺構も多いのである。

柱の位置と間隔はどうやって決められたか

桁に用いた材木の長さ、すなわち四本柱のスパンの値に一定のモジュールがあったかどうか、あったとすればいつ頃からだか、それはまだ不明である。これまた「竪穴住居の設計計画」[＊18]という論文を出した椚国男によると、弥生時代の住居の四本柱の距離は二四センチの整数倍が多く、その値が中国晋代の基準尺度に近いことから、すでにこの時代にグリッド・プランと晋尺[＊19]を基準とした、物差しの使用があったという仮説が成り立つらしい（図10）。しかし、基準寸法があったとしても、身長とか歩幅などの人体尺が優越した時代が先だろうし、二四センチの尺度でも、古来から東南アジアで使われ、今でも台湾の高砂族などが用いている裸足によるスパンの計測方法、すなわち直線の上に足型を交互に連ね、その数を数えることで長さを求め、それを広さの基準とする伝統が主流だったと思われる。

古墳とか将軍塚のように技術者集団が介在するような重要建造物では、たしかに棒や板片に記録された物差しや、基本となる角度とそれを等分した値を示す角度定規は用いられたのかもしれないが、小さな集落を成すとはいえ、各人の土地に離ればなれに家を建てた一般の弥生人にとっては、まず自分の身体を尺度として四本の柱の位置をほぼ決めてから、それを基準に周囲の周壁を掘り広げ、そして最後には垂木が安定して架けられる平面形に整えていったことが考えられよう。

竪穴を掘る前に中心点を決め、そこに同心円を描いてから中心角を頼りに四本の柱の位置を決定し、同時に周壁の外形を求めることは、高床式住居なら可能でも、柱や壁のマークを掘ってしまう竪穴式住居ではむずかしい。更地の上で正確に方形住居の平面を決めるよりは、いくらか不正確であっても、竪穴状に敷地を掘ってから柱位置を決める方法でないと、この弥生式住居の形は決まらなかったのではないか。そして、たとえ掘り下げられた居住レベルの中央に円を描いてから柱を据えたとしても、中心点自体を重視する考えがなかったことは、弥生以降の遺跡の中心になんらマークした跡が残っていないことからうかがえるのだ。四本柱の竪穴住居のある段階以降では、中心と柱の関係よりも、周壁の形と柱の相対的な位置関係のほうが、むしろ重要だったに違いない。

日本の竪穴住居の場合、縄文早期（紀元前一万年〜五〇〇〇年）から前期（紀元前五〇〇〇年〜三五〇〇年）には、正方形というより長辺と短辺の差が明瞭な長方形の平面が多く、四本又は六本の柱の上に切妻屋根が載っていた可能性あり、と

＊20　建築史家・建築考古学者（一九三九年〜）。『日本原始・古代の住居建築』（一九九六年）等を著し、吉野ケ里遺跡復原基本設計（一九九八年）等を行う。

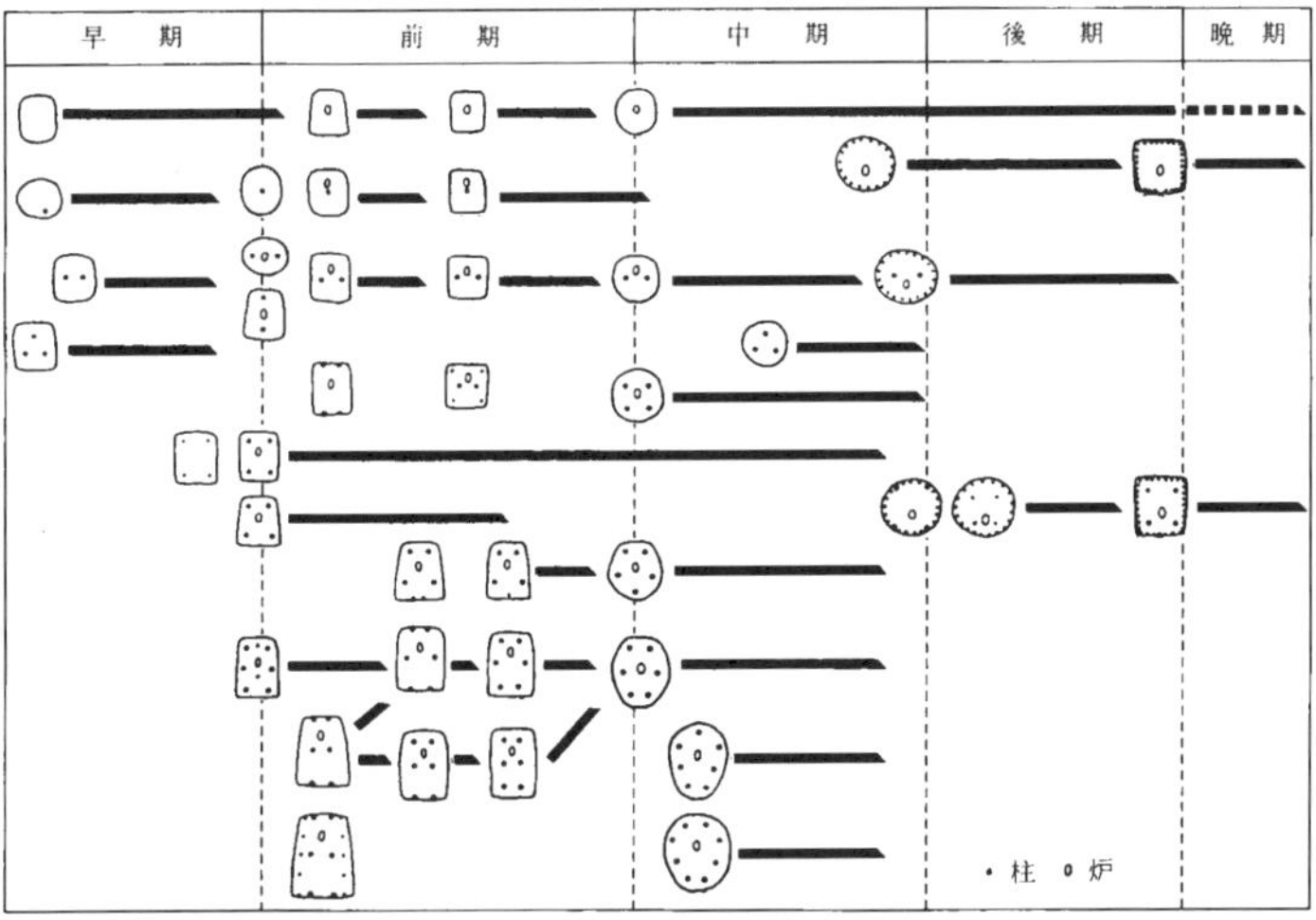

図11　縄文時代の住居　変遷図（関東地方）

考えられている（図11）。それが縄文前期から中期（紀元前三五〇〇年〜二五〇〇年）になると、周壁は長方形からしだいに多角形、円形へと変化した。このことは、屋根の形も大陸的な多角錘か円錘に変わったことを示している。また、柱の位置も四本だけでなく八本まで数種あり、求心形に配置されていることから、この段階の日本で正方形の架構だけが強く意識されていたとは考えられない。ただ縄文後期や晩期になると、従来の一〇〜三〇平方メートルの規模から住居の床面積ははるかに拡大したにもかかわらず、主柱は二本または四本の例が増える傾向にあり、構造的に大きな変革期を迎えたと、宮本長二郎[*20]は推測している。弥生時代の平面の趨勢からみて、この頃から柱と柱を桁や梁で固く結ぶ架構が強く意識されてきたことは疑いのないところだろう。

　周壁の形からいえば、その後、弥生前・中期の楕円に近い胴張隅円長方形が、後期には隅円正方形に変化する。これは柱と柱の組合せが二組並列化し、屋根の形が円錘から方形屋根または寄棟、場合によっては入母屋形に変わったことを意味しよう。要するに柱と柱を結ぶ線上に横架材を置き、それを基準に平面と屋根の形の向きを決定する架構法が、円形プランに特有の、求心的な部材配置に打ち勝ったのである。

このことは、かつての縄文前期にみられた、おそらく棟という軸線をもった住居の単なる復活ではない。今度は平行する二本の桁と、それと直交するように渡された二本のつなぎ梁による、直交座標の登場なのである。これはまた、縄文後期の四本柱の存在とも一味ちがう、強力な架構原理の発見なのだ。柱と柱をつなぐ架構は、縄文の股木柱に少しくらい曲がった桁でも載せられるルーズな結合方式から、少なくとも四、五メートルもあるスパンを固めるのに必要な、渡り顋《あご》や*21柄と柄差しの架構に変わっていった可能性もあるのかもしれない。縄や紐で結び目の位置が調整できる時代は過ぎてしまった。ちょうど柱間と同じ距離だけ離れた位置に仕口をきざんだ桁材をあらかじめ準備する必要があったし、それを水平に結ぶ梁材も両端を加工しておかねばならない。だから日本の弥生時代の竪穴住居では、たとえ建物の周壁の形が隅丸の正方形であっても、中にある四本柱の平面は四角にせざるを得なかったものと思われる。

ところが、世界の建築の歴史を見ると、竪穴住居でもその中央にある四本柱の平面が、違う理由から四角になっていった一群がある。次章では、その興味深い成立過程をしばらく追跡してみることにしよう。

＊21　水平な部材の上に他の材をいくらか高さを変えて直交させる場合、上の材の下部を欠いて組合せる仕口。

第6章

建築はなぜ四角になったか②——円形住居の柱組

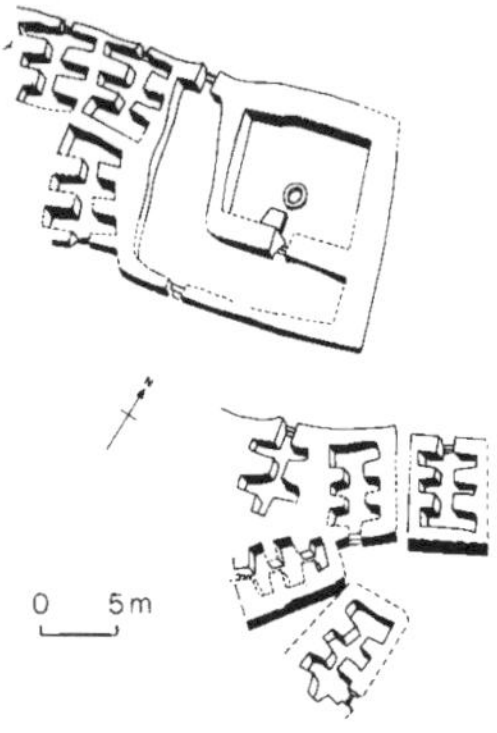

図1 ベイダ遺跡、第2層の建物群

西アジアにおける四角い住居の出現

先の章で、なぜ人間は四角い建物を建てるようになったかということを、日本の縄文から弥生の竪穴住居で考えてみたが、もっと広く世界の古代史を見渡してみると、円形の建物が、どこも正確な直角といえないまでも、正方形や長方形に変わったのは相当古いことがわかる。メソポタミア周辺で考古学的に最も古い集落の例は紀元前九〇〇〇年紀のジェリコ[*1]で、球形か葉巻形の泥ダンゴで固めた壁の住居や葬室があったことが確かめられているが、紀元前六〇〇〇年頃には、漆喰塗の壁に赤い装飾文様をつけた、六×四メートルの四角い部屋を持つ住居が出現しているし、ジェリコの南、ヨルダンのベイダ[*2]では、長さ六メートルの廊下を挟んで左右に部屋がある四角い遺跡（図1）が発掘されている。

紀元前九〇〇〇年紀のジェリコの住民は明らかに原初的な農耕社会に入っており、初めの円形住居ですら、岩を切り開いた堀割や円い塔をもつ石と粘土の塀で囲まれていたことを考えると、旧態依然の生活を送りながら彼らをとりまいていた狩猟採集民や遊牧民と、ときには厳しい敵対関係に陥ることもあったらしい。しかし、彼らの建築が円形プランを基調にしていたからには、ジェリコの初期の住居、それから後にキプロス島をはじめ地中海沿岸の集落に見られる泥煉瓦や石積みの住居などは、なんらかの形で狩猟採集民や遊牧民の半球形あるいは円錐形屋根の住居構造を受け継いだものと、いわざるを得ないだろう。

＊1 Jericho（別名エリコ）パレスチナのヨルダン川西岸、死海からは八km北の世界で最も低地（海抜マイナス二五〇m）にある町。

＊2 Beidha ヨルダン南西部の山岳台地（海抜約一、〇四〇m）に位置する先土器新石器文化の遺跡。

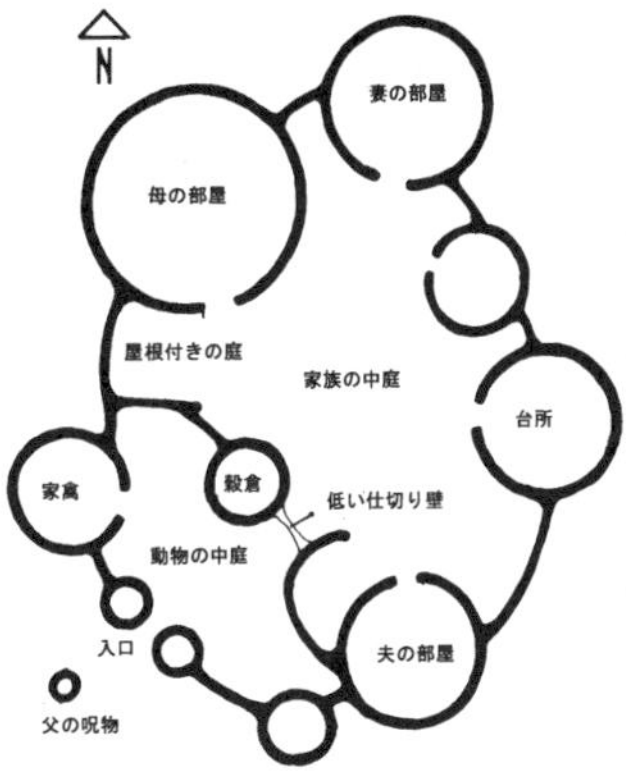

図2　ガーナ、ナンゴディ、ナバダム族の円形住居

細い部材を組立てながら、最小の表面積で最大の居住空間を創ることが出来る円形住居の構造原理がいかに強いものであったか、それはアジアからアメリカ大陸へこの技法が伝わった歴史で十二分に立証されている。紀元前二万年頃のアジア北辺には、円錐状や半球状の仮小屋を建てながら移動する狩猟採集民が数多くいて、彼等は次々と氷結したベーリング海峡を越え、北アメリカ、さらに南アメリカへと南下を始めていた。その際、彼らは様々な気候風土の土地を通過し、優れた建築資材を得る機会に恵まれていたにもかかわらず、円形プランの住居に固執していたことは、彼らの末裔である前世紀までのアメリカインディアンに、固有の円形住居が数多くあったことで示されている。同じことは現代のアフリカでもいえることで、農耕社会が誕生しても、ニジェールやガーナ（図2）のように複数の円形建物からなる集落がまだ主流を占めているのは、エスノ・アーキテクチュアとしてもそれなりの理由があったからである。

それなら、なぜ紀元前六〇〇〇年紀のジェリコや、そのジェリコやベイダとすでに子安貝と黒曜石との交易をしていたアナトリアで、その三倍（一三ヘクタール）の規模を誇ったチャタル・ヒュユック＊3のような集落（図3～5）が、直線状の壁と陸屋根を持つ四角い住居群になったのだろうか。メソポタミア周辺で始まった定住農耕の仕組みが、住居の形まで変えてしまったのだろうか、それとも集まって住むため、極度に近接した密集型の住居配置がまず必要とされ、丸や六角の連

＊3　Çatal Höyük　トルコ、コニヤ（Konya）南東で一九五八年に発見され一九九三年から再調査された、新石器時代～金石併用時代（紀元前七五〇〇～四三〇〇年）の遺跡。

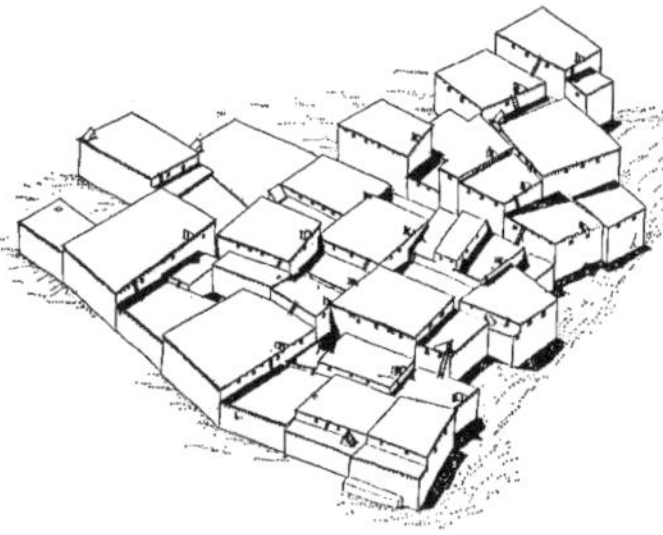

図3　チャタル・ヒュユック復原図

図4　チャタル・ヒュユック、第6層平面図

続より四角形をつなぐ方法が最適とされたのだろうか。当時の自然環境や生活内容が考古学的にやがて究明されていけば、住居形態の変化を促す物理的な要因について少しは議論できるだろうが、彼等がどんな技術を伝承し、どの部分をどう考えることで新しい文化を創っていったか、その記録がまったくない現在となると、文献による歴史学的なアプローチは全く役に立たないだろう。それでも日本人のエスノ・テクノロジー観としては、建築材としての木材の使用が、四角い建物の登場といつも深い関連にあると思いたいのだが、古代の地中海西岸やメソポタミアでは、果たしてどうだったのだろうか。

七〇〇〇年から六〇〇〇年紀へかけてのこれらの地域の住居の壁は、初めは細い部材だが一応木軸の骨組みがあって、それに芯材となる枝や草を加え、その上から土を塗る型と、その次にその骨組みの間に塊状の泥煉瓦を詰める型、さらに柱の代用として泥煉瓦を柱状に積み上げ、その間や外側をさらに泥煉瓦で積む方法、すなわち木柱をまったく使わない型へと変化したようである。そしてより広い範囲で考古学的な調査が繰り返された結果、泥煉瓦へ移る前には、木の型枠などの扶けをかりて土をつき固める方法（ピゼ・ド・テール）[*4]があったことがわかってきた。そしてピゼは、ほとんど例外なく泥煉瓦、一部は石積みや焼成煉瓦の構築へと、変わっていっているのだ。

いずれにしても土が主体であるから、この建物は雨に弱く、水が滲みたり壁土

*4　pisé de terre　土壁をつき固める構法の一種（後出）。
*5　Ganj Dareh　イラン西部、クルディスタンの遺跡。家畜化したヤギの最古の事例が発掘された。
*6　Umm Dabaghiyah　イラク北部、シンジャール平原にある土器新石器文化遺跡。

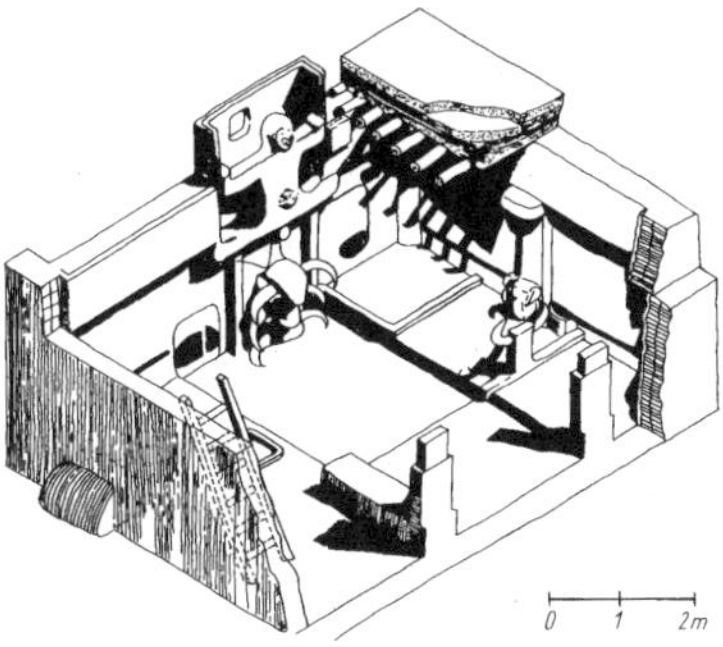

図5　チャタル・ヒュユック、第6層の住居

が崩れやすい。そこで当時の人々は、白い土で壁や床、そして天井まで塗った。現在各地で残っている似たような技法からして、彼等が年に一回、それも春にこのような壁面保護用のプラスターを塗ったことはほぼ間違いなく、遺構から出土する壁には、一〇〇から一二〇層までの壁塗の痕跡を示す事例、すなわち建ててから一〇〇年以上使用した建物も、珍しくなかったことが報告されている。

屋根から出入りする建築

ところでこのチャタル・ヒュユックにしても、これら連続した住居の厚い壁には、不思議なことに一階レベルにはなんら入口の跡が残っていない（図5）。見掛けは二階建の建物の上に入り、そこからさらに階段で下に降りる発想は、極度の安全性を住居に求める場合に使われる方法だ。例えば近代以降のオスマントルコの侵略にあえいだブルガリアの農民は、わざと住居の一階を倉庫然とした厚壁の造りとし、居室への出入口は二階に設け、そこを日常生活のレベルとした。じつは二階の床に別の階段が巧妙に仕掛けてあり、いざという時、婦女子が隠れる階下の行燈《あんどん》部屋へ通じていたのである。こうしたトリックを、ブルガリア人が敵国トルコの、それも新石器時代末期の集落から学んだとすると話は面白くなるのだが、古代アナトリアの民家は、風や砂の害を避けるために屋根を平らにし、そこに設けた出入口から下に降りる構造が主だったらしい。それでも他人が侵入し

図6　ウンム・ダバギーヤ遺跡、第3層平面図

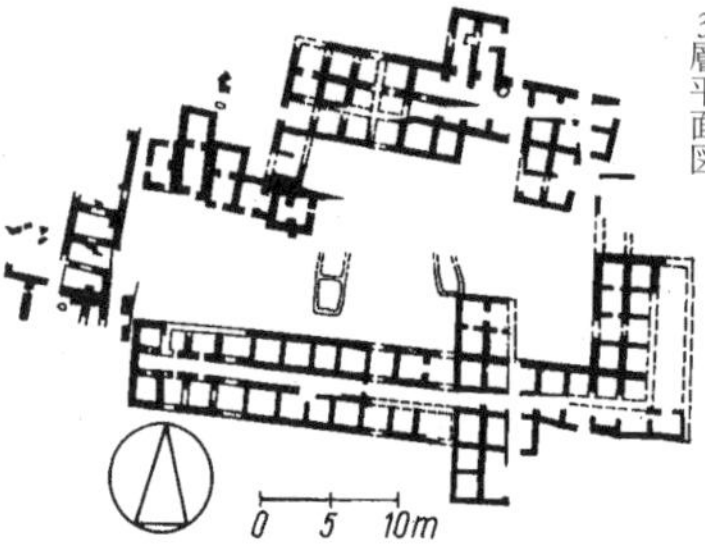

図7　中国河南省偃师県の住居

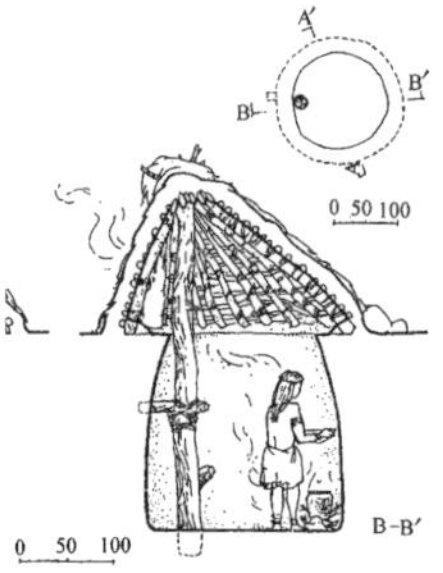

ないよう、出入口にかける梯子は、外して屋内に納められるよう、工夫してあった。入口まわりを太い木枠で固めることや、丈夫な煉瓦を造る技術がない当時では、崩れやすくて弱い土や泥煉瓦で造った壁面に、人が入れるだけの開口を造ること自体が無理だったし、また、現在よりはやや湿潤とはいえ、雨量の少ない土地で涼しい夏と暖かい冬を迎えるには、この屋根から出入りする方法が最適で、かつもっとも安全だったのである。

この屋根から出入りする習慣は、ここ小アジアだけにかぎらない。集落の形ではこれより以前、ティグリス川の東、ザクロス山地のガニー・ダレー*5（紀元前七五〇〇～七〇〇〇年）の例があるし、この川の上流にあるウンム・ダバギーヤ*6の遺跡（紀元前六〇〇〇年紀、図6）のように、倉庫が隣接して建てられる場合は、特にこの手法が用いられた。この古代メソポタミアの習慣は、原シュメール語の「ウール」に、屋根と入口という二つの意味があったことでも立証されている。それにこれは、中央アジアから東アジア東部にかけ、土を利用した戸建ての住居にはむしろ一般的な方法だった。その初期のものが、中国の山西省や河南省にみられる円形の袋穴（図7）で、入口の径一・八～二・五メートル、深さ二～三メートル、底径は二・六～三メートルだった。これらは新石器時代初期の仰韶《やんしゃお》文化*7や龍山《ろんしゃん》文化*8のものである。農耕社会が発達するにつれ、人間は良質の土を求めて移動する。さりとて雨量がまったくないのも困るから、土を用いてもそれが崩れな

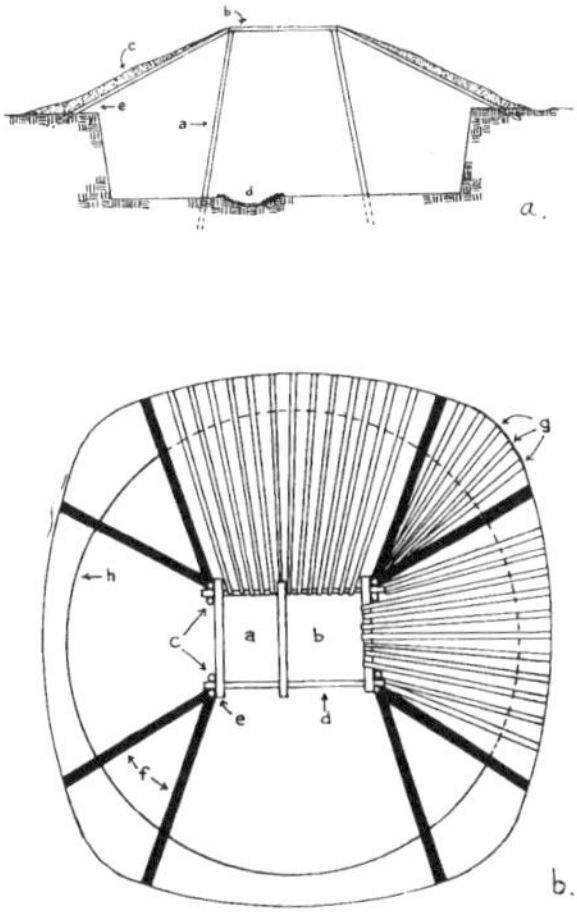

図8　アメリカ、モドック族の円形竪穴住居　断面図・平面図

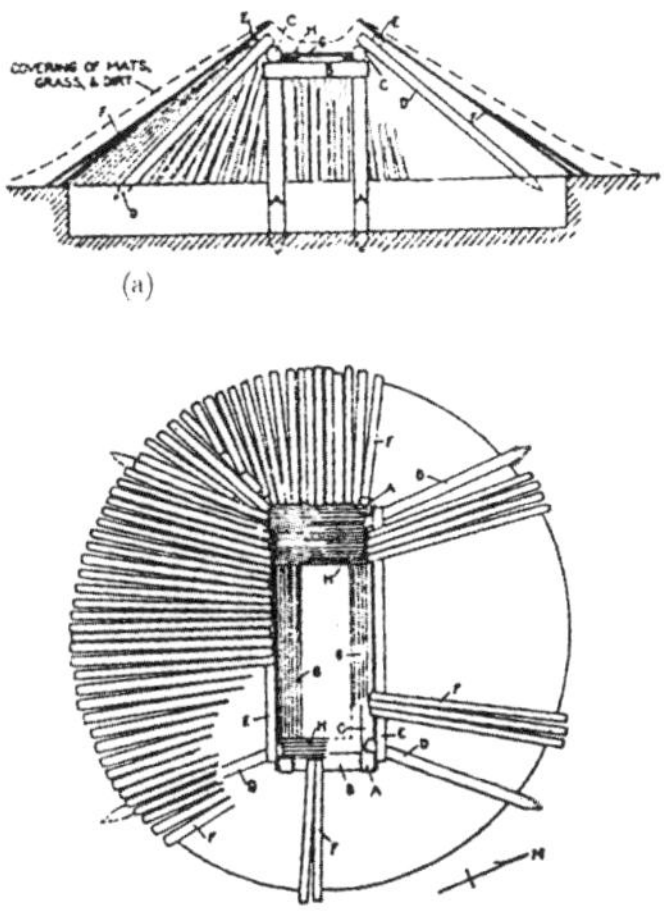

図9　アメリカ、クラマス族の円形竪穴住居　断面図・平面図

い程度の準乾燥地帯に限り、こうした土の置屋根や地面に出入口を設ける建築の文化が芽生えてきたに違いない。

現在でも中国の河南、山西、陝西そして甘粛などの諸省で、黄土層を掘り下げた地下式（窰洞《やおとん》式）住居が数多く見られるが、歴史的には宋代にさかのぼるのみで、果たしてこの住居がかつての袋穴の伝統から生まれたものなのか、まだ確かめられていない。ただ、最近までの例として、屋根から下へ降りる型は、北米大陸の狩猟採集民にじつに多くみられる。北方文化の研究者である渡辺仁《ひとし》*9によると、竪穴式ではカリフォルニアのモドック族（図8）、オレゴンのクラマス族（図9）、ブリティシュ・コロンビアに住む内陸サリッシュ族のうちのトンプソン族（図10）などに、さらに屋根からの主出入口のほか、もう一つ以上の出入口や通気口を持つ型として、カリフォルニアのマイドゥ族、アリューシャンのアレウト族、カムチャッカのカムチャダール族や海岸コリヤーク族（図11）の例があり、大きな例では、古代からコロラドやユタに住んでいたプエブロ・インディアンの、儀式用集会所として名高いキヴァ（Kiva）があげられる。

これらはいずれも円錘形屋根を土で覆った冬用の住居で、そ

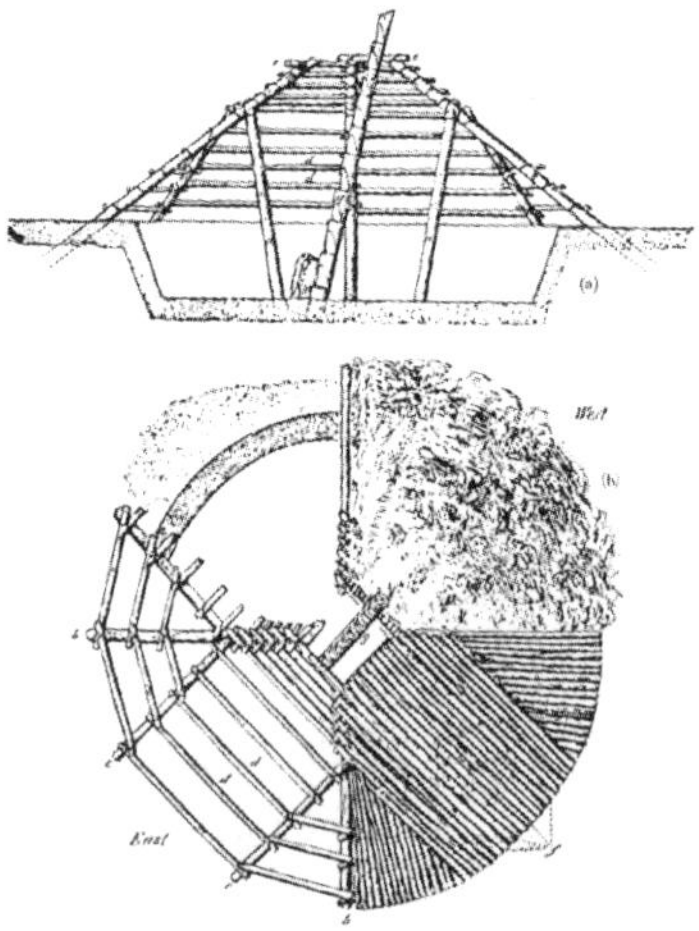

図10　アメリカ、トンプソン族の円形竪穴住居

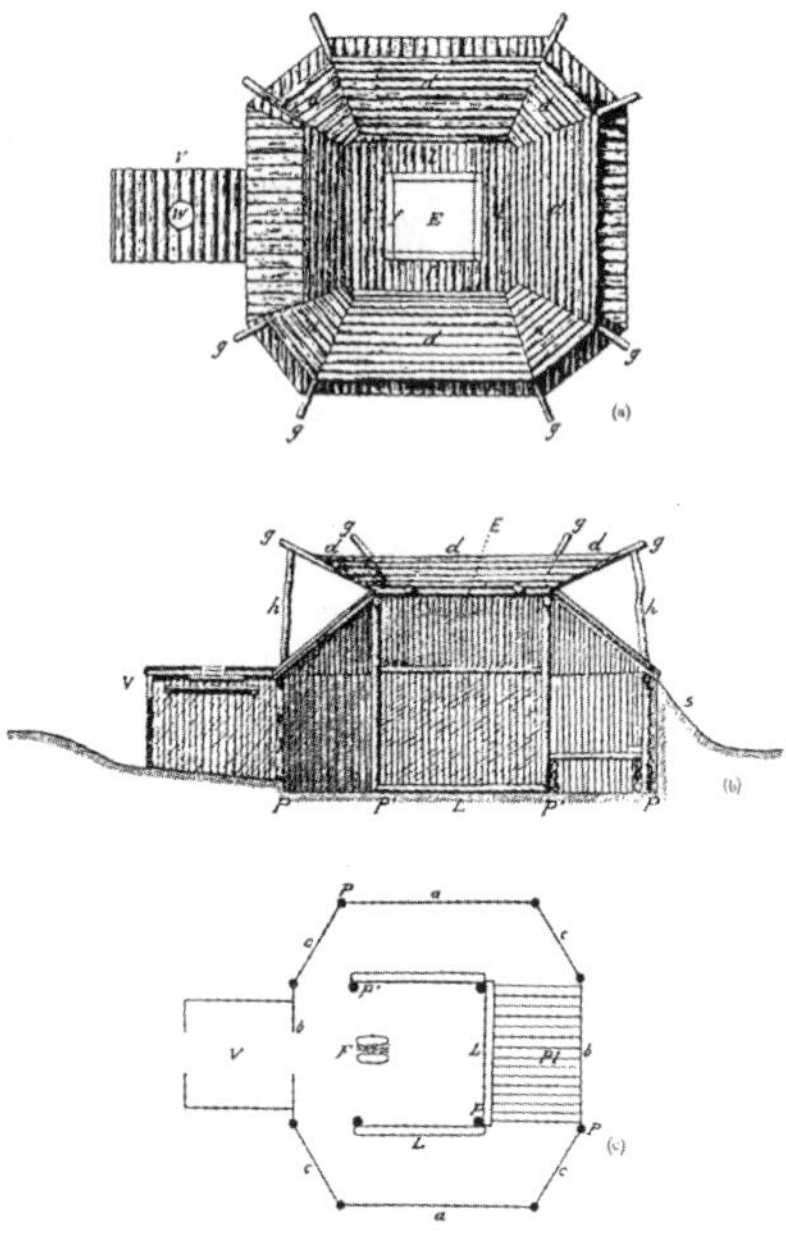

図11　アメリカ、コリヤーク族の夏冬両用竪穴住居

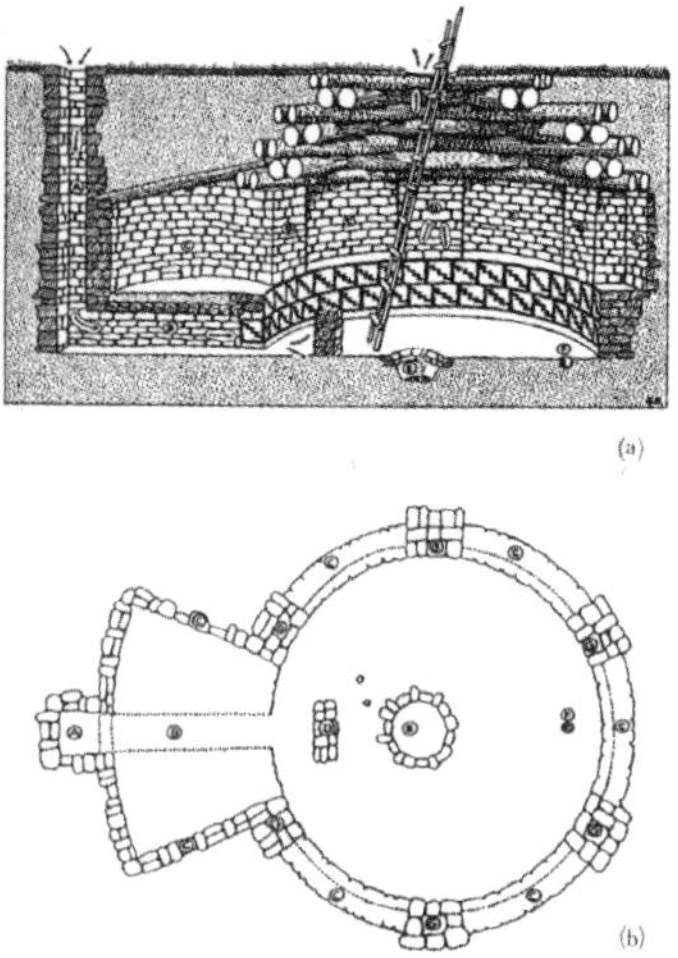

図12　アメリカ、プエブロの小型キヴァ、メサ・ベルデ

のほとんどは屋根からの出入口の周辺が四本の柱で支えられている。唯一の例外はプエブロのキヴァ（図12）で、水平の多角形になるよう木材を組んでおいて、各辺の中央に次の多角形の出隅がくるよう順々に積み、しかも段々上をつぼめていく枠積み工法（corbeled roof）だった。この方法は、近くのアリゾナやニューメキシコに住み、プエブロの文化的影響を強く受けたとされるナヴァホ族の、祭儀用建物であるホーガン（Hogan）にもみられる。

この構法が、中央に四本柱を建てる架構と並んで元来はユーラシア大陸の技術であり、ラテルネン・デッケ（Laternen Decke）という名で、中央アジアからアフガニスタン、インド、そして中国西部にみられることはよく知られている。

　渡辺仁によると、北方民族の住居の分類には、地表にそのまま建てる地上住居と、床を掘り下げた竪穴住居という大分類のほか、それぞれの架構の裾まわりだけを土で盛って抑えた土積みあげ型、全部土で覆った土被覆型、土で全く覆わない土無し型の三種に分けるのが、分析研究には非常に有効であるという（図13）。土で屋根を覆うのは耐寒・耐風が最大の理由で、土積み上げ型はその機能を少しは果たすと同時に、合掌材や円形肋骨の足許を固める構造的な役割をも演じている。ただし、このうちの土積み上げ型は、石や泥煉瓦があれば似たような構造システムでもできるので、比較照合を行う場合には、建築材料別による他の区分方法も併せて考慮したほうが無難だろう。

四本柱の架構とその出入口

　土被覆型の円形および多角形の竪穴住居のほとんどが中央に四本の柱を持つ意味については、土で覆うことで屋根の重量が増し、合掌型の単純な垂木では荷重を支えきれない、という見方が有力だったが、モドック族やクラマス族の例をみると、構造的な支柱というより、出入口または排煙口を支える役割が非常に大き

＊7　Yanshao culture　中国黄河中流全域に紀元前五〇〇〇～三〇〇〇年頃存在した新石器文化。河南省澠池県仰韶村で一九二一年発見された。

＊8　Longshan culture　中国黄河中流から下流に紀元前三〇〇〇～二〇〇〇年頃存在した新石器文化。山東省章丘市龍山鎮で一九二八年発見された。

＊9　民族考古学者（一九一九～九八年）。『竪穴住居の体系的分類、食物採取民の住居生態学的研究（二）』（一九八一年）、『ヒトはなぜ立ちあがったか—生態学的仮説と展望』（一九八五年）等を著す。

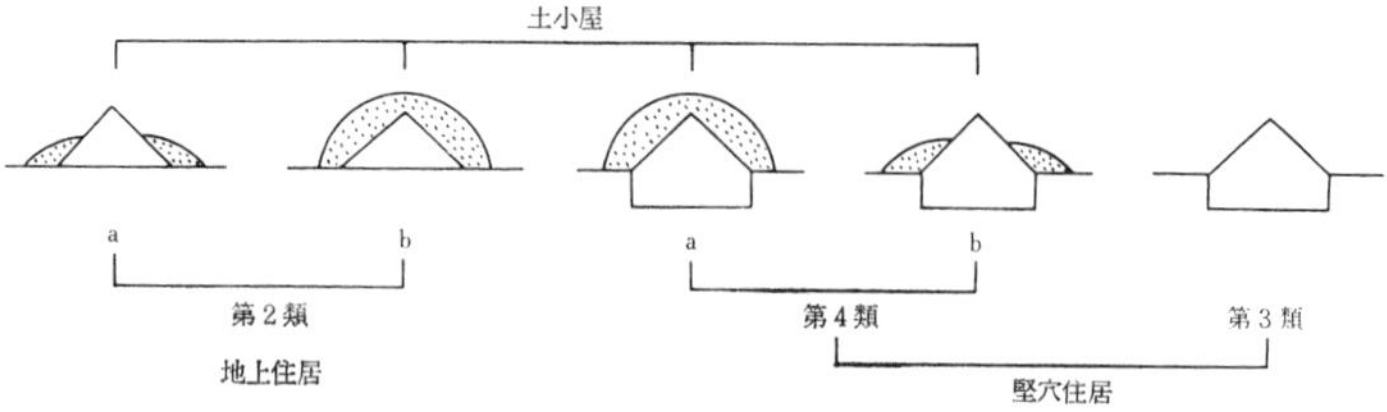

図13　北方民族の住居の分類

いことがわかる。部材の長さを節約するには、柱を四角形に配置するほうが、垂木が均一の長さになってよいのに、わざわざそれを長方形に配置するのはまさにこの出入口のためで、モドック族のようにそこを排煙口と出入口とに分離するには、正方形や多角形ではどうしても不便だったからだろう。

　これらの出入口には、登降用の梯子が取りつけられている。丸太の一方を一定間隔に欠いただけの梯子は手を掛けにくく、斜めに立て掛けて使うため、出入口は大きく要るが、丸太を半割りにした面、すなわち梯子の裏側を樋状に抉《えぐ》って手掛けとしながら、足の入る孔を三〇～四〇センチおきに開けると、この梯子は天井の入口へほぼ垂直に立て掛けられる。二本の垂直の棒に横木を打ちつけた桟梯子も垂直にすることは可能で、こうでもしないと荷物や子供を背負って出入りするためには、出入口の枠を相当大きく拡げておかなくてはならない。

　また、このような出入口を木枠で丈夫に作るには、それを長方形か正方形にせざるを得ない。円形プランの住居では、中央アジアの包《パオ》*10の天井換気孔が完全な円だが、これは木を曲げて加工した手工業的な製品で、現代でも甘粛省辺りの店で簡単に買い求めることができる。円錘形屋根には、このような円形リングが合理的である筈だが、人間が出入りするまで大きくするのは木の加工がむずかしいことと、それでは排煙や人の出入り以外の時に、蓋するのが面倒なのだ。

　このような円形の伏屋は、中央に採暖用の炉があり、そこから発生する熱気を

＊10　モンゴル高原に住む遊牧民の移動式住居の中国名で、ゲル（モンゴル語）、ユルト（テュルク語）ともいわれる。

最も効率よく保つために考え出された形である。天井中央の開口部を大きくすると、大切な熱はみな逃げるから、蓋ができるよう小さくしなければ、家を円くした意味がない。煙や空気の出入りを紐や皮の蝶番のついた板の蓋で調節し、それで雨や雪も防ぐには、どうみても円い穴より四角い穴のほうが便利である。火を焚くから常時排煙口は開いているだろう、という憶測もあるが、実際には蓋を開けず、余熱だけで生活する時間が長いことが報告されている。

収容人員が多くなったり、発汗浴をするために大量の熱量が必要な時は、新鮮な空気の取り入れ口として、炉の裏側に水平の通風口が天井入口とは別に設けられた。この通風口はやがて薪などの燃料の搬入口、そして女・子供達の通用口に使用されるようになる。このタイプはカムチャッカ半島およびその周辺に多く、エスキモーやチュクチ族に共通した特色である。

定住生活が営まれるようになると、竪穴住居は夏冬通じて使われることになった。温帯に育った人間には逆に思えるのだが、北方の冬では、雪や寒風のため横穴式の通風口が使えず、普通は天井から入る。それも難儀な場合は、止むを得ずこの通風口を広げ、主室に至る前室をつけ加えてから、そこに小さな開口部をつけると、冬季に女・子供は梯子を昇り降りしなくとも家へ出入りできた。コリヤーク族の住居にみられるこの生活スタイルは、やがて夏季にも前室を通じて主室に入る住居の構造を生み、北方民族が南下するにしたがって、冬季も屋根から入

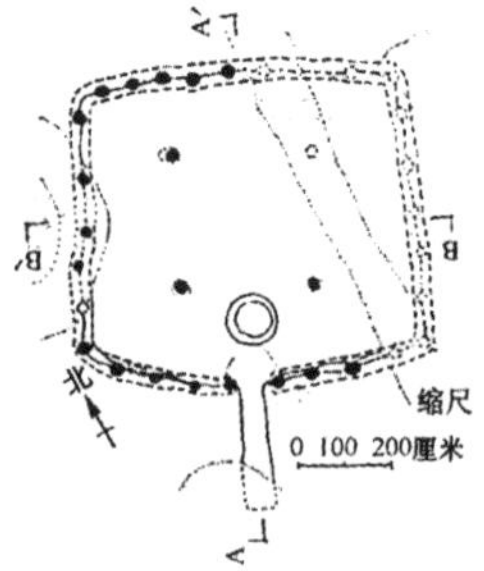

図14　中国河南省陝県の竪穴住居

らず、横穴を通じて出入りする平面形に変化していく。ただし、この型の発生時は、炉の近くに開けた通風口が入口になったため、入口の正面かその反対側に元来炉があるものを、入口のすぐ前に炉があった時の平面の形がそのまま残っている例もある。その逆に、従来は炉の前に直接入ったとされている竪穴住居、例えば先にあげた仰韶文化の竪穴住居の遺跡（図14）は、もともと冬季用の主入口が天井にあり、通路状の横道は通風口であった可能性もある。さもないとあまりにも入口と炉の位置が近すぎる例が多いからだ。

こうして民族学的な資料と考古学的な調査を照合してみると、竪穴住居の中央の四本柱は、その天井に開けられた四角い出入口兼排煙口と、密接な関係があったことが想定されるのである。もちろんこの開口部は昼間の屋内生活では採光の役割をした。とくに冬季は室内に閉じこもったままの女・子供にとって、大切な光源であったと考えられる。こうした半球状ドームの頂点からの採光は、現在もローマのパンテオン[*11]などでその明るさが実感できるが、それはかつてアジアの北方民族が持っていた、四角い天窓から明りをとるエスノ・テクノロジーを、後のヨーロッパ人が彼らの建築にうまく利用したものだったのかもしれない。

住居が円から四角になった北アメリカの民族

先の、北米大陸のアリゾナに住み、円形プランの住居の伝統を持つ民族として

＊11　Pantheon　ローマ、パラティウヌスの丘に建つローマ時代の神殿（紀元前二五年）。現在の建物は一一八～一二八年に再建されたもの。
＊12　Basket Maker　北アメリカ大陸南西部に紀元前五〇〇〇～紀元後七〇〇年にわたって存在した遊牧民的な狩猟採集文化。
＊13　Mesa Verde　アメリカ、コロラド州南西部の断崖に残るプエブロ・インディアンの遺跡。
＊14　Chaco Canyon　アメリカ、ニューメキシコ州北西部の渓谷にあるプエブロ・インディアン最大の遺跡群。

は、他にナヴァホ族が有名だが、そのナヴァホ族の隣りに定住し、彼らより進んでいるとはいえ、共通の物理的環境と経済条件、似たような民族的背景を持っているプエブロ・インディアンの集合住居には、やはり注意を払わずにいられない。彼らは後氷期末期からの古い民族で、定住社会を営み始めたのが今から約二〇〇〇年前、紀元七〇〇年頃は円形、後には楕円形の竪穴住居に住んでいたといわれている。それから一三〇〇年の間は、いわゆるバスケット・メーカー文[12]化の担い手として、プエブロ・インディアンの社会は独特の発達をしていた。だが、一一〇〇年頃からすでに何百という数層の四角い住居の集落が出現し始めていて、その遺跡はメサ・ヴェルデ[13]、チャコ・キャニオン[14]などに残っている。その後ナヴァホ族の侵攻やスペインの支配の影響を受け、規模は一万人足らずの小さな民族集団となつたが、それでも近代以降の物質文明の流入に抗して、辛うじて建築的には伝統的な土壁住居の形態を残してきたのだった。その住居がチャタル・ヒュユックなどの集合住居と、非常によく似ているのである。

プエブロの伝統的な住居にも一階の壁に入口がまったくなく、一階の屋根すなわち二階のテラスから梯子で入るのが原則である点（図15）、スペイン人がやってくる前は、壁土を型枠の間でつき固めるピゼの方法を用いていた点、そして屋根や床は、丸太の根太を一方向へ水平に並べ、その上に厚く土を敷く点（図16）など、類似点が次から次へ出てくる。これらの住居群の中央に、メサ・ヴェルデ

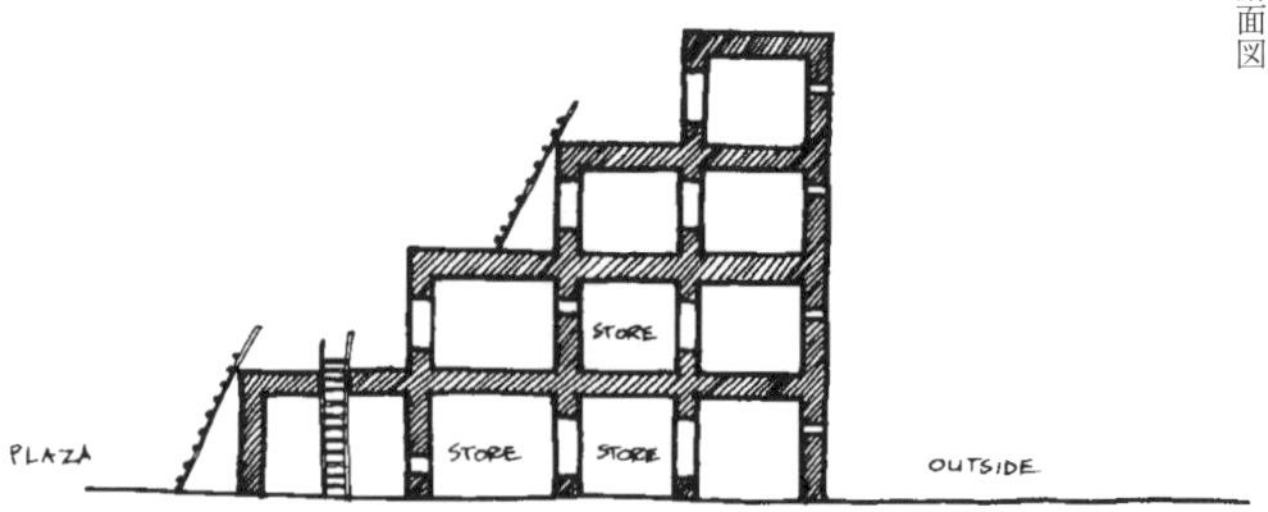

図15 プエブロ族の多層土壁住居断面図

のようなキヴァを祭儀空間として持っていたことも、古代メソポタミアの建築を想わせるものがある。標高は一、六五〇から一、九五〇メートル。雨が少なく、またそれが不定期なため、トウモロコシを主体とした灌漑農耕はたびたび危機にさらされ、そのためか極めて民族の結束が固く、宗教とシンボリズム、神話と伝説が混然一体となった、独特な生活習慣を維持してきたのだった。

彼等の屋根構造の主体である木の根太は、非常に遠い処から持ってきたから、それだけ高価である。だから、もう一度使う時のため、できるだけ長くしたままがよいということで、壁から出ても先を切り落とさない。それが強い太陽の下でリズミカルな影を壁に落とし、プエブロの住居を特に印象深い造形にしている。しかし、その根太の間隔は決して狭くない。このように長さが限られた材木を平行に並べるだけで床組を作るには、それと直交して、二枚のほぼ平行な厚い壁を築くのが、プリミティブで優れた解決であることは、古今東西の実例を通じての土壁住居の原則だ。この地で陸屋根を造った上に土を載せ、それを住戸に入るテラスにするためには、四角い形に住居の壁を整えるよりほかに方法はなかったのだろう。ただし、この場合壁は厳密に平行である必要はない。プエブロが住む土地では、貴重な根太材の長さが均一であろうはずはなく、それらを長いものから短いものへ順に揃え、その形に合わせて壁を不整形な四角形に配置するほうが、ここでは合理的な床の作り方だったに違いないからだ。

プエブロ・インディアンがなぜ平屋でなく、壁から出入りする新機軸を加えてまでも四階建の住居を築いていったか、その点での確かな研究は少ないが、彼らが平らな床や屋根の造り方と、その使い方に長けていたことだけは事実である。そしてその技こそが集団生活に必要だった。その床を受けるために壁をほぼ平行にし、それを四角に配置したのだ。もし精神的にこの新奇な建築の形になじめず、旧来の円形空間を慕う気持ちが彼らにあったなら、キヴァの円い地下室は、その分だけ、より伝統の熱気に包まれた空間になっていたことと思われる。

円い建物と四角い住居との共存

アメリカで花開いた文化人類学の新しい対象として、このプエブロやナヴァホの精神構造と民族学的背景との関係は、いろいろな角度から研究された。なかでもB・L・ウォーフ*15の、プエブロには室内とか空間に関する言葉が欠けている、という研究は興味深い。この事実は、エスノ・アーキテクチュアそのものの内容を規定する意味で非常に重要だ。空間とは実在するものでなく、精神的な領域に属している。建築の部分についての言葉を持っていても、三次元的な空間を表現し、内と外を区別することは彼らにできない。A・ラポポートのいうように、プエブロでは「私の部屋」を言葉でいうことができず、すべてなにかモノが充填されたものとして、そのモノの名でしかいえない。空間を占有している意識と、ど

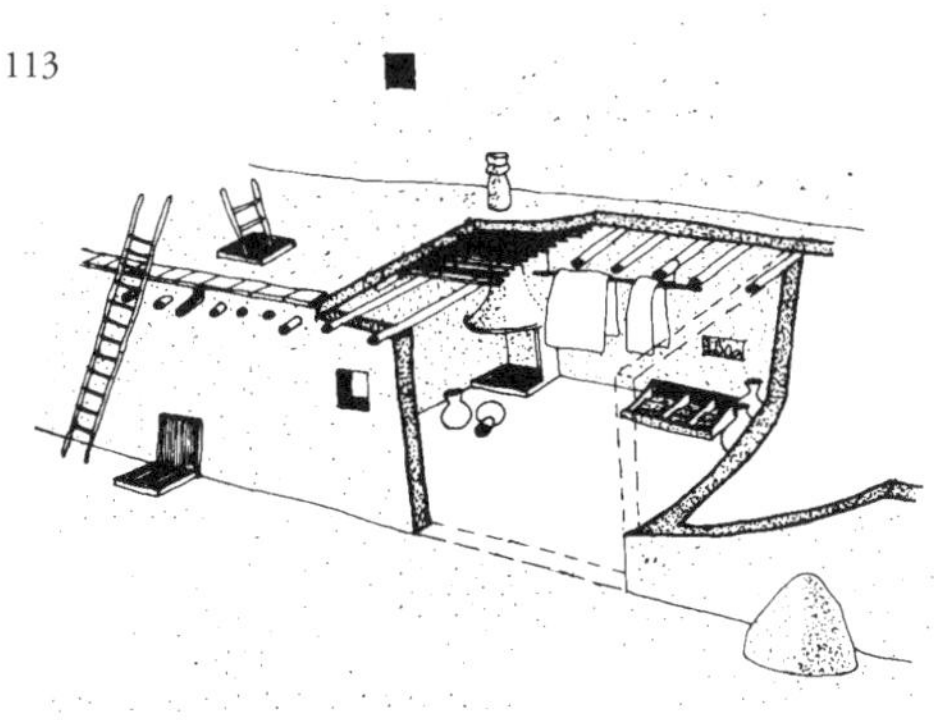

図16　プエブロ族の多層土壁住居

*15　Benjamin Lee Whorf　アメリカの言語学者（一八九七〜一九四一年）。『言語・思考・現実』（一九九三年）、『文化人類学と言語学』（一九九五年）等を著す。

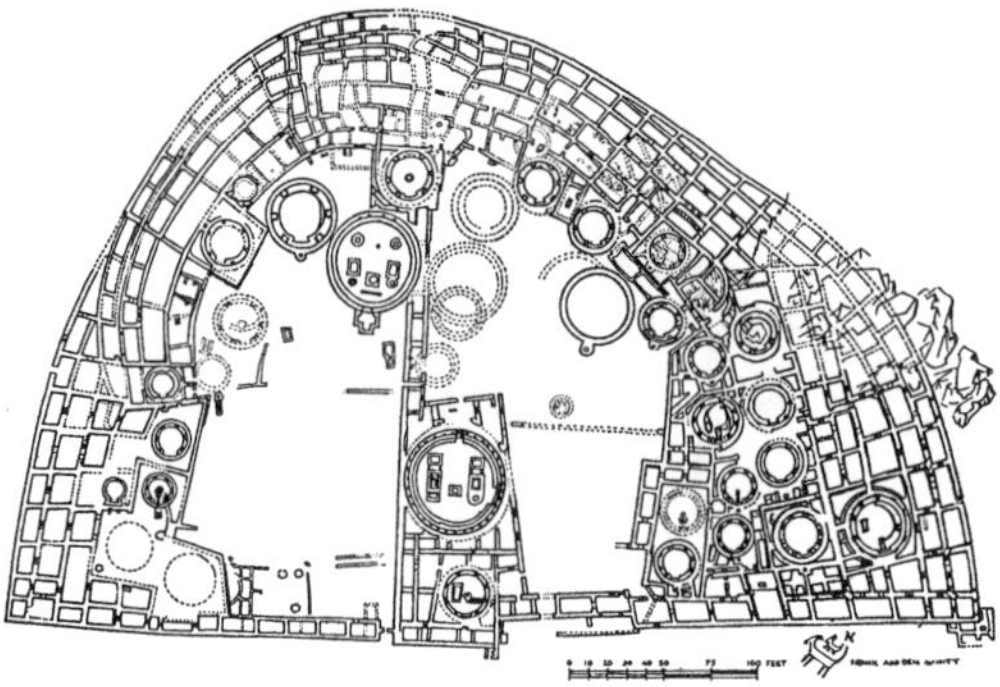

図17　プエブロ族の集落（チャコ・キャニオン）配置図

うやってそれが建てられたかという記憶が一体化しないから、言葉で建築の種類を区別することができず、みなが「建物」になってしまうのである。

プエブロ・インディアンの心象の世界でもっとも強い構造を持っているのは、天頂と地下を結ぶ神聖にして内的な軸線と、太陽の方向や周囲の山を対象とした方位観、自然の環境条件に密着し、そして宇宙にも調和した家屋の配置であり、そのすべてが彼らの宗教観をも規定している。空間を実体として考えていないから、キヴァの周辺を同心円状に住居が取り囲む際、放射状に壁を配置し、それで内と外の住戸の面積に差が出ても、当初は気にならない。それより各戸がどの方向に位置するかが問題なのである。特に北と東が神聖となると、同心円の拡がりは不均等になり、そこだけその厚みを増す。しかし、家族の構成数が平均化し、所持品などが均等になれば、当然人が使う床の面積も平均化する。そのため、建物は格子状に近い形で並ばざるを得なくなるのだ（図17）。

それに対し、ナヴァホ族は成員どうしの独立心が強く、決して群をなして集落を造ろうとしない。それでもプエブロと同じく、周囲の山を目標として東西南北を決め、彼等のホーガン（図18）の柱はその位置に立っている。東だけは入口わきに二本の柱を立て、そこから朝日を受けるのが非常に重要とされた。その二本の柱の相手になる柱を西端に立てて三本柱の架構を組み、南北にその副柱を加えることで、円形の平面にするのだ。各々の方位には色と女性崇拝の観念とが対応

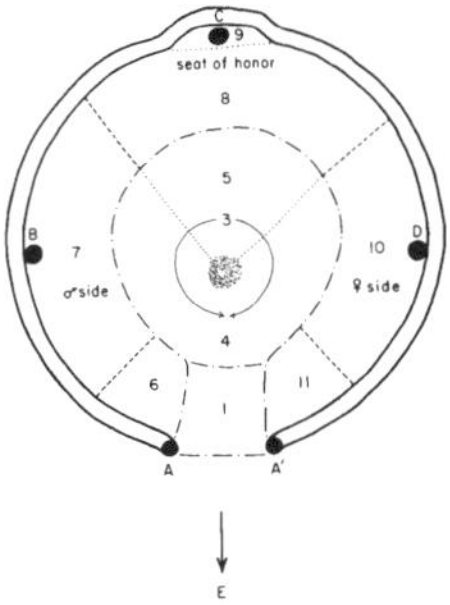

図18　ナヴァホ族の円形住居

図19　プエブロ族の集落（チャコ・キャニオン）復原図

していて、東は白で「地の女」、西は黄で「水の女」、南は青で「山の女」、北は黒で「トウモロコシの女」である。ホーガンで祭儀を行う時は、東の入口に対して西の正面が上席で家長が占め、北側に女性、南側に男性の席が与えられる。

　ナヴァホ族のこのような柱の配置とその方位観には、当然のことながらシベリアのアルタイ系諸族やモンゴル系などにみられるユーラシアの伝統がある。後進的なナヴァホ族が、ホーガンから放射する形のように、彼等の方位観をたった一つの建物の構造とその空間の分割で表現していたのに対し、プエブロ族は、原始共同体的な社会と自然環境の調和を企てるあまり、彼等の精神的中核であるキヴァに向って求心的に住居群を配置し、都市全体で宇宙観を表現しようとした。なぜ彼等の伝統的な円形住居の配置を一変してまでも、新しい連続住居の構想を創り出さねばならない事態に追い込まれたのか、その辺の事情はまだわかっていない。当時の限りある構造技術でも、なんとかキヴァの内部に四本柱は立てずに済む方法を彼らは考えた。だが増え続ける都市の成員全部を収容するには、地下室をこれ以上広く拡げられない。止むを得ず集落を分割し、それに見合うキヴァの数のみ増やしていった苦しい選択の過程だけは、今でもチャコ・キャニオンの遺跡（図17・19）の形から読み取れるのである。

　このアジアから北米大陸へ及んだ民族文化の伝播は、やがて中米の細い陸橋を経て南米大陸の端まで到達した。いまのところ一番古く、かつアジアから一番遠

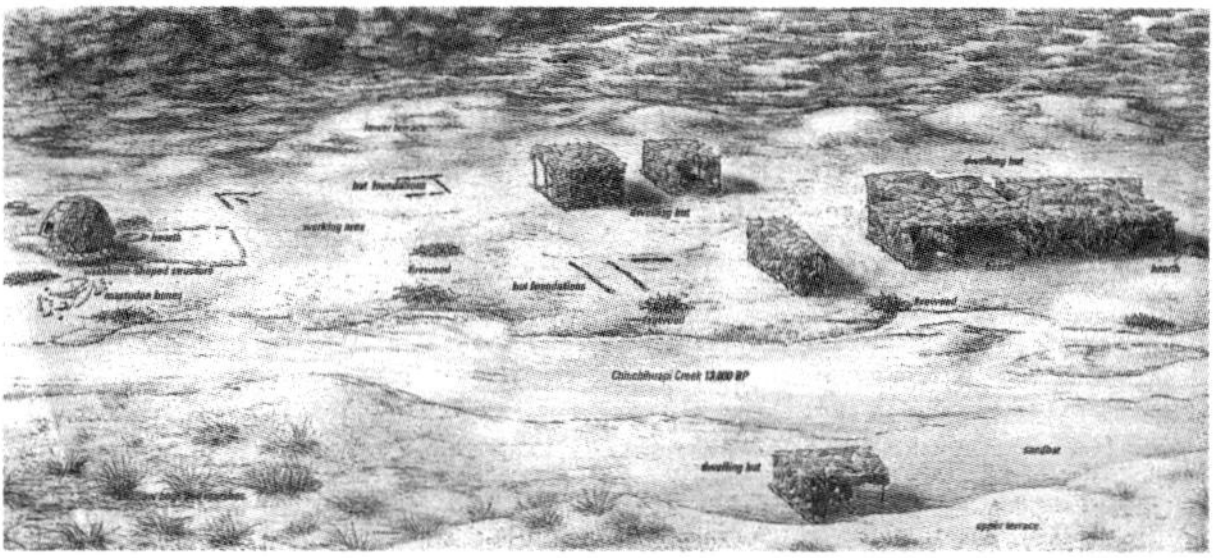

図20　モンテ・ヴェルデ遺跡

い遺跡は、チリ南部にあるモンテ・ヴェルデ[16]の住居跡（図20）で、時代は紀元前一二〇〇〇年頃とされている。この漁撈採集民の集落は川沿いの泥炭地にあり、なんと三～四・五メートル幅で四隅に細い掘立柱のある四角い木造架構が一二棟、東西を軸として二列に並んでいるのが、一九七七年に発掘されたのだった。

どうやらこの建物群は木材加工の作業場や倉庫に使われていたらしい。その他に炉が中央にある四角の住居らしい建物が三～四棟と、炊事場と思われる屋外の炉、敷地の西にはU字形平面にY字形の柱を縦繋に立ち並べた、おそらく屋根は半球状の大きい建物があった。建物の壁や屋根はすべてこの地域に棲息していたマストドン（象の一種）の皮で覆われ、四角い建物は平屋根だったとされている。この遺跡の年代や架構法の推測が正しいとすれば、この遺跡こそ、建物が初めて四角になった、いまのところ世界最古の例になるはずである。

この漁撈採集民が、北米大陸内部に住み着いたアジア系民族の祖だったのか、太平洋の東岸沿いに南下した、それともポリネシアから渡来した違う系統の民族だったのか、こちらの判定はまだ下されていないが、四角い住居とそうでない公共の建物を組み合わせる集落の造り方や、作業場や倉庫にいち早く四角い架構を用いている点など、建物の形の成り立ちに関する論考を進めていく上で、とても参考になる貴重な遺跡の一つであることは、今後も間違いないところだろう。

＊16　Monte Verde　チリ南部の海岸から五八km離れた河岸段丘で発見された南米大陸最古の居住跡。

第7章　建築はなぜ四角になったか③——円錐形から方形の屋根へ

北方狩猟民族の円錐形屋根

前章では、アメリカ大陸の古い住居の特徴として、屋根の上から入るため、住居の中心に四本組みの柱列が整えられていったことを述べたが、その住居のほとんどが円錐形屋根を持つ竪穴の建物だった。この円型住居の伝統は、ベーリング海峡が今から二万五〇〇〇年から一万五〇〇〇年ほど前の最終最大氷期[*1]（ＬＧＭ）に氷結していた間、アジアの北東部からモンゴロイド系の民族がもたらしたもので、近年の人類考古学の成果[*2]によると、その源郷はロシアのバイカル湖周辺ではないかと考えられている。

この地域の民族は、それ以前のやや温暖な時代からマンモスなどの巨大な草食動物を狩ることで暮らしていたが、気候の寒冷化が進むと、その動物たちが貴重な緑を求めて陸橋と化したベーリング海峡を越えたので、それを追って彼らもアメリカ大陸に渡ったのだった。このバイカル湖周辺からは、同じようにナウマン象を追った狩猟民族の一部が、紀元前一万二〇〇〇年頃の縄文時代草創期に、氷結した間宮海峡や対馬海峡を通って、日本列島の北部や西部に渡っている。

当時の東シベリアの住居はその平面が円形で、屋根は細い木の枝を数本円錐状に組んで獣皮などの被膜をかぶせ、その足許にいくつかの石を置いて抑えるものだった。もし針葉樹がない場合は曲がった材が多い広葉樹を使うから、屋根の形は半球状[*3]（図1）になる。またＬＧＭの時期、やはりシベリア北部からその西南

＊1　Last Glacial Makimum　地球がもっとも最近の氷河時代あるいは氷期に近づいていった時期。

＊2　例えば『人類の足跡　一〇万年全史』（Ｓ・オッペンハイマー著、仲村明子訳、二〇〇七年、草思社）など。

＊3　例えばロシア、イルクーツク（Irkutsk）北西八五㎞のマルタ（Malta）遺跡。

のステップに移動する獲物を追った民族は、マンモスの骨も屋根の構造材に使って半球状の小屋を建てていた。そうした紀元前一万三〇〇〇年頃の遺跡[*4]（図2）が、いくつもウクライナで発掘されている。これら住居の最小単位は、通常一つの円形平面に炉が一つある単純な形だが、その頃のウクライナにはその炉がいくつも連なった細長い建物もあって、複数のグループが同じ建物に共棲していたことを示している。この事実は、後代の中央ヨーロッパを中心とする住居平面の長大化を考える上で、興味深い先例を示しているように思われてならない。

＊4　例えばウクライナ、チェルニーヒウ（Chernihiv）北西三二一kmのプシュカリ（Pushkari）遺跡。

図1　シベリア、マルタ遺跡の古代住居（紀元前一万三〇〇〇年頃）

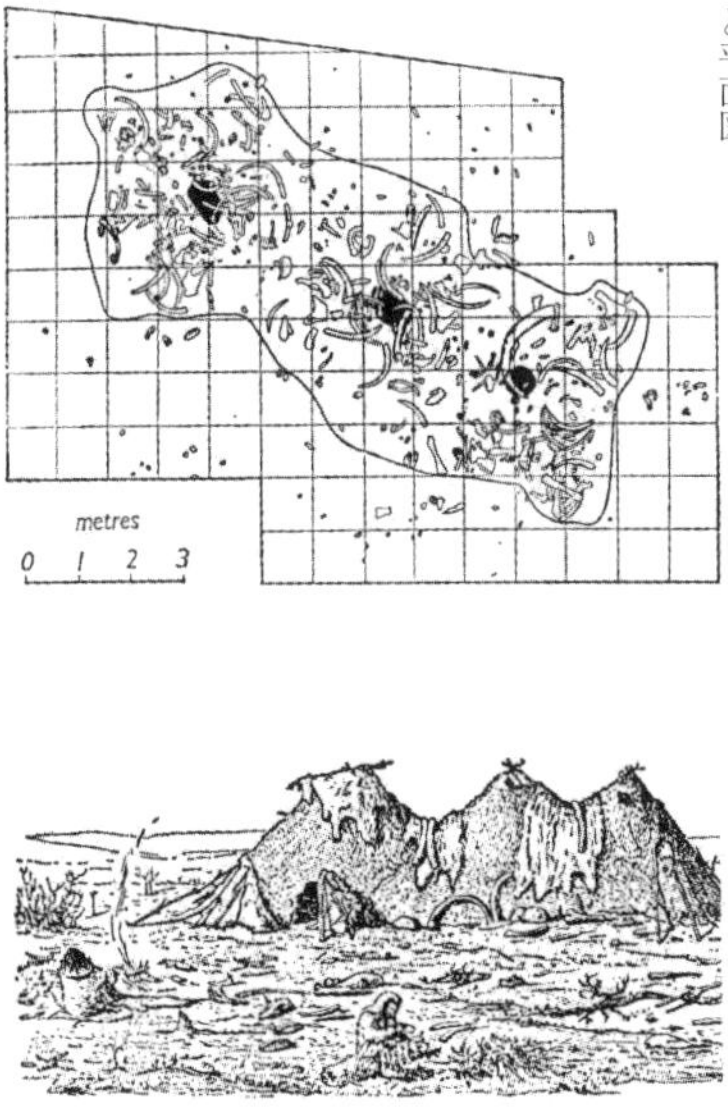

図2　ウクライナ・プシュカリ遺跡の古代住居と平面図（紀元前一万三〇〇〇年）

図3ａ　西シベリア、ネネツ族の円錐屋根住居と平面図

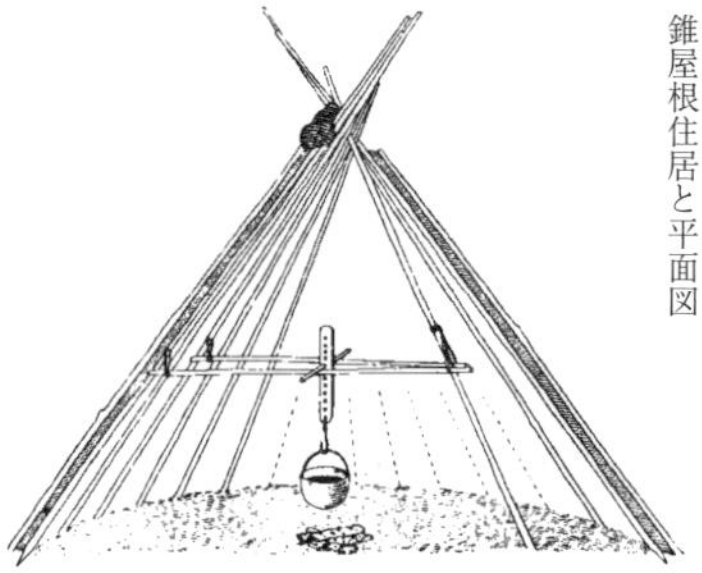

図3ｂ　ネネツ族の円錐屋根住居

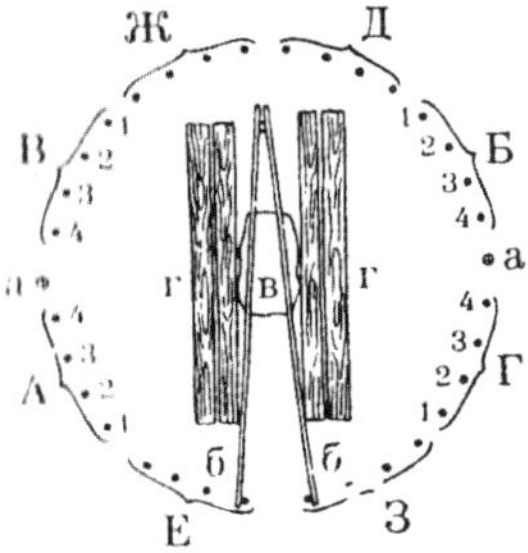

こうした円錐形屋根の住居は、主として狩をする男たちが使う野営用で、彼らは狩を終えると家族が待ち受ける本拠地へ獲物を持ち帰った。そのベースキャンプの建物も、基本的には円形平面の住居だが、収容人員が多いため、当然その建物の面積は大きい。また、ＬＧＭが過ぎて地球の温暖化が進むと、ユーラシア北方の針葉樹林帯で暮らしていた狩猟民族の一部は、その南の広葉樹も生えている混合樹林帯へ移動し、ドングリや雑穀を補助食とする狩猟・採取の生活を始めるようになった。すると、採取した食料を保存する場所が要る。また、草原が広がる地域ではヒツジやヤギを飼うようになり、そのための用具や容器をしまう場所も増えるから、住居の面積は次第に大きくなっていったのである。

ところで、こうした細い木の幹を円錐状に組むテントでは、幹の太さに本来差がないのが普通だ。しかし、どこかに隙間を設けないと中に入れないので、入口の両側二本だけ、径を太くすることが多かった。それに寒冷地では円形住居の中央に炉を設けるのが一般的で、そこで炊事する場合、炉の上に鍋を吊るす支点が必要になる。そのため、入口の反対側に太い斜材を一本立て、それと入口脇の二本の斜材とを横棒で結び、そこに鍋を吊るすための桟木を架けるきわめて合理的なテントが、ユーラシア大陸の北部で生まれていった。入口と炉の必要性が、元来は均等であるべき斜材群のなかから太目の材を三本特定するようになり、これが三本足のテントの発生を促したとも考えられるのだ（図3ａ、ｂ）。

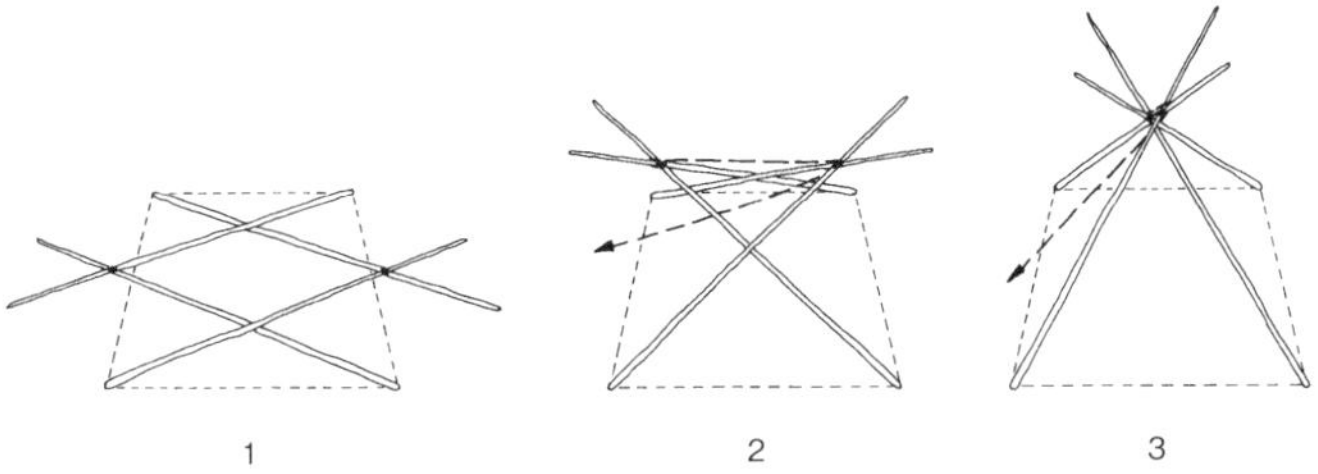

図４　二組の二股柱、建て起こしの順序

おまけにこの構造は三脚だから、構造的に安定している。二股状に二本の木を地上で組んでおき、その交点にもう一本の木をからませて立ち起こせば、この架構は適当な角度で地上に脚を張り、安定した形ができるからだ。そうした理由から、この三本足のテントは、北ユーラシアから北アメリカの一部にかけて、狩猟採取民の基本的な住居の形になっていくのである。

しかし、二股の木を立ち上げるのなら、それを二組対にして立ち上げ、その頂点を角錐状にして組み合す方法もある。それもあらかじめ片方の組を先に立ち上げておき、そこに他の一組を後から組合せる方法と、図４のように初めから二組を地面に交叉させておき、その二つの三角形の頂点を縄で左右別々に引っ張ることで、この架構を同時に立ち上げる方法の二通りがある。その二組の木組みの角度も、やっとテントの入口幅がその下にとれるだけの低い位置で斜材の中間点を結ぶものから、二つの三角形の頂点が一点で完全に交わるものまで様々だ。この四本足のテントはシベリア中央に住むアルタイ系[*5]の民族に多く、北アメリカにもあった。ただし、三本足のテントのほうが、ユーラシア東端に住む民族や、西端のフィノ・ウゴル系[*6]で特に多く用いられていたことから、その発生は四本足のものより古く、日本のアイヌの伝統的な屋根架構に使われるケトゥンニ[*7]と呼ばれる三脚状の部材を、それと関係づける説もある。

＊5　アルタイ語族の言語を話す民族。ツングース（満族、エヴェンキ族等）、モンゴル（モンゴル族、ブルヤート人等）、テュルク（トルコ人、ウズベク人等）、日本、朝鮮の諸系を含む。

＊6　ウラル語族・フィノ・ウゴル系の言語を話す民族。フィンランド人、エストニア人、サーミ人、ハンガリー人などを含む。

＊7　アイヌの住宅（チセ）において、三脚状に組んだ合掌材のこと。その下端のうち二本を桁、一本を梁の上に載せて棟木を支える。

対角線上に残る構造材のイメージ

ここで注意せねばならないのは、北東シベリアでも図5のような住居の場合、ダイヤゴナルに組まれた内側の太い斜材は、ただただ円錐形屋根の頂点を支えるために存在し、屋根荷重の半分以上は、その上に組まれた垂木を通じて、円筒状の周壁上端に伝えられていることである。なぜこのように初めは均等に架けられていた円錐状の斜材群が、きつい勾配の斜材と緩い勾配の垂木に分かれたのだろうか。それはおそらく円錐状の低くて狭い空間よりも、その円周に沿って歩けるだけの高さ、すなわち周壁で囲まれた広い空間が、単純な狩猟採取の生活を送っていた北東アジアの民族にも切実に要求されるようになり、それが、初期の農耕や牧畜が始まる時期に、やっと実現していったからに違いない。

ところで、緩くなった垂木はもはやその末端を地面に挿せないから、前述したように立ち垂木にはならない。それらにかかる荷重は円周壁の上端材で一旦受け止められ、矢来に組んだ壁の肋材で地面まで伝えられている。これは現代のモンゴルにある中央を二本の柱で支えたゲル（図6）と構造がほとんど同じで、前者は内側の支持材が斜め、後者は垂直である点が違うだけだし、壁さえ堅固なら、後者はその柱を省くこともできる。柱があると、垂木は棟木に架かる場合と同様に引っ掛け垂木となるし、柱をとれば、半球状の膜を構成する曲げ材として、その上端が天頂の輪、下端が周壁の縁に差し込まれる肋材になるのだ。

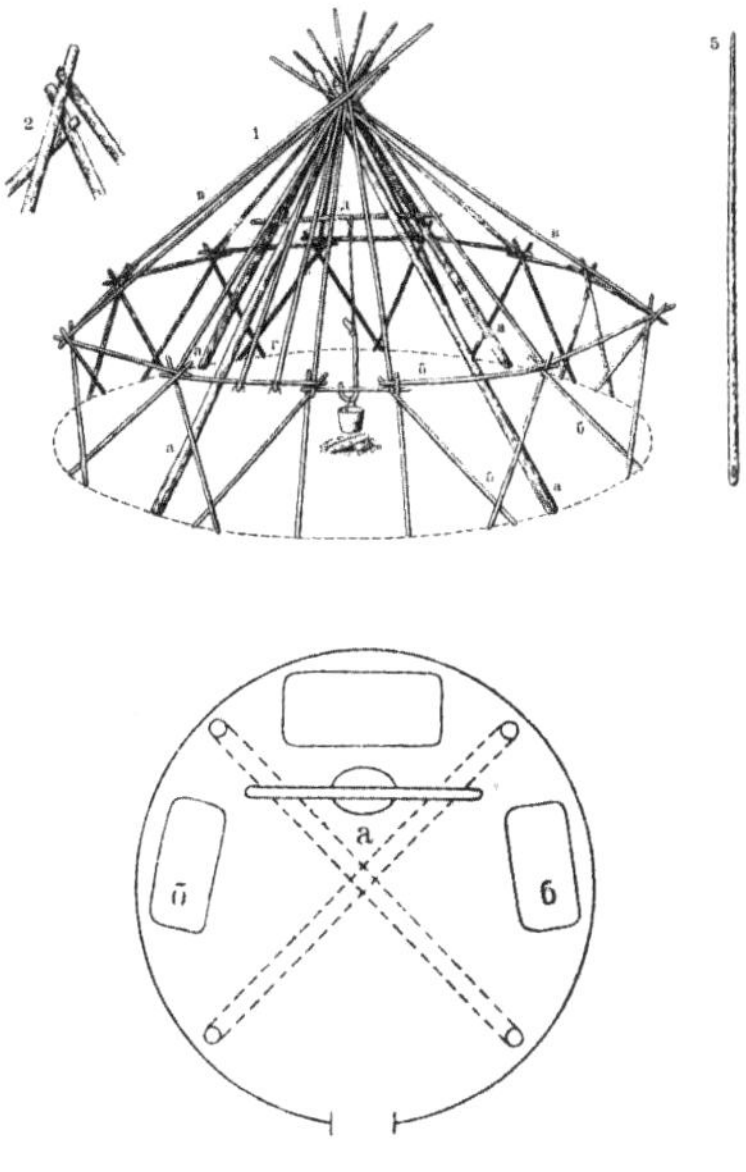

図5　北東シベリア、エヴェン族の円錐屋根に円筒壁の住居とその平面図

すると、この北東アジアにおける新旧の例は、古代のアジアで用いられた円錐形屋根の住居の規模が拡大し、そこに壁がついた場合、その屋根を支えていた柱がどう変化していくか、その過程を見事に示しているといわざるを得ない。この二例とも、柱は後世の住居のような壁中に組み込まれていたものでなく、最初から独立して屋根の中心部分を支えている。この柱を壁中の柱と区別して、ここでは主柱と呼ぶことにしよう。初め屋根は斜材だけで架けられていたが、その斜材を下から柱で支えるようになると、主柱の数は小さな家で二～三本、少し大きな

図6　モンゴル族のゲル、骨組の構造

家では四～六本になった。この場合、三本足テントの伝統を持つ民族は、常に一二〇度でないとしても、円を三分割した角度の位置にその主柱を、四本足の場合は、ほぼ四分割した位置に主柱を建てていたに違いない。

　ということは、これらの住居で主柱が四本や六本の場合、最初はその対角線上に斜めに架けられた太い立ち垂木があり、それを下から直接支えたのがこの柱だったのだから、昔の垂木のイメージが後世に建てられた柱の対角線に残ることになる。もちろんその対角線は円形住居の中心点を通る。すると、仮にこの中央アジアの円形住居における主柱の位置関係が、そのまま東アジア北辺の竪穴住居に伝わり、それが朝鮮半島などを経て弥生時代の住居になったとすると、その柱を対角線上に建てる手法の起源が出てくるわけで、第5章で触れた桝國男の説は俄然面白くなる。果たして中国の古い実例ではどう変化したのだろうか。

　日本では縄文早期から前期に相当する紀元前四八〇〇年の時代、中国の黄河流域には、平面が方形で出入口がその前についた竪穴住居がすでに存在していた。現在の西安近くにある半坡《はんぱ》遺跡[*8]にも、その早期の建物で炉の周囲に主柱が一、二、四本ある竪穴住居が復原されている。そのうち図7は主柱四本の住居の復原で、この例の股木柱は、方形屋根の頂点から住居の四隅の地表にいたる、寄棟屋根でいうと隅木に相当する太い斜材を支えていたと考えられている。

　前章に述べた北米大陸の屋根の場合、その主柱の四本は、屋根からの入口や換

＊8　Banpo　中国陝西省西安市の東六kmにある新石器時代仰韶文化の村落遺跡。

＊9　草葺屋根等の建物において、合掌材の上へ三六～四五cmおきに並べる水平材。日本では竹を用いることもある。

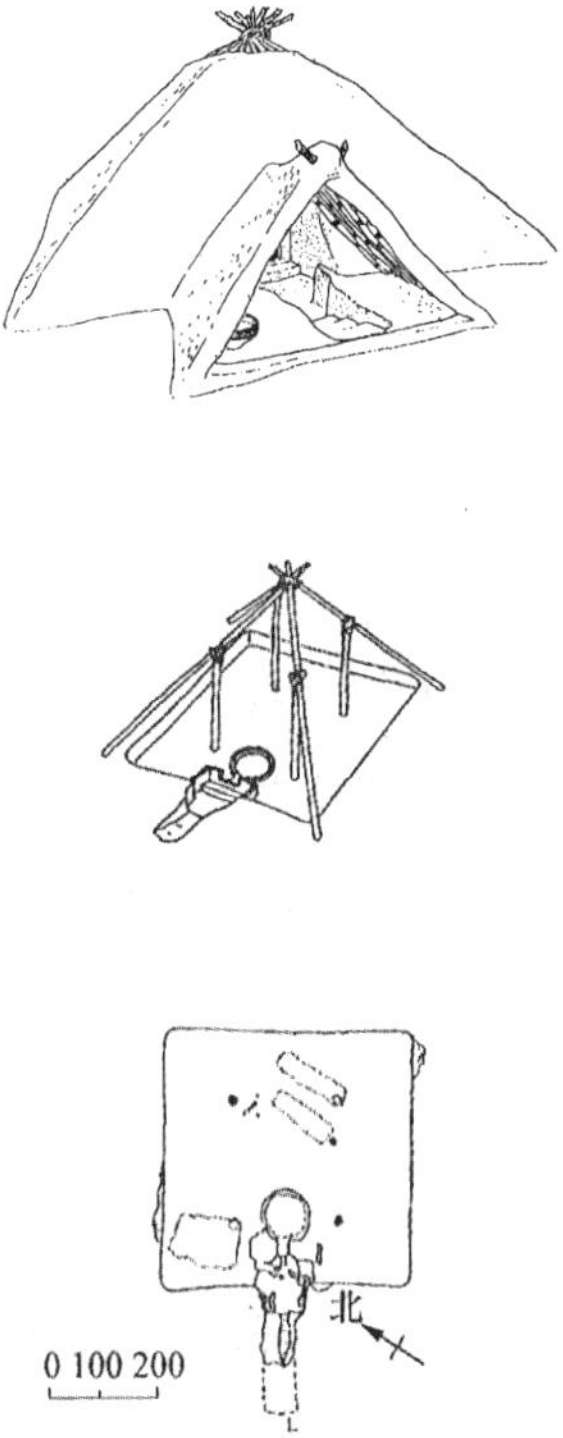

図7　中国半坡遺跡の方形竪穴住居と架構図・平面図

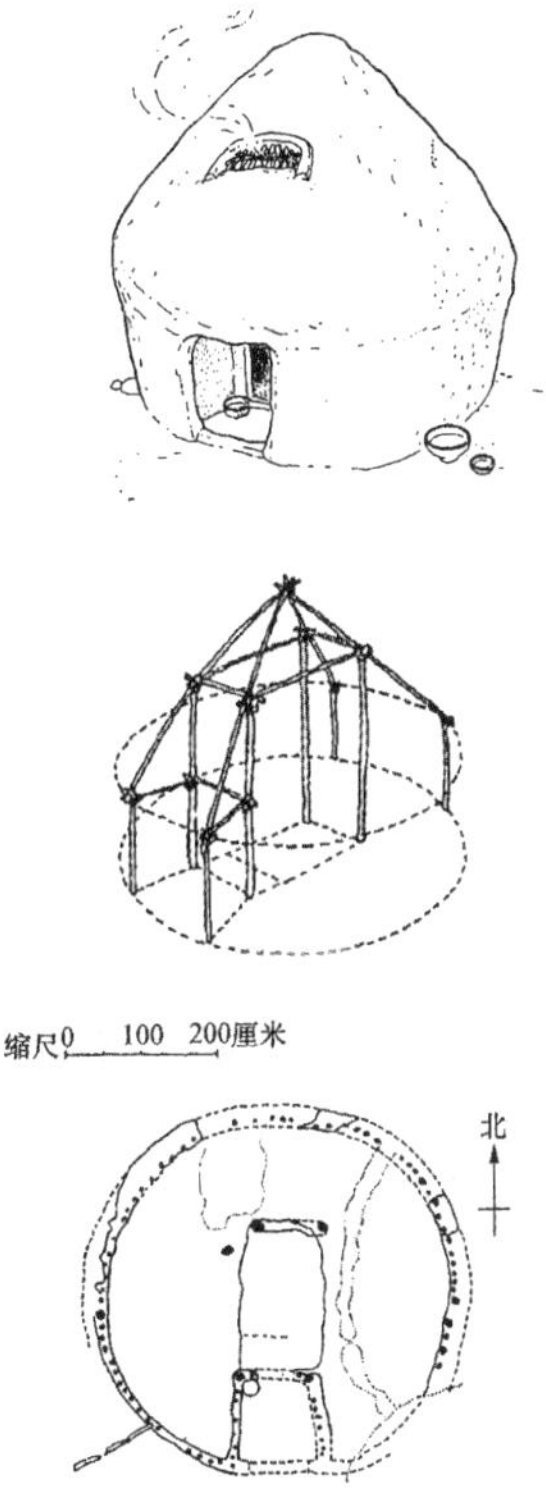

図8　中国半坡遺跡の円形壁立ち住居と架構図・平面図

気口を設けるため、梁と桁で四角く組んだ枠の支持材だった。半坡でも中期の円形住居にこれと似た形式（図8）があるが、換気口は枠上の高さで、人は壁から入っていた。屋根の斜材や梁には曲げやすいように細い木を使っている。ところが、半坡ではほとんどが土屋根で、乾燥した内陸に特有の寒さに抵抗すべく、斜材の上に母屋を水平に打ちつけ、そこに草混じりの泥を塗っていた。屋根版の厚さは三〇センチに達したという。図9は三・五メートル角の小さな壁立ちの方形住居だが、それでも一本の股木柱とその上の斜材を軸に、母屋で組んだ方形屋根が造られている。こうした重い屋根を支えるには、直線状の太い屋中《やなか》*9とそれを

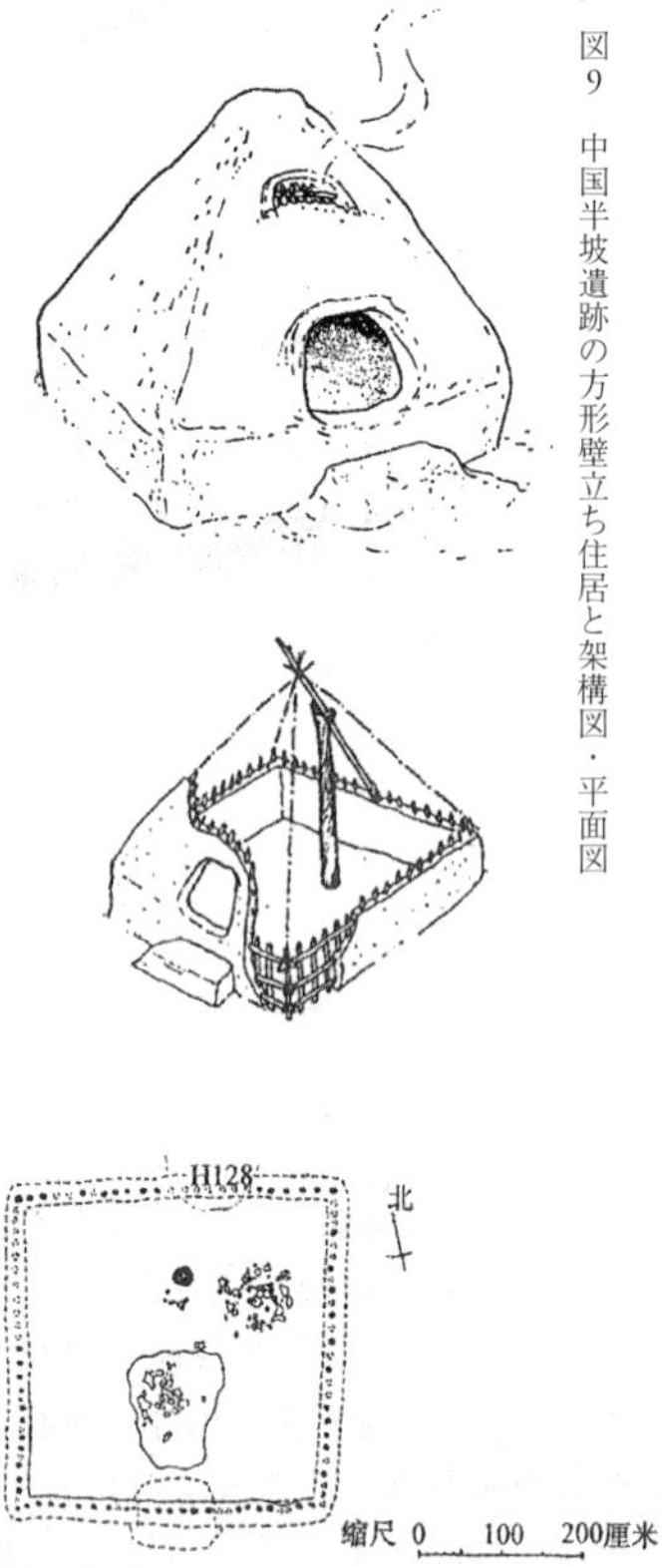

図9　中国半坡遺跡の方形壁立ち住居と架構図・平面図

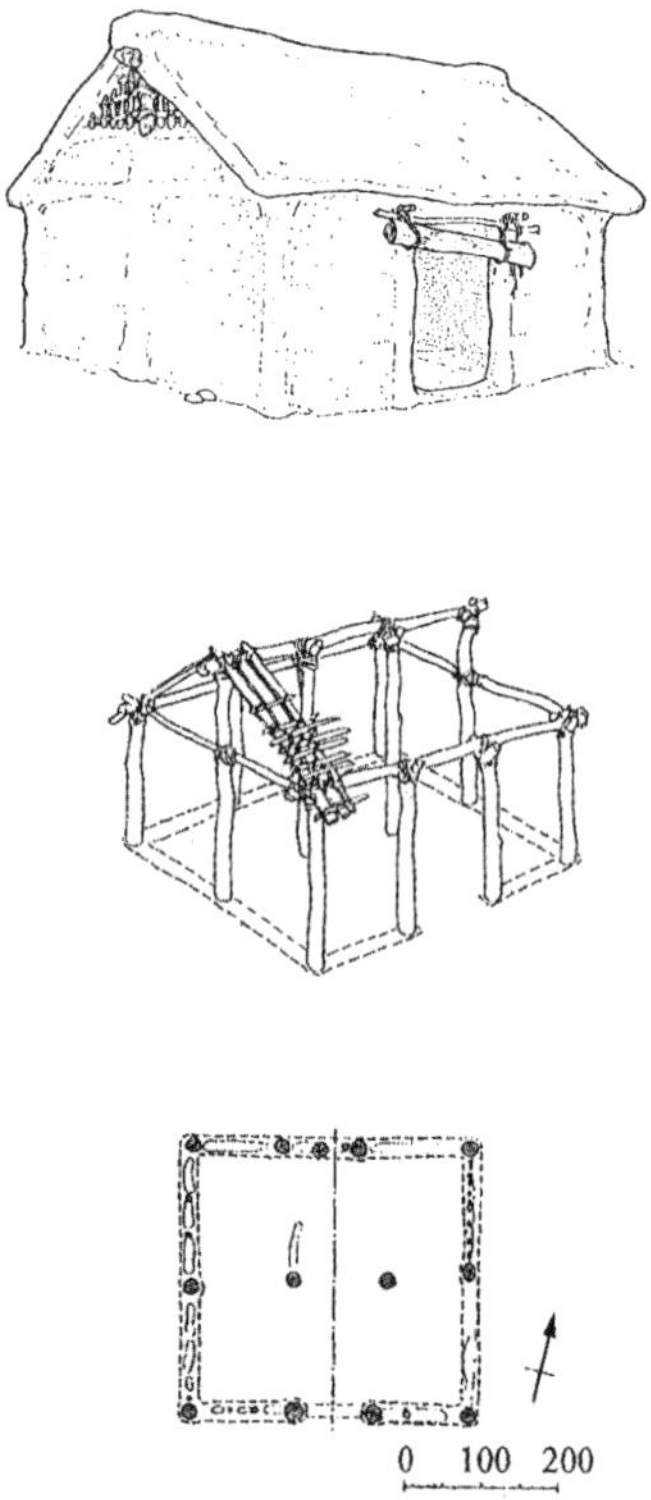

図10　中国半坡遺跡の長方形壁立ち住居と架構図・平面図

支える丈夫な斜材なしの構造は無理だった。厳しい自然の環境が、中国内陸部では円錐形より方形屋根のほうを有利にしていったのだろう。

建物の規模が大きくなると、細い部材でしか造れない円錐形の屋根よりも、方形屋根の隅木《すみぎ》[*10]を太くし、そこに長い母屋を載せたほうが、土塗りの大きな屋根を造りやすい。したがって、半坡遺跡もその中期から晩期になると、隅木の先端を隅柱で支えた本格的な壁立ちで方形屋根の建物が、集会所や穀倉のような、やや公共的な建築の性格を帯びながら登場してきた。この隅木の出現が建物の屋根を方形にし、隅柱の必要性がこれまで隅丸でよかった建物の角を四角く整えていったことは疑いもな

＊10　寄棟・方形・入母屋屋根において、出隅の稜線に沿って傾斜する棟（隅棟）を支える斜めの棟木。

い。これこそが四角い建築の本格的な登場である。

だが、ひとたび四角い平面の周囲に壁が立ち上り、そこに出入口を設けるようになると、主柱を建物の軸に沿って一列に並べ、それらに支えられた棟木に垂木を架けることで、方形よりも面積が広く、また内部が分割しやすい長方形の平面の住居（図10）を建てるようになった。切妻屋根も登場してくる。ところが、主柱や建物の出隅を基準とした平面の対角線上に、隅木のような構造主材のイメージを復原することはむずかしい。それができた時代は、東アジアの場合、原始的農耕が始まることで竪穴住居の規模が拡大し、平面が隅丸方形から真の方形に変化していく、その少し短い時期だけに限られるのではなかろうか。

いずれにしても中国や日本の建築が四角になっていった理由をエスノ・テクノロジーの立場から見れば、気候の温暖化によって伝統的な円形竪穴住居の周壁が地面の下から上に立ち上がり、それで屋根を支持する形に変わると、それまで主役だった主柱の役割が変化し、周壁のなかの細い柱、とくに隅柱が直交する壁の構造的な主役として、その平面上の位置を獲得していく、その過程に求められるに違いない。屋根と主柱との位置関係の変化だけではなさそうだ。こうしてアジアの住居史を俯瞰してみると、直交する軸線を地表にまず描き、その上に独立柱を順々に配置することで四角い建築の起源が求められるという、第5章のような発想が、いかに安易なものだったかが、確かめられることだろう。

円錐形屋根を独立柱で支える手法

これまで述べた円錐状の屋根架構では、図5のように、円錐形屋根を支える複数の斜材が、その頂点をわざと食い違いにして交わっていることが多い。これは図3のように立ち垂木だけの構造でも必ず起きることだが、円錐や方形の屋根の頂点で複数の斜材が交わる場合、どれか芯を外さないと、それらの構造材を交わらせるどころか、束ねることもできなくなる。そのため、獣皮やフェルト等で屋根を覆うと、頂点だけ継ぎ目が合わないからそこに孔が開いてしまうのだ。中央に炉がある住居ではそれが煙出しになり、かえって都合がよいという見方もあるが、垂木の一点集中という構造的な欠陥だけは避けようがない。そこで、これらの斜材や垂木を重ねる位置を一点でなく、幅広の部材で受けようという考えが生まれてくる。

その一つが、一本の股木柱を円錐形屋根の主柱として立て、その二股部分に斜材を載せるか、細い斜材なら、それらを柱と共に括ってしまう方法である。前者の場合、壁のない伏屋なら、斜材は材の元を下にした立ち垂木のままでよい。しかし、壁がある建物なら、立ち垂木よりも柱の頂点にその材の元を載せる引っ掛け垂木のほうが、壁から軒庇も出せるから仕事がしやすい。それが、主柱が一本の円錐形屋根の住居である。

もう一つは、主柱を二本以上にしてそこに棟木を載せ、そこに垂木を分散しながら架ける方法だ。これなら垂木はすべて一点に集まることはないから、垂木どうしや棟木との仕口がとても楽になる。ただし、平面は四角形や円形でなく、長円形や長方形になって、周壁の中心より棟の軸のほうが強調されてくるのはやむを得ない。その場合、広葉樹が得られる地域では、幹が枝分かれする部分を垂木に取り込み、そこを棟木に引っ掛けると、蔦や縄を使わずに頑丈な接合部ができる。大工道具が未発達のため、製材技術や部材の結合技術が不十分な時代は、立ち垂木より第4章図5のような引っ掛け垂木が、やはり便利だったのだ。

これらの理由から、後期旧石器時代のユーラシア大陸では、ステップ地帯から南の混合樹林帯に進出した狩猟採取民の円錐形屋根の住居に、独立柱をその中心に持つ型が多くなった。しかも、その型の伝統は、新石器時代以降も西アジアから南ヨーロッパの各地で延々と受け継がれていく。極寒地の円形住居だと、当然ながらその中央に炉があったほうがよいので、そこには独立柱が立てにくい。だ

＊11　Hermann Phleps　ドイツの民族建築史学者（一八七六〜一九六四年）。*Holzbaukunst. Der Blockbau*, 1942, *Alemannische Holzbaukunst*,1988 等を著す。

＊12　Terra Amata　フランス南部、ニース（Nice）近郊で発見された前期旧石器時代の遺跡。

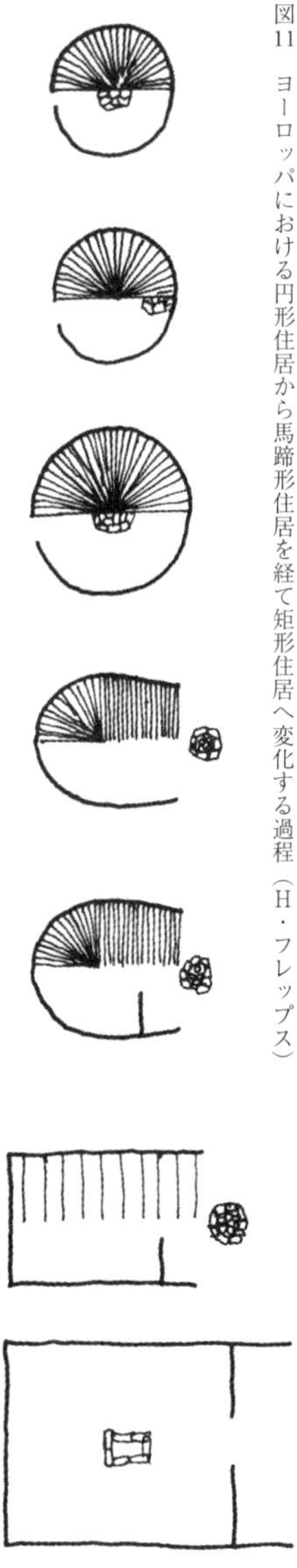

図11　ヨーロッパにおける円形住居から馬蹄形住居を経て矩形住居へ変化する過程（H・フレップス）

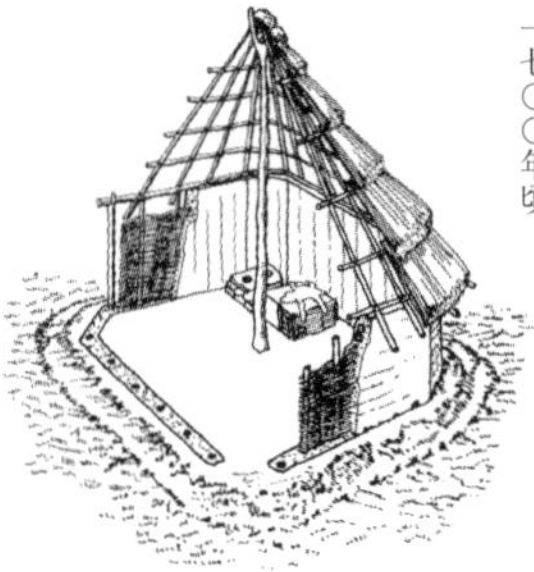

図12　ルーマニア、ピエトレーレ（Pietrele）の古代住居、紀元前一七〇〇年頃

＊13　Pincevin　フランス北部、セーヌ河畔モントロー（Montereau）近郊で一九六四年に発掘された後期旧石器時代の遺跡。

＊14　Gönnersdorf　ドイツ西部、ノイヴィート（Neuwied）北西一五kmの一九六八～八六年に発掘されたマグダレニアン期の村落遺跡。

＊15　Magdalenian　後期旧石器時代にフランス南西部やスペイン北部で最盛期を迎えたクロマニヨン人の狩猟採取文化（紀元前一万六〇〇〇～八〇〇〇年）。

が、少し暖かい地域になると、炉は家の中心になくても用が足りるから、図11のように独立柱の前に置くか、図12のように周壁側に寄せて竈にしてもよいのだ。この住居の中心と炉の位置との関係は、住居の発展過程の考察にとって非常に重要で、H・フレップス[*11]のように、円形住居の中心から炉が妻側に移ると、そこだけが四角い空間になり、その馬蹄形の平面が、古代の西アジアやエーゲ海沿岸に見られる、前室つきの四角い一室住居（メガロン形式）に移ったことこそ、住居が円形から矩形に変わる契機になった、と考える研究者もいる。

この中央に独立柱を持つ円形住居、ならびに複数の独立柱を持ち、そこに棟木を載せることで平面が長円形になった住居で最も古い例は、南フランス、ニース近郊のテラ・アマタ遺跡[*12]で発掘された長楕円形平面の住居（図13）で、なんと紀元前三八万年（前期旧石器時代）まで遡るものだ。この型の特徴は、その後の紀元前約五万年頃、この地にイラン南部から小アジアを経て移動してきた現人類（クロマニヨン人など）にも見られるが、紀元前三万一〇〇〇年以降には、もう一つの原ヨーロッパ人が、同じイランからコーカサス経由で北ヨーロッパに移動していて、このグループには、フランス北部にある紀元前一万二〇〇〇年のパンスヴァン遺跡[*13]（図14）のように、円錐形屋根の中心に独立柱がない、シベリアのような例が散見されている。しかし、これは例外的な存在で、パンスヴァンの東、ライン中流のゴェナースドルフ遺跡[*14]のは南ヨーロッパの伝統型に近く、同じマグダレ

＊16　Meare　イギリス、サマセット州、グラストンベリー（Glastonbury）近郊の湖。湖畔にある集落遺跡が一九一〇〜三二年に発掘された。

＊17　Hans Soeder　ドイツの建築家・建築史家（一八九一〜一九六二年）。*Urformen des abendländischen Baukunst in Italien und dem Alpenraum*, 1964 等を著す。

ニアン期[15]ながら、独立柱の周囲に円い周壁がある円錐形屋根の住居（図15）が発掘されているし、これとまったく同じ形（図16）が、イギリス西南部のマーレ湖畔[16]で紀元前三〜二世紀頃現れている。そして驚くなかれ、この種の伝統はここから南の地中海に強く残り、H・ゾェダー[17]によると、南イタリアのカンパニア州には、独立柱を持つ典型的な円形や長円形平面の建物（図17）が、二〇世紀半ばまで営々と建てられていたのである。

　この州の隣のプッリャ州には、石積みの円錐形屋根を戴きながら、その下に四

図13　テラ・アマタの住居遺跡

図14　パンスヴァンの住居遺跡

図15　ゴェナースドルフの住居遺跡

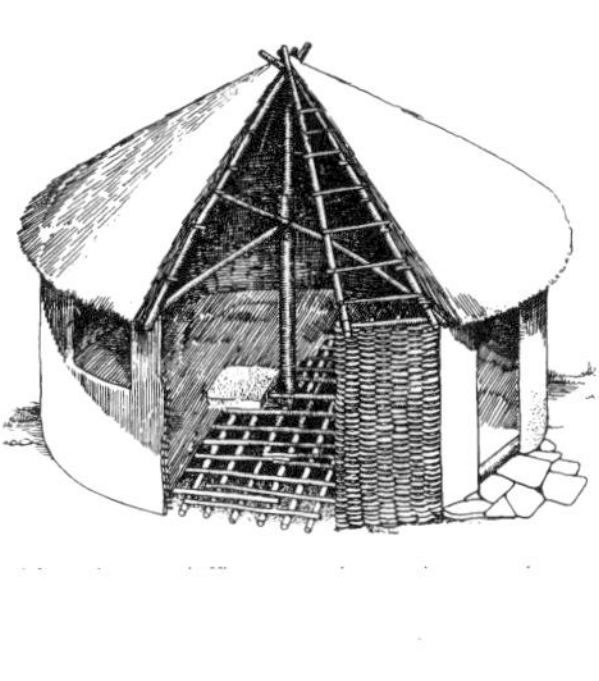
図16　グラストンベリーの住居遺跡

図17　南イタリア、独立柱の建物

＊18　Alberobello　イタリア南部のプッリャ州、バリ（Bari）地方にある人口一万の村。トゥルリ（Trulli）が集中していることで世界遺産に登録されている。

＊19　Lepenski Vir　セルビア東部ドニイ・ミロノヴァチ（Donji Milanovac）近郊で一九六六年に発見された中石器時代の遺跡（紀元前五三〇〇～四八〇〇年）。

角形の壁面が連なる、トゥルリと呼ばれる伝統的な民家がある。集落としてはアルベロベッロ[＊18]が今では世界的に有名だ。新石器時代には円形平面で紡錘形屋根の住居がキプロスに多くあり、そうした分布から考えると、この円錐形屋根で独立柱を持つ住居の型は、新石器時代よりずっと前に、小アジアの西部から西ヨーロッパにかけて、その独特の伝統を根づかせていたことは確かだろう。

棟持柱が連なる屋根の伝統

その一方で、図17の中央にあるような棟持柱を二本持つ住居は、ヨーロッパのもう少し広い地域に昔から広がっていたようだ。メソポタミアで紀元前八〇〇〇年頃に興ったコムギやオオムギの栽培を中核とする初期の農耕文化は、その後紀元前七～五〇〇〇年紀に黒海の西の混合樹林地帯、とくにドナウからラインの上流にかけ徐々に浸透していったが、この時代の初期（紀元前六〇〇〇年前後）の住居は、セルビア東部のドナウ沿岸で発掘されたレペンスキ・ヴィル遺跡[＊19]（図18、19）に偲ぶことができる。住居跡の数は一三六戸、いずれも梯形平面で、その広い面を東の川面に向けていた。一本の股木柱と建物の奥にある低い叉首組で支えられた斜めの棟木があり、屋根はそこに垂木を架けて樹皮を葺いた伏屋で、棟木の先端は数本の隅木で補強されている。後日この叉首の背が高くなり、股木柱に変わったものが、図17の系統の建物になることは、誰の目にも明らかだろう。

＊20　Dragoslav, Slejović　セルビアの考古学者（一九三一〜九六年）。*Europe's first monumental sculpture: New Discoveries at Lepenski Vir*, 1972 等を著す。

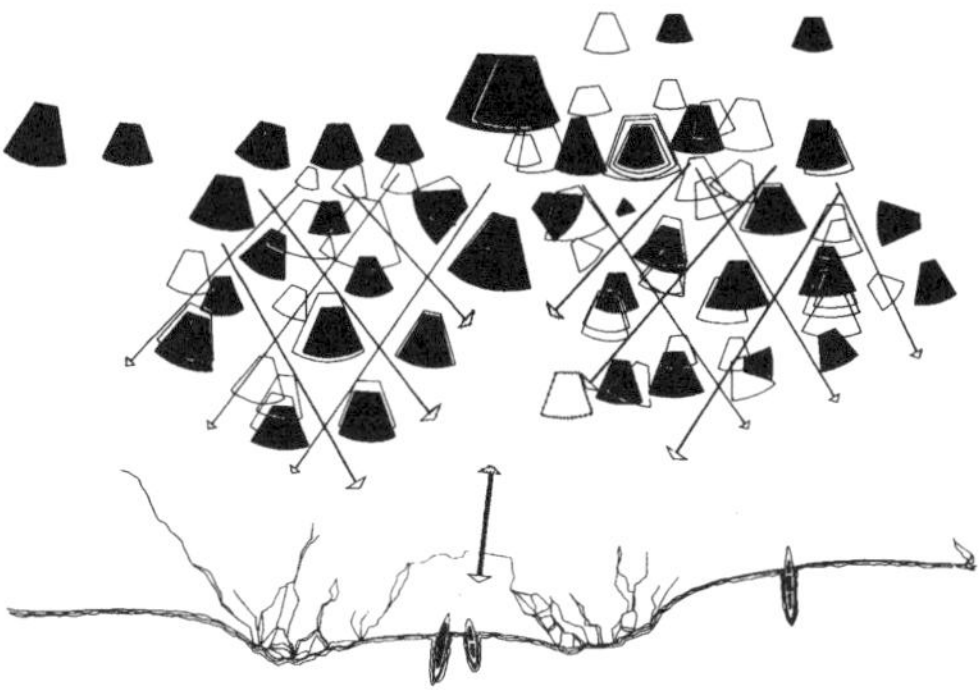

図18　セルビア、レペンスキ・ヴィル遺跡の建物配置図

発掘したD・スレヨヴィチ[＊20]によると、いくつかの建物跡を実測した結果、これらの独立柱や隅木は、驚いたことにすべてが正三角形のグリッド上にあり、しかも屋根の勾配も六〇度であることが立証された。それを図20のように図面化すると、なんと建物の平面図と立面図とが見事に重なってしまう。この時代になぜこれほど高度の幾何学的な知識を駆使して建物を組み立てたのかは、まったくの謎なのだが、同じ角度をこれほど固執して用いる住民たちの架構技術、すなわち彼らのエスノ・テクノロジーの背景には、六〇度という角度を尊重するだけのエス

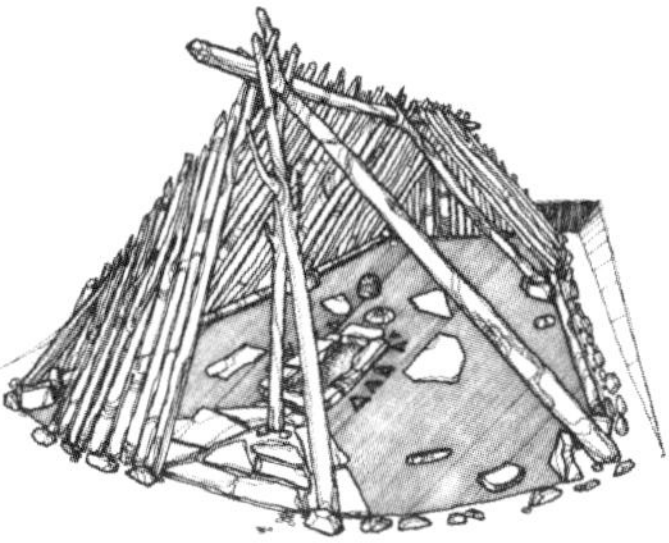

図19　レペンスキ・ヴィルの住居復原図

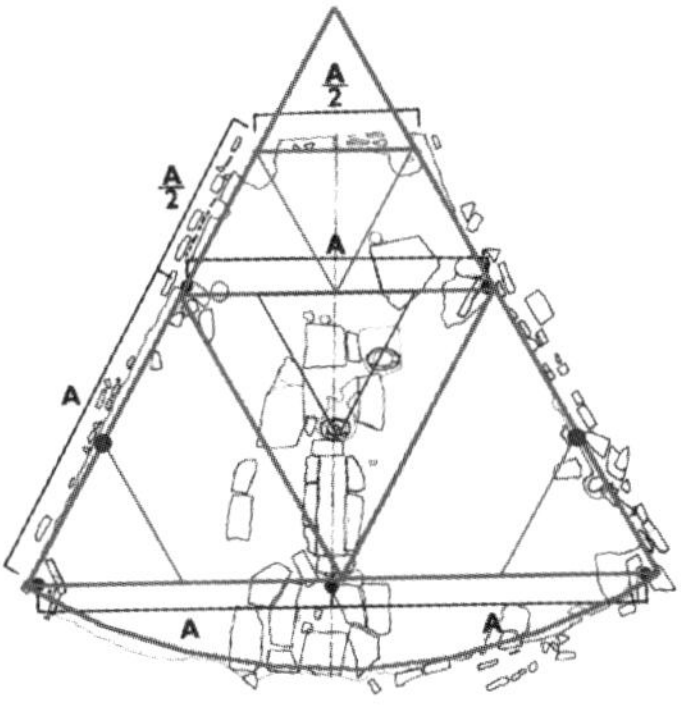

図20　レペンスキ・ヴィルの住居平面図

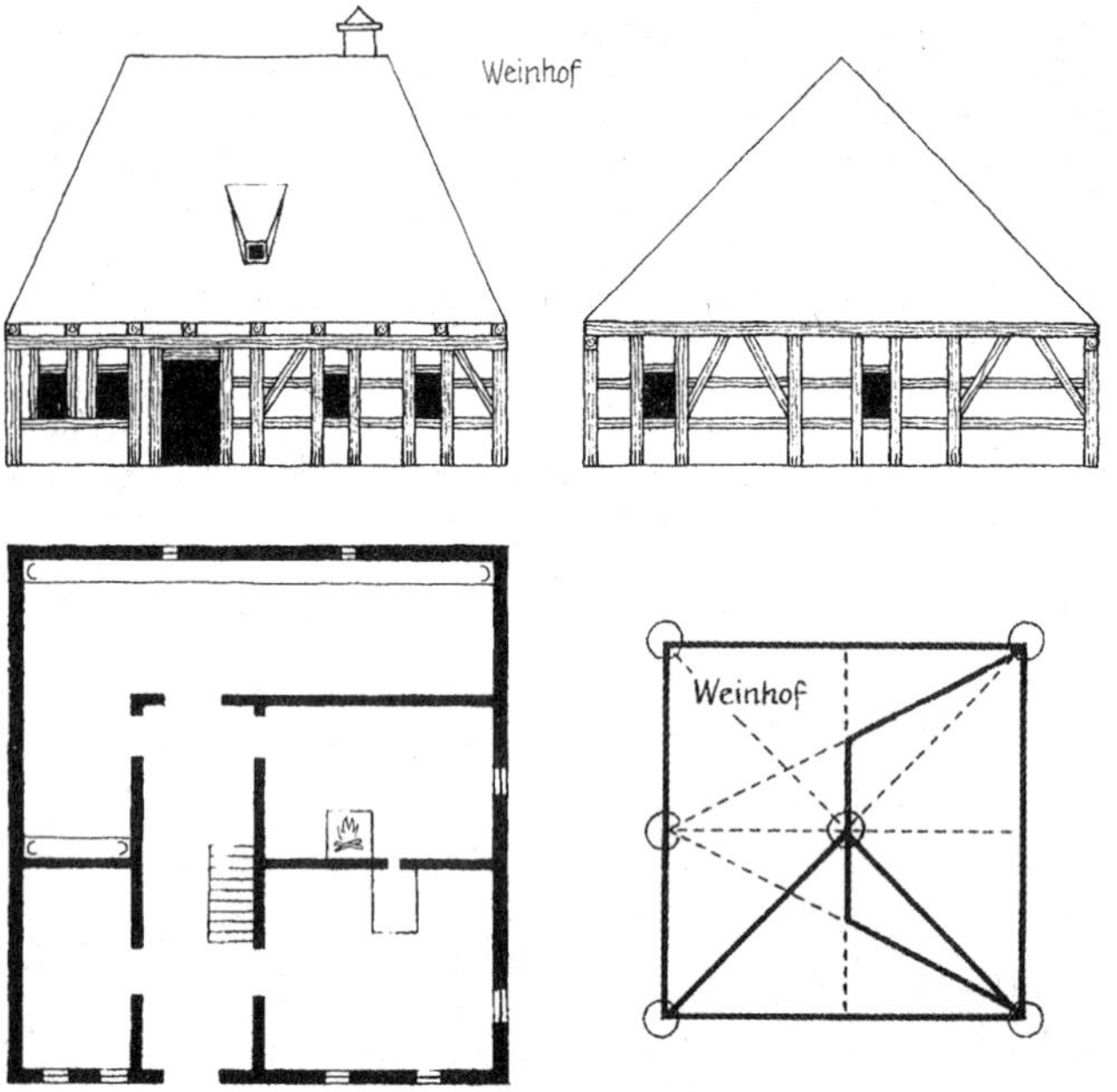

図21　フランケン地方のワイン小屋立面図・平面図、平面に表われた立面の形

ノ・サイエンスが存在していたのではないか。そう思わずにいられないだけの高度の建築文化が、ドナウ川の中流域に開花していたのだった。

この平面図上に建物の立体的な架構を重ねて表現する発想は、同じ中央ヨーロッパの中世から近代にかけての木造軸組造の架構にも見出せる。図21はそのなかの一例で、この一七七六年に建てられたドイツ、フランケン地方のワイン小屋は、その正方形の平面図上にある主柱から引かれた対角線を隈取ると、そのまま寄棟建物の屋根の立面図が二面とも得られる仕組みになっているのだ。

R・ヘルム[*21]の研究によると、こうした平面図から立面図を求める手法は、少なくとも一六、七世紀までにはこの地域に定着していて、これといって幾何学的な教育を受けたことのない農民たちでさえ用いていた。だが、その起源がどこにあるかは、残念ながら判っていない。それでも彼らの造形感覚は、長い縄と数本の杭を使って図形を地表

＊21　Rudolf Helm　ドイツの建築・美術史家（一八九九～一九八五年）*Das Bauernhaus im Alt-Nürnberger Gebiet*, 1978 等を著す。

に描くことで養われたものだったことは確かなようだ。その縄は結び目で十二等分されていて、それで正確な直角や正三角形、正五角形を描くことができた。他のドイツの地域でも、建物正面の幅が決まれば、それを一辺とした正五角形を求め、その底辺から頂点までの長さと同じ寸法で、切妻屋根を戴く建物の破風の高さを揃える伝統がある。こうした平面と立面との関連は、縮尺された図面の上でその対比が確かめられる近代以降の建築とは違い、建物を建てる当人が地面にその平面の原寸図を描くことでしか、立面の正確な寸法が得られない時代に生まれたものだろう。平面と立面との一致こそ現代の思弁的な建築家が好みそうなテーマだが、こうしたドイツのエスノ・テクノロジーに対する理解がないと、建築家の試みは図面上の辻褄合わせに終始し、できあがった建築は、なんら尺度の実感が伴わない、哀れな姿になる可能性が強いのである。

レペンスキ・ヴィル遺跡に残された梯形平面の住居は、やがてドナウに沿った農耕文化の北上により、その上流域で次第に平面が長大な住居へと変化していった。農耕化といっても、その初期は近隣で狩猟・採取された動植物を捕助的な食糧とし、それにウシやウマ、ヒツジの飼育が加わる生活である。そのための共同作業も多くなるから、大家族のほうが好ましい。こうした要因が重なりあって、これらの地域には、間口が狭く奥行きだけが深い長大住居が、紀元前五〇〇〇年紀から四〇〇〇年紀にかけて建てられていった。初めはレペンスキ・ヴィルのような梯形平面の枠中で棟持柱の数を増し、それを細長くした形だったが、最終的には第5章図3に示したように、その平面は完全な長方形に整えられていった。建物幅六〜八メートル、長さ三〇〜四〇メートルに及ぶ堂々たるロングハウスである。その構造は長軸方向に棟持柱とその脇柱を連ね、その両側に壁付きの柱を添えた四廊式が基準だった。初期は東南に向く建物が多く、西北側は、この方向から吹き付ける風雨から建物を護るため、草か土の壁で囲われている。この原型が、一〜二世紀頃には棟持柱が消失して三廊式になり、脇柱の両側に畜舎、西北の妻側に作業用の開口を設ける形になっていったのだ（第4章図16、11章図9）。

これらの遺跡の存在は、中央ヨーロッパにおける初めての四角い建築の、しかもその本格的な出現を意味していた。この地域では、これより前の紀元前二万四〇〇〇年頃、狩猟民族に特有な中心に柱のない円形住居が、チェコのドルニ・ヴェストニツェ遺跡[*22]（図22）で発掘されているが、それがそのまま発展してこのようなロングハウスになったとは思われない。だが、このチェコの遺跡には、すでに円錐屋根が連なる細長い住居単位があって、それが前述したウクライナの例のように、この地域の大家族を収容する住居の出現を予測させることや、周壁の上に二本の太い斜材を持ち、その交点へ斜めの棟木を渡せば傾いた三角錐のテント状の住居（図23）もあり、それがレペンスキ・ヴィルのような梯形平面に変化した可能性もあることから、今後はこの遺跡も注目されていくだろう。

＊22　Dolni Vestonice　チェコ、ブルノ南方のモラヴィア川上流で一九二四年に発見された氷河期の遺跡で、ヴィーナス像（紀元前二万九〇〇〇〜二万五〇〇〇年）の発掘箇所として有名。

図22　ドルニ・ヴェストニツェ遺跡

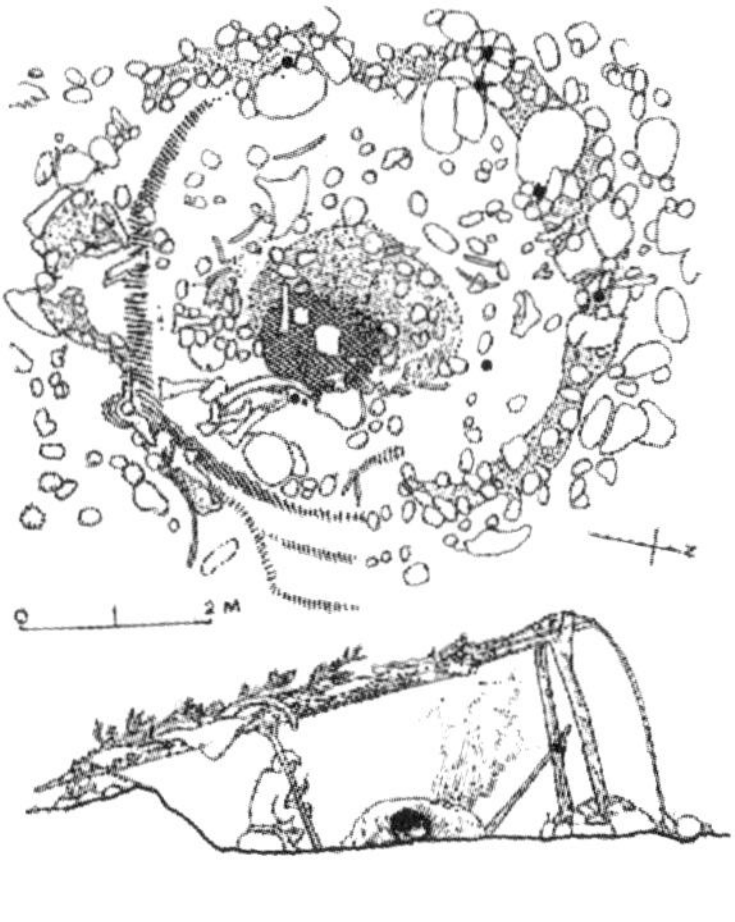

図23　ドルニ・ヴェストニツェ　小住居の立面図・断面図

それにしても、紀元前四、五〇〇〇年紀の中央ヨーロッパにおける住居の変化は急激だった。どう見てもそこの先住民である狩猟採集民の伝統的な円形住居が、徐々に発達して四角い建築になったものではなさそうだ。それなら、新しい大型住居のどれにも棟持柱があることから、円錐形屋根を独立柱で支える伝統を持つ南ヨーロッパの民族が、より寒冷・多雨な環境に新しい農耕文化を適応すべく、円形平面を自分たちの技術で長方形に変えていった、といえるかもしれない。だが、どういった経緯を経て変化したのか、とくに独立柱を囲む馬蹄形の壁が、なぜ梯形や四角形の壁に変わったのか、それが判っていないのが現状である。

東アジアの場合、周壁の形の変化は、竪穴住居の掘り下げた部分の輪郭やその深さを多くの遺跡から知ることで、その過程を細かく追跡することが比較的容易だった。しかし、ヨーロッパの場合、LGMの後期からその寒気が緩むまでの数千年は、人々の定住化が遅れたため、発掘される遺跡の数が極端に少ないのだ。そこで、もしそのことが問題解決の途を妨げているのなら、もう少し発掘例の多い地域をヨーロッパ以外で探すほうが得策になってくる。できればその地域は農耕文化発祥の地、メソポタミアがよい。なぜなら、ヨーロッパの住居の急激な変化は、そこの住民が農耕文化を受け入れた時代に起きたからだ。果たしてその時代、メソポタミアの住居はどのような状況だったのだろうか。

第8章 建築はなぜ四角になったか④——四角い土壁の登場

農耕文化と四角い建築

ヨーロッパから中央アジアにかけて、最初に建築の平面の形が四角になったのはメソポタミアの西部だった。いまのところその最古の例は、ユーフラテス川の上流、現在のシリア北辺にあるムレイビット遺跡[*1]（第三期一四層、紀元前八〇〇〇〜七六〇〇年、図1a）にある。その平面は幅二メートル弱の四角い区画に分割され、仕切り壁に出入口が明確にないところから、第6章に述べたような屋根の上から入る形式で、住居ではなく、倉庫の類に使われていたらしい。ただし、同じ第三期の一六層からは壁に開口部がある建物が発掘されているので、その時代には垂直な壁から出入りする矩形の建物が出現していた、と考えられよう。

これらの倉庫の周辺には円形平面の住居跡が多く発掘されていて、その両者とも壁は軟らかい石灰岩を石器でパン状に切り、それを砂利混じりの粘土モルタルで水平に積み上げたものだった。床は、最初石や砂利を敷き詰めてから、藁混じりの粘土で塗り固めたもので、壁も同じ塗り仕上げである。一六層の赤い粘土床の部屋などは、床と壁の下部との入隅を円く仕上げ、両者を一体化していた。しかし、この建物では一部の壁のなかに垂直な木柱があり、他にも水平材が発掘されていることから、それ以前のムレイビットでも、その時代の壁や屋根には、長い木材が効果的に使われていたことが推測されるのである。

このように屋根から入る四角い建物は、これ以後のメソポタミアやその周辺に

＊1　Mureybet　シリア北部のユーフラテス川上流にあり、一九七二年に発掘が開始された先土器新石器時代の集落遺跡。

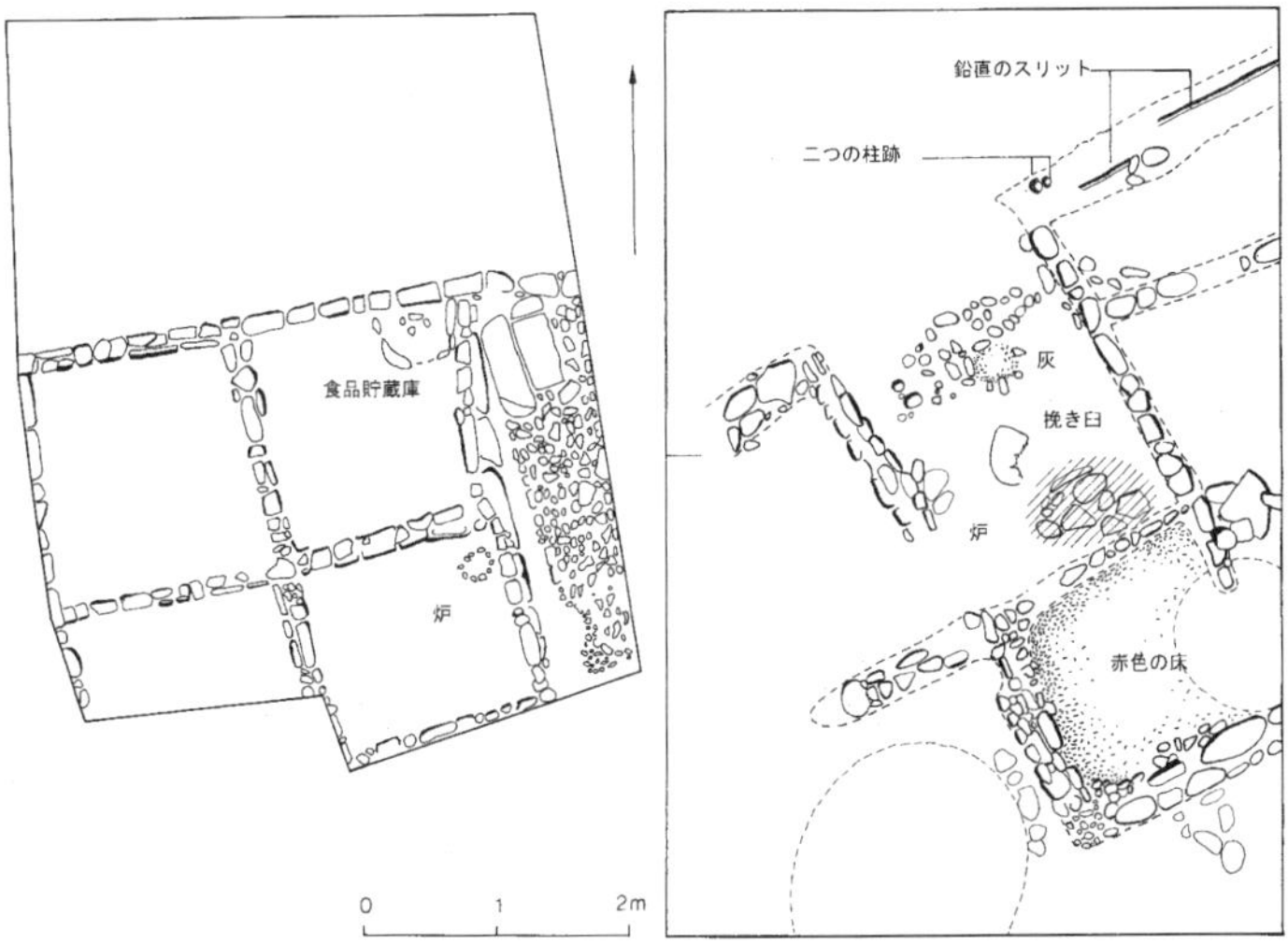

a　ムレイビット第3期14層
（紀元前8000～7600年）

b　ムレイビット第3期16層

図1　シリア、ムレイビット遺跡の矩形建物

現れ、前述したヨルダンのベイダや、ザクロス山地のガニー・ダレーとウンム・ダバギーヤの例（第6章図6）も同じ倉庫だった。いずれも紀元前七〇〇〇年から六〇〇〇年紀の遺跡である。最初は四角形を四等分していたり、長方形を六等分した平面だったが、そのうちに細かい区画を三列並べたり、間に中廊下を設け、それを通路にするようになった。このように四角い区画の間をうまく利用する発想は、ムレイビット一六層の例（図1b）ですでに現れ、図の中央部分には炉のほかに石臼や物を燃やした灰などがあり、屋外でもなんらかの収穫物を処理する作業を行っていたと思われる。それらは、現代の西アジアや南ヨーロッパに共通の、垂直な住居の壁に囲まれた中庭の形態を、いち早く示していたのだ。

最近の考古学では、紀元前八三〇〇年から七三〇〇年にかけて、コムギやオオムギの小規模な園耕が、ティグリス、ユーフラテス川の上流とヨルダン川流域（レヴァント地方など）の、比較的低湿地に住む狩猟採取民の間で始まった時代を「先土器新石器文化A」[*2]とし、次の紀元前七三〇〇年から六〇〇〇年頃の「先土器新石器文化B」に、粗放ではあるが天水による農耕が丘陵地に移行して大規模化し、ヤギやヒツジの家畜化も盛んになっていったとされている。農耕文化自体は、紀元前六〇〇〇年以後の土器新石器文化の時代に天水による農耕技術が安定し、紀元前五〇〇〇年以後は、灌漑技術の導入によりティグリス、ユーフラテス川の下流でも大規模農耕が可能になった。地域間の通商が本格化することで農耕中心の集落が都市化し、シュメール[*3]をはじめ幾多の都市文明が栄えることになるのである。

そのなかで、建物の平面が四角くなるいわゆる建築の矩形化は、在来の考古学では先土器新石器文化Bの特徴とされていたが、ムレイビットの遺跡で判明したように、それはすでに先土器新石器文化Aの末期から始まっていた。しかも、矩形化がそれまでの住居からではなく、倉庫という特殊な機能の建物から始まっていることは、建築の歴史を考える点で大いに特筆されてよいだろう。

無論、この時代の農耕はまだ開始されたばかりで生産性が低く、一家の一年分の食糧を保管することなどは思いもよらない。少なくとも来期の耕作の準備のための種籾と季節的な食糧を保存するのが精々だったと思われる。したがって、この建物を後世にみられる普通の穀倉と限定するわけにはいかない。だが、それまでの狩猟採取の生活では想像もしなかった、何種類かのモノを貯蔵するスペース

＊2　メソポタミアでは土器を伴う新石器時代の出現が紀元前約六〇〇〇年以降とされるので、それ以前の文化を先土器新石器文化という。

＊3　Sumer　メソポタミア（現在のイラク）南部を占めたバビロニアの南半分の地域、またはそこに紀元前三五〇〇年頃から興った最古の都市文明。

が、農耕を開始した西アジアの住民にとって必要になったことは確かである。それには、互いに直角な垂直の壁で空間が仕切れる四角い建物が優れていた。円い壷の蓋からモノを容れれば沢山溜まるように、四角い屋根の中央に矩形の小さい開き戸を付けて下に降りれば、四周の壁に沿ってモノが積める。どこかの壁に出入口を造り、三つの壁面しか使えない形にするよりも、ずっと効率がよいのだ。人は住まないから、窓がなくても居住性などには関係しない。西アジアでは、収納空間の確保とその分割しやすさといった物理的な機能が重要視された結果、四角い壁の建築がまずは生まれたといっても、過言ではないのである。

大型建物の複室化

この先土器新石器文化Aの末期、これらの四角い倉庫の周辺にあった住居は、まだその平面が円形だった。しかも半径の小さな建物が多かった。それは狩猟採集民の居住様式が家族単位でなく、狩に従事する男たちと、食糧の採取や子育てに専念する女たちが別々の建物に住む、分散型の就寝形態だった時代の名残を留めていたからだろう。しかし、先土器新石器文化Aの前から狩猟採集民の定住化が始まり、野生の穀物や堅果の採集が盛んになると、比較的大型の開放的な構造で、内部に炉や石臼を持つ建物が、複数の小型建物のなかに一棟出現するようになる。そこで、このような日常的な活動スペースとしての大型建物の周囲に、非活動的な就寝用の小型建物が集まって群を形成し、それが基本単位となって集落を構成するような場合、その群を考古学者の藤井純夫[*4]は「二峰性遺構群」と名づけ、その一群こそが一家族に相当していたのではないか、と推論している。

こうした大小二種類の建物群が基本となって形成された集落は、紀元前の古い時代でも中国の半坡遺跡や日本の縄文遺跡にそれと似た例が多く見出せるが、メソポタミアでは、農耕文化の進展によりこの二峰性遺構群の中の大型建物だけが先に変化し、ムギ作農耕が始まった先土器新石器文化Aにそれが複室化した後、先土器新石器文化Bの前・中期の時代にその矩形化が始まり、ヤギ、ヒツジの家畜化が盛んになるその後期から、中庭や中廊下を用いた矩形の大規模な建物に発達していったらしい。その発達過程に加え、円形大型建物の複室化には、それ以後妻入り形に発達した型と平入り形に発達した型との二種類があったことを、藤井純夫は図2を用いて説明している。

たしかに、一家の中心である大型建物は、農耕文化の進展によってその構造を拡大せざるを得なかっただろう。まして農耕文化は女たちによる小規模な穀物栽培（園耕）から始まっている。女たちはその収穫物を近くの畑から持ち帰り、室内で選り分け、脱穀・製粉し、炉で調理した。ただし、煮炊きする量はまだ少なかったから、先土器文化の名が示すように、大量の土器で食事や食料を貯えるまでには到っていないが、定住化が進むと、子供たちや狩りに出かける男たちの分

＊4　考古学者（一九五三年〜）。『ムギとヒツジの考古学』（二〇〇一年、同成社）等を著す。

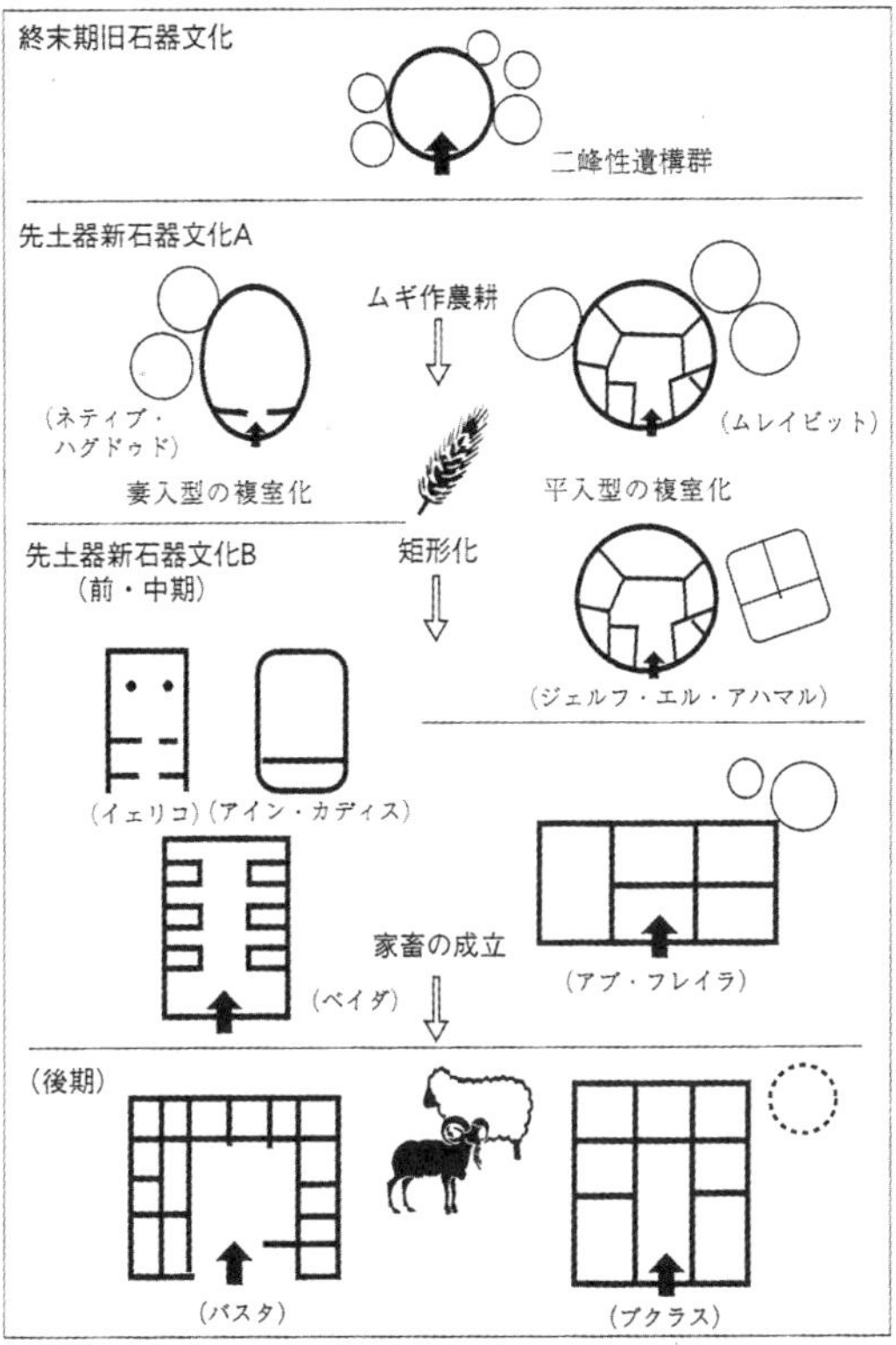

図2　円形の建築が農耕文化の発展によって矩形化する過程（藤井純夫）

も含め、女たちは衣服を室内で整え、保存しなくてはならない。子育てをしながら糸紡ぎや織物をする場所も必要だ。こうしていくつもの機能を一つの建物内でこなすようになると、多くの人やモノが出入りするから、建物の出入口も間仕切りで囲わねばならない。こうした日常生活の多様化や活性化こそ、大型建物の複室化をもたらした要因だというのが、藤井純夫の説なのである。

確かにこの先土器新石器文化の時代、大型建物の傍にも小規規の円形住居が多く建てられていた。西アジアではすでに気候が温暖化し、シベリヤほど高緯度でなかったため、その円形住居には竪穴が少なく、前述したように石積みの周壁はすでに慣用化し、その中心に柱がない形式が普通だったので、男たちや女たちが就寝用として個々にそれを建てることは容易だったろう。したがって、西アジアの大型建物が複室化した当初の目的は、同じ棟に家族がまとまって寝起きするために、室内を区画したものでなかったことは明白である。その点で、前章に述べたような、大家族が一つの棟の下に住む形を選んだ中央ヨーロッパ諸民族の住居の造り方に比べると、西アジアにおける初期の農耕民の住居の造り方は、根本から異なっているように思えるのだ。

また、もしこの大型建物に一家が移り住んだとしても、その室内空間を男女の別とか、夫婦ごとに壁で仕切って寝るといったプライヴァシーの概念は、当時の人々の間ではまったく思いもつかないものだったに違いない。また、私物があったとしても、それを他人の視界から遠ざけ、壁で囲って守りたくなるほどの私有欲があったか、またそれだけの価値観があったかも疑問である。そうした意味での複室化が世界各地で起きるのはずっと長い時代を経てからで、前述した東アジアや北アメリカのやや大型の円形住居でさえ、そのような家族構成による分室化が行われていないことは、その証しになるだろう。

西アジアの大型円形建物は、周囲の小型住居と違ってその径が大きく、そのため、屋根を別の方法で支持しなければならなかった。この場合、壁はすでに立ち上がっているため、立ち垂木を用いた急勾配の屋根も可能だろうが、中央ヨーロ

＊5　Jerf el Ahmar　シリア最北部、ムレイビットの北四〇㎞にある先土器新石器時代（紀元前九六〇〇～八五〇〇年頃）の遺跡

＊6　イギリス南西部のウィルトシャー、ソールスベリー近郊のリトル・ウッドベリー（Little Woodbury）で一九三八年に発掘された鉄器時代の住居跡。

＊7　Stone circle　石を環状に配置した新石器時代の遺跡。イギリスではその南西部から北部にかけて紀元前三五〇〇～二五〇〇年の遺跡が多く見られる。

＊8　Stonehenge　イギリス、ソールスベリーの北西一三㎞にある巨大な環状列石（紀元前二五〇〇～二二〇〇年頃）。ストーン・サークルの一種で、世界遺産に登録されている。

図3　シリア、ジェルフ・エル・アハマル遺跡の円形建物

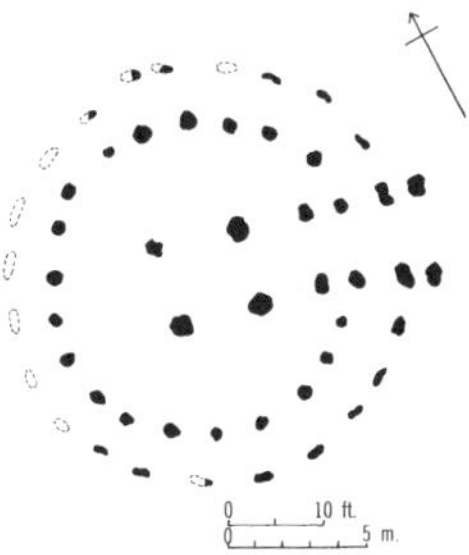

図4　イギリス、リトル・ウッドベリーの円形住居平面図

ッパほど雨量が多くないので、屋根を緩勾配にするか平らにし、周壁から中心に向かって垂木を架けてから、その中央を複数の柱で支えたほうがよい。事実そうした例がムレイビットの第三期層で発見されている。しかし、屋根に土を載せて暑さ寒さを凌ぐ場合、それでは太い垂木が多く要る。そこでその求心的な垂木の下を土壁で補強し、壁を間仕切りに利用する方法が考えられたのだろう。ムレイビットのすぐ北にある同じ時代のジェルフ・エル・アハマル遺跡[*5]（図3）に、こうした壁で分割した円形の建物が見事に残されているからだ。

これら円形の屋根の周辺部を壁で支える構造は、先土器新石器文化のように、その壁を塊状の石や土でなく、日乾煉瓦やピゼで築くようになると、一転してその外周壁の形が円形から矩形に変わりやすい性質を持っている。その理由は第9章で述べるが、少なくともそうした矩形化の可能性を孕む点で、同じような円形建物が大型化した場合の柱だけの支持方法、たとえば紀元前六〇〇年頃からブリテン島に移住し始めたケルト人の円形建物[*6]（図4）のように、環状に柱が立つことで急勾配の屋根を支える形式とこの西アジアの形式とは、まったくエスノ・テクノロジーのあり方が異なっていた。イギリスの場合、こうした円形の柱と壁だけの構造は、たとえストーン・サークル[*7]やストーンヘンジ[*8]との関連が見出せたとしても、その技法だけでは、庶民の住居や倉庫の矩形化が決してもたらされなかったことは、イギリス建築史の記述を待つまでもなく、明らかなのである。

住居の矩形化が最後になった理由

それなら、西アジアの先土器新石器文化Aの時代に大型建物の多室化が起き、仕切り壁が新たに足された際に、円形住居の平面がすぐ四角にならなかったのはなぜだろうか。それは、それまでの何万年にわたる狩猟採集民の生活において、住まいそのものの本質に、円形の平面に特有な、一つの求心的な空間の概念が強く植えつけられていたことに起因している。住居は当然円か楕円になるもの、と誰もが信じて疑わなかったからこそ、その矩形化が遅れていったのだ。

その求心的な空間の主役は、女性たちの家事や育児に関する就労スペースと、祖先や動物と霊的な交流を行うスペースだった。具体的な装置でいうと、前者は女性が調理に使う炉や竈とその周辺、育児に使う揺籠や豊穣や安産を祈るための人形（とくに女性の）を飾るアルコーブなどで、後者には男性も関わるのだが、祖先やウシの頭骸骨を飾る壁、動物の獲物のミニチュアを飾り、子供の遺骸を埋める場所などがそれに相当する。

このなかでとりわけ住居の物理的な中心に位置したのが炉だった。それは採暖には効率よい場所を占めていたが、炉端を円く囲んで食事や会話が行われることのほうが、その主役としての役割が大きかったことは確かである。農耕が始まる時期になると、穀物の調理法が発達し、床を掘り下げた竈や蓋で覆われた竈が生まれるが、それもすぐさま女性の空間に取り込まれてしまう。保存した穀物を少しずつ脱穀し、粉に挽き、それを篩で精製するのも女性の仕事だった。これら女性の仕事場所を中心にして、円形住居の空間が構成されていたのだ。哺乳動物である人間にとっては、誰もが丸い母胎に回帰したい願望を持っている。寝るのも丸い巣のようなスペースがよい。そうした丸い空間への潜在的な欲求が、農耕技術の発達とともに、その経済的な生産手段として現れた、倉庫のような四角い空間に対し、しばらく拒否反応を示していたことは事実だろう。

その一方、狩猟採取民の男性といえば、狩りに出るため、常時この住まいの空間にいるわけにいかない。男の世界は住まいの外側に向けて展開していたのだ。それは、もちろん狩猟や漁撈を行う広い空間と、そのための石器や初期段階の銅器、弓矢や舟等を作り、祭りのための仮面を刻む場所も含んでいた。また、狩猟採取の時代から、小刀や矢に使う黒曜石と貝や宝石等を交易するのも男の役目だった。しかも、農耕が始まるとその蓄えをめぐって部族の間に争いが起こる。武器を作り、戦いに備える仕事が男性に課せられたことはいうまでもない。男性が住まいの空間に入り、定住する場所をやっと獲得するのは、丘陵地を広く耕すために、どうしても男性の強い力が必要になった、先土器新石器文化Bの時代まで待たねばならなかったのである。

この男性の外側の世界を「野生」の領域とし、それと内側の女性の領分である「住まい」の領域と対比しながら図5に示したのが、イギリスの考古学者、I・ホッ

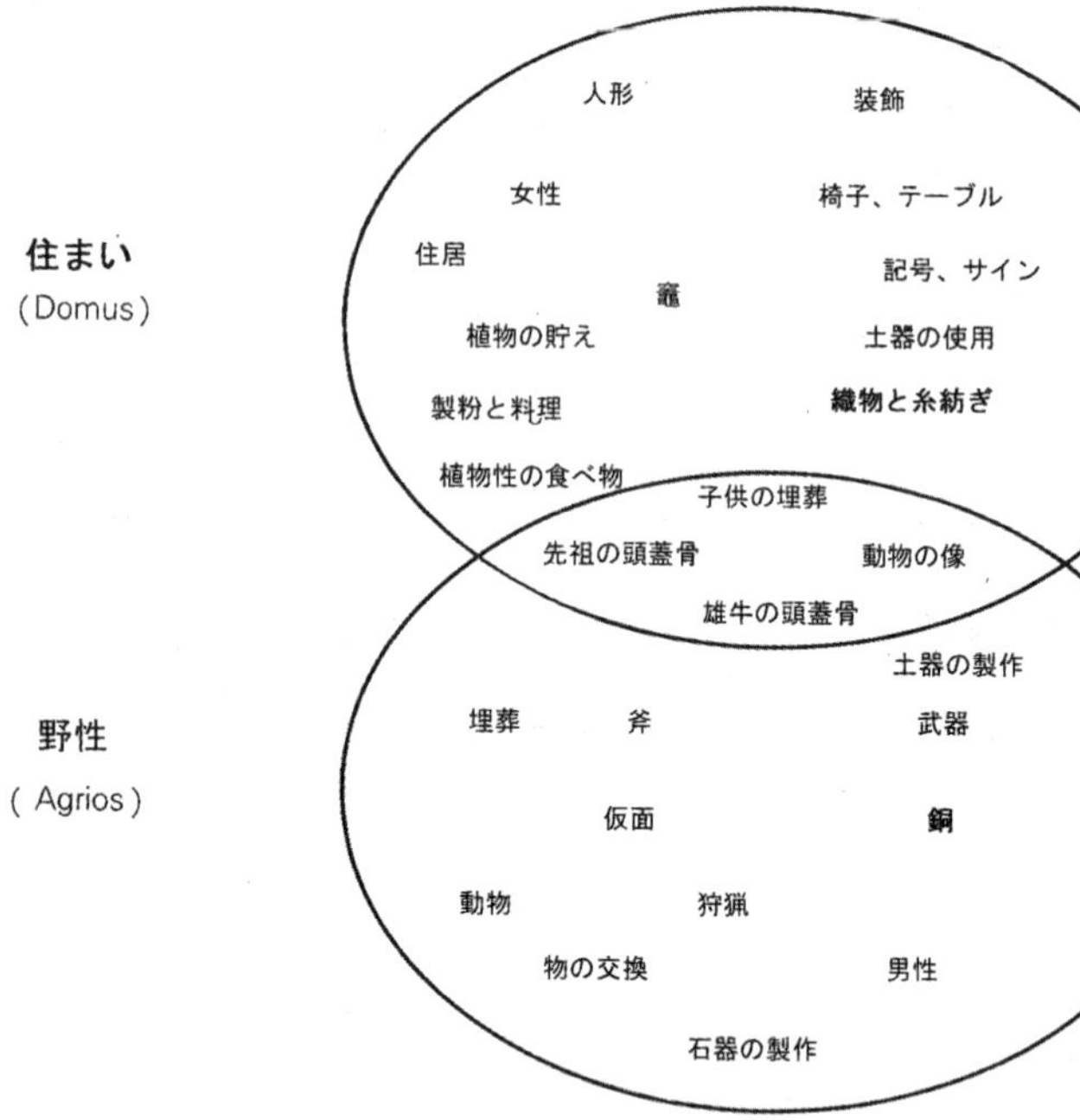

図5　東南ヨーロッパにおける「住まい」の領域と「野生」の領域との関係

ダー[*9]である。新石器時代の西アジアから東南ヨーロッパにいたるこの住まいとその周辺の空間ダイヤグラムほど、当時の住居の平面を端的に表すものはないくらい重要な図だ。上段の楕円で示された「住まい」の領域は、円形住居の実際の形とその室内空間の備品や装置、その支配者の女性を示しているが、男性が「住まい」の領域に戻ってきてからは、下段の「野生」の領域が、縮小された形で既存の円形住居につけ加えられるようになった、と考えてもよい。

　その具体的な室名は出入口と前室で、男たちは女たちに炉と竈を任せ、たまには食事ができる機能だけをこの前室に持ち込んだ。石器や土器、武器の製作はこの部屋以外でもできる。穀物の脱穀を大々的にしたり、たまに得られた狩の獲物を処分するのは、住居の周辺か中庭で十分だったろう。それよりも背後で暮らす女・子供たちを保護し、人やモノの出入りを監視することを名目に、男たちはこの前室に陣取り、ここを近隣の人々と談笑し、ときには宴を催す交歓の場、そして後に交易が盛んになると商談や商いの場に仕上げていったのである。この図で二つの楕円の下段にあたる「野生」の前室から単一の「住まい」の領域に入れば、その住居の形態は妻入りの平面に、複数で横長の「住まい」に入れば平入りの平面になるのが自然だろう。第7章図11の円形住居は、その炉の位置が前に出ることによって妻入りになり、本章の図2は、メソポタミアの円形住居が妻入りと平入りに分かれていく過程を、それぞれ明確に示している。

西アジア以外で矩形化された円形住居

ところで、図2のムレイビットやジェルフ・エル・アハマルの遺跡のように、石や土を積んだ間仕切り壁を周壁の内側にいくつも持つ円形の大型住居は、四角い部屋の利点が知られるようになると、早い時代からその周壁の輪郭が矩形に変わっていったが、壁が石や土でなく、間柱と草木で編んだ小舞壁の下地に壁仕上げの円形住居は、西アジアより西の地中海沿岸や東ヨーロッパに多いはずで、どういう理由でそれが矩形になっていったのか、その経緯は残念ながらまだ歴史的によく知られていない。

紀元前六五〇〇年から五八〇〇年にかけての新石器時代初期で、私たちが辛う

＊9　Ian Hodder　イギリスの考古学者（一九四八年〜）。*The Domestication of Europe*, 1990 等を著す。

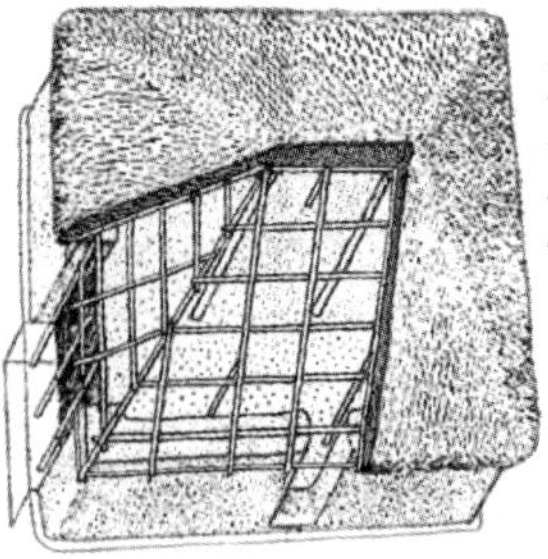
図6　ギリシャ、ネア・ニコメディアの平入り住居

じて手に入るギリシャの建物の資料は、マケドニア、テッサロニキ近くのネア・ニコメディア遺跡[*10]で発掘された一室住居（図6）くらいである。この建物は、八メートル幅の壁の中に細くて垂直な間柱が約一メートル間隔で立っていて、その間に木の枝や葦で壁の下地が組まれ、その上に内外とも藁混じりの粘土が塗られていた。その素材からして、この時代、マケドニアに初期の農耕文化がすでに伝わっていたことは明らかだろう。二本の独立柱が建物中央にあり、それが急勾配で草葺の寄棟屋根を支えていたと思われる。

問題は、壁の四隅にまだ隅丸住居の名残が残っているにせよ、この住居がすでに矩形化された建築の体裁を十分整えていることだ。マケドニアは小アジアのすぐ西に位置し、その南がテッサリアからペロポネソス半島に続いている、豊かな混交樹林に恵まれた地域だった。小アジアはメソポタミアのすぐ西北にある。これらの地理的関係と、古代言語の伝播やその変遷過程の研究から、イギリスの考古学者A・C・レンフリュー[*11]は、メソポタミアの農耕文化が小アジアのアナトリアを介してギリシャに伝わったと考えた。建物の遺跡でいえば、ムレイビットからチャタル・ヒュユックを経て、このネア・ニコメディアに到る線だ。これらの地域を結ぶ情報交換の可能性は、黒曜石の交易があったことから、すでに実証されていた。建築を矩形化する利点や、そのためには木を使った軸組み壁より、土や石の組積造のほうが容易なことも、いち早く伝わっていたに違いない。

＊10　Nea Nikomedia　ギリシャ、テッサロニキの西五六kmにある紀元前五八〇〇年頃の遺跡で、一九六〇年代に発掘された。

＊11　Andrew Colin Renfrew　イギリスの考古学者（一九三七年〜）。『文明の誕生』（大貫良夫訳、一九七九年、岩波書店）、『ことばの考古学』（橋本槇矩訳、一九九三、青土社）等を著す。

＊12　Tsangli　ギリシャ、テッサリア地方マグネシア県にある新石器時代中期の遺跡で、この一室住居はサングリ型と称される。

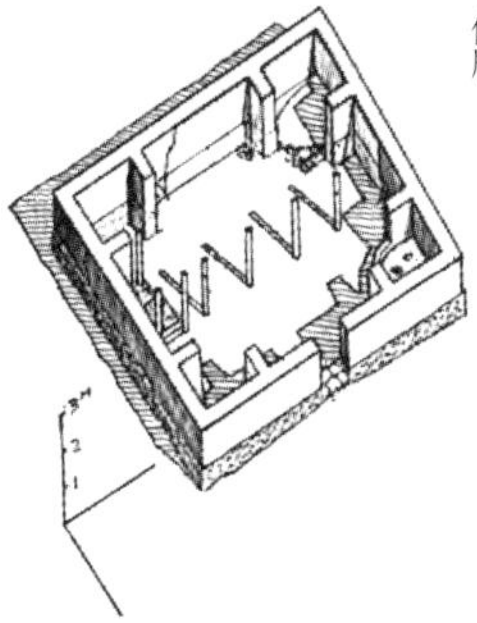

図7　ギリシャ、サングリ型の一室住居

その証拠は、ネア・ニコメディアから一五〇キロ南、テッサリアのサングリ[＊12]で発掘された、新石器時代中期（紀元前五八〇〇～五三〇〇年）のいくつかの一室住居（図7）で明確にみてとれる。この建物群は、石積みの基礎の上に、藁と粘土で作った団子状の土塊を積んだ四角い壁と中央の柱列から成り、外周壁の内側に二つずつ設けられた控壁で室内の寝所や物置、食糧置き場などを巧みに区分している。しかも、外壁の出隅は綺麗な直角で整えてあり、もはや隅丸の形でさえ、その伝統は完全に消えうせている。しかし、この建物の平面を図2にあるムレイビットの円形大型で平入りの建物と比べてみれば、レンフリューの説を待つまでもなく、両者の空間構成がほとんど同じ複室化の発想から生まれたものであることを、誰もが認めざるを得ないだろう。そこに存在する差は、建物の周壁の形が円か四角かの違いと、マケドニアの平面はムレイビットのように建物の中心に対して点対称でなく、中央の柱列を軸とした線対称の長方形になっていることくらいが、違うだけのことなのだ。

この一室型の長方形平面には、円形住居に特有だった中央の広い部屋、炉や中心の独立柱を囲むその豊かなイメージが、象徴としてまだ残っていた。しかし、住居の複室化や矩形化が進むと、その中央空間の特殊性や象徴性は減少していってしまう。とくに平入りの場合、中央空間で行われた接客や食事という機能は、出入口の空間の脇に横並びで設けられた他の四角い区画に、部屋ごと移されてし

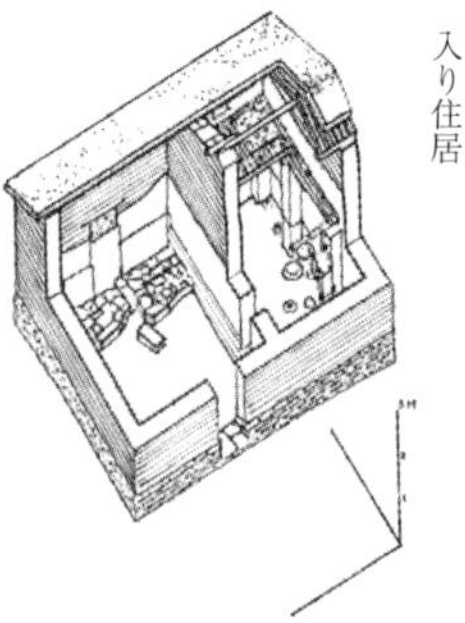

図8　ギリシャ、セスクロ遺跡の平入り住居

まうことが非常に多くなった。その替わり、建物の奥行きは当然ながら浅くなっていく。その傾向は、ここテッサリアでも同じ新石器時代中期の末、サンギの東にあるセスクロ[*13]の城塞から発掘された小さな住居跡（図8）にすぐさま現れた。この平入りの切妻で緩勾配の屋根を持つ住居は、それ以後農耕文化の拡大によって、バルカン半島の南部一帯に定着していったのである。

軸組み壁の建物における妻入りと平入りとの違い

ところが、このサンギから南のギリシャの古代住居は少し様子が違う。土壁や石積み壁より、間柱と小舞壁を基とした軸組みの木造が主で、やや楕円形をした居住部分に妻側から入る形が多かったからである。例えばアテネ近郊のネア・マクリ[*14]で発掘された新石器時代中期から晩期にかけての住居跡（図9）は、居室の床が地表から三〇センチほど楕円形に掘り下げられていて、その縁に垂直の間柱だけを芯にした壁があり、その外側に屋根を支える柱が六本立ち上がっていた。室内にも独立柱があることから、その屋根は棟持柱で支えられた切妻で、その一方の破風に入口ポーチを覆う屋根が挿し掛けられていたものと推定されている。このギリシャの例のように、楕円形の平面で棟持柱に支えられた棟木を持つ木造の住居は、それ以後なんと四〇〇〇年以上の間、エーゲ海やアドリア海沿岸の諸地域で存続していて、同じような構造の例[*15]（図10）が紀元前八世紀にローマで発

*13　Sesklo　ギリシャ、テッサリア地方マグネシア県にある紀元前六八〇〇～五〇〇〇年頃の遺跡で、セスクロ文化の中心地でもあった。

*14　Nea Makri　ギリシャ、アテネの東北二六㎞の海沿いにある人口一六〇〇人の町。

*15　イタリア、ローマ市内にある七つの丘の一つ、パラティーノ（Palatino）の丘から出土した紀元前八世紀の遺構。

*16　トルコ、イズミール（イオニアの古称ではスミュルナ）近郊のバイラクル（Bayraklı）にあるアルト・スミュルナ（Alt-Smyrna）遺跡（紀元前九〇〇～六〇〇年）から出土。

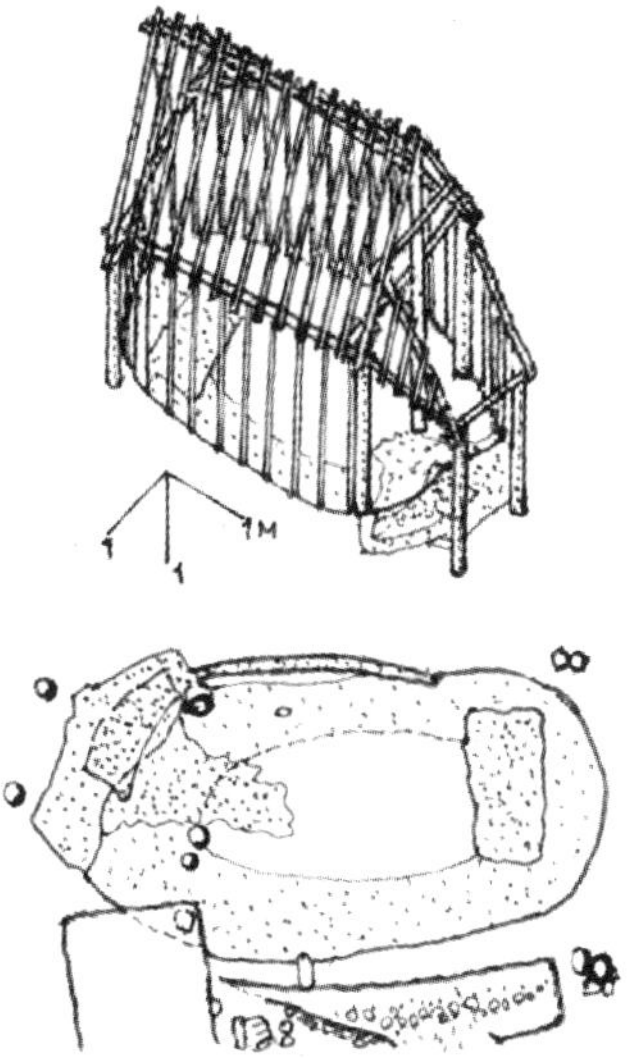

図9　ギリシャ、ネア・マクリ遺跡の妻入り住居と平面図

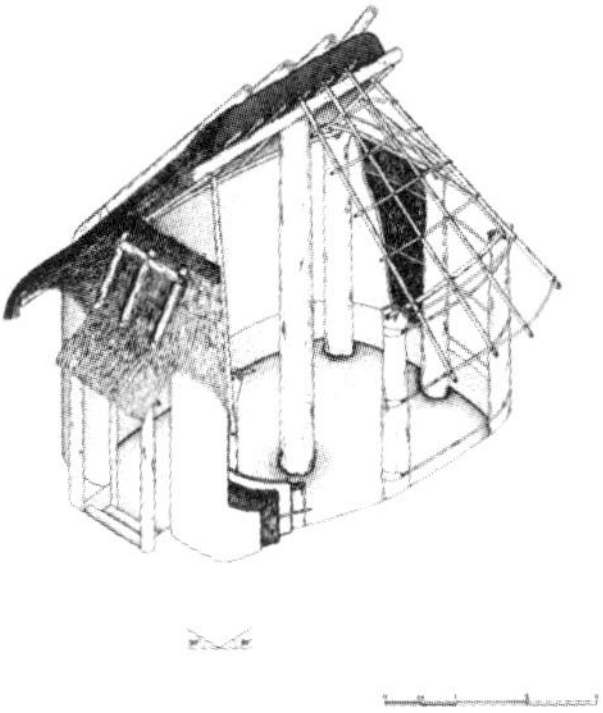

図10　ローマ、パラティーノの妻入り住居

掘されている。また、四角い形になりやすい日乾煉瓦の壁でも、それを無理して長楕円形にしているエーゲ海沿岸の住居[*16]（図11、紀元前九世紀頃）もあった。この場合、炉はまだ内部のだいぶ奥に位置している。

これら古代の建物に共通しているのは、棟持柱を囲んで円形または隅丸の周壁があることで、そのため屋根は完全な切妻にならず、入母屋か寄棟に似た形になっている。すると、その空間構成は、第7章図13に掲げた旧石器時代の伏屋から、第7章図17に掲げた二〇世紀の南イタリアの例までにみられる、棟持柱二本とそれで支えられた隅丸寄棟屋根の長円形建物と、その原理がほとんど同じということになり、第6章でも述べたが、こうして何千年と続く木造架構の伝統の長さと根強さに、あらためて驚かされてしまう。これこそが、この地域に暮らす諸民族にとって、エスノ・アーキテクチュアの典型と呼ぶべきものなのだろう。

こうした長円形の平面では、それが住居の場合、炉が奥にあるかどうかによって男と女による空間の棲み分けが生じ、それが妻入りの形式が尊重される重要な根拠となった

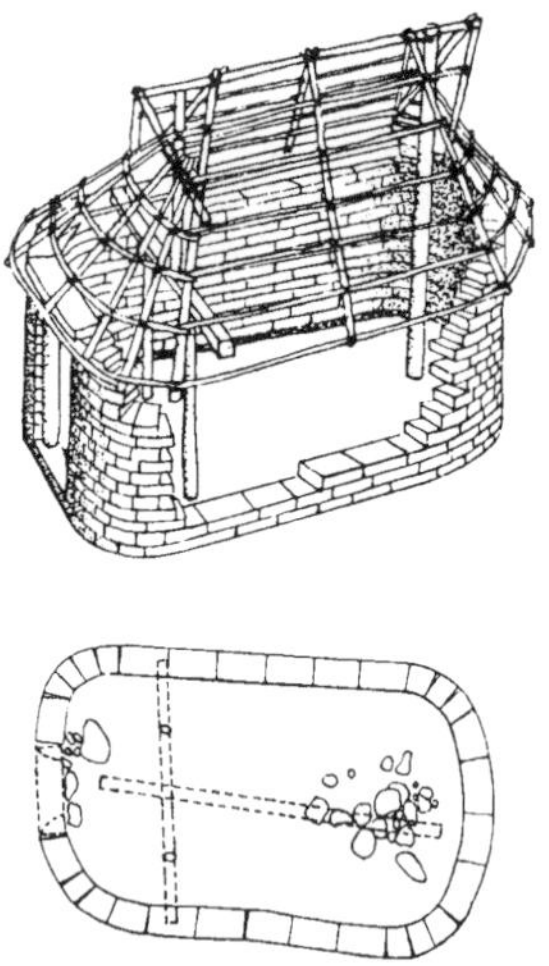

図11　トルコ、アルト・スミュルナの妻入り住居と平面図

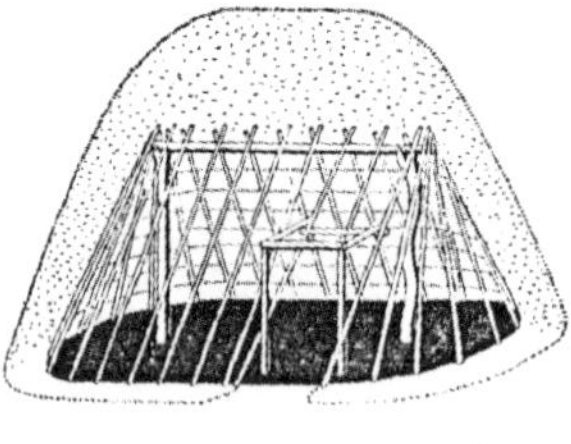

図12　イタリアの平入り納屋

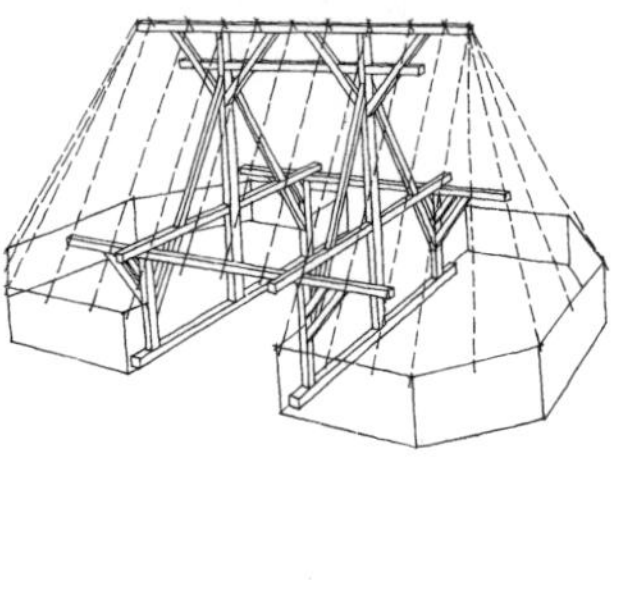

図13　チェコの平入り納屋

が、倉庫や納屋に使うのなら、棟持柱を囲む空間がその前にあろうと後ろにあろうと、それは関係ない。収納という機能を重視すれば、その空間が入口の左右にあるほうが都合よいのだ。これらの理由で、農耕文化が進むと、この長円形の平面は決まって大きな納屋などに平入りの形で使われるようになった。それは南ヨーロッパのイタリアの例[*17]（図12）でも、東ヨーロッパのチェコの例[*18]（図13）でもその空間の構成原理は同じで、円錐を二分した両端の屋根が、多角形から寄棟に変化していく過程にのみ、地域差がみられるのである。

ただし、長円形で軸組み壁の住居以外でも、それが完全な円形でなければ、意外な過程を経て、矩形化した住居に変わる可能性もある。その意味で筆者が注目

＊17　イタリア、カンパニア州、ベネヴェント（Benevento）地方の納屋。

＊18　チェコ、中央ボヘミア州、ベネショフ（Benešov）郡、ムラダー・ヴォジツェ（Mladá Vožice）の納屋。

＊19　Ain Mallaha　イスラエル北部のゴラン高原で、ジェリコの北一四五㎞にある旧石器時代後期（紀元前一万五〇〇〇〜八三〇〇年頃）の遺跡。

＊20　**Hierakonpolis**　古代エジプト新王朝の首都テーベ（thebe）から南七〇㎞のナイル左岸にある遺跡で現在名はコム・エル＝アハマル（Kom el-Ahmar）。

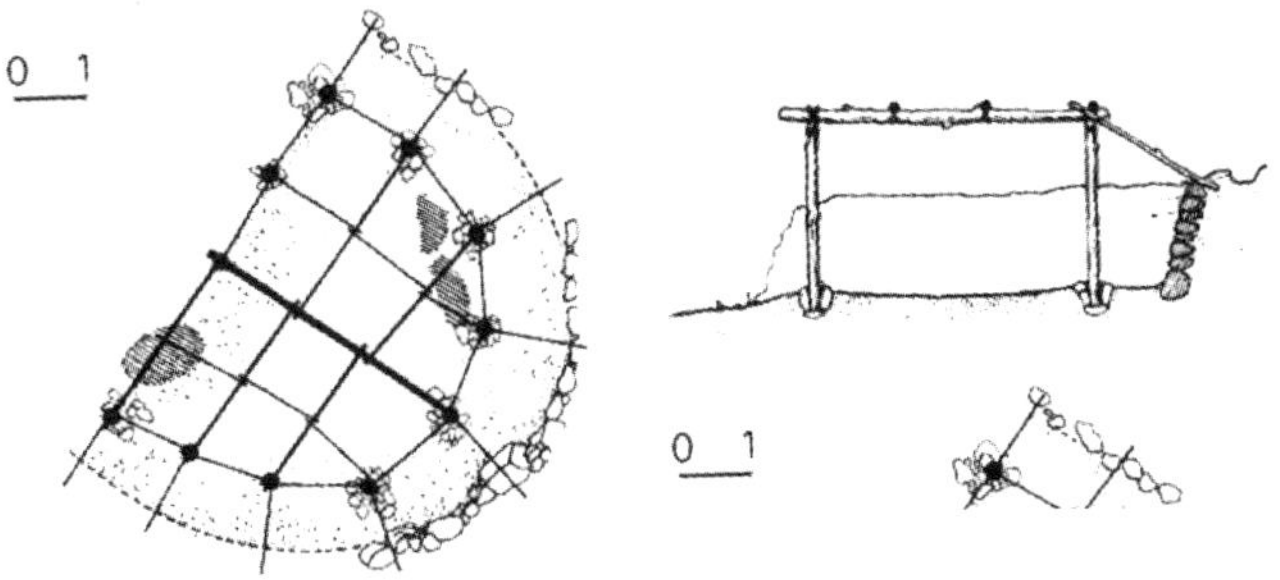

図14　イスラエル、アイン・マラッハの平入り住居と平面図

している例は、パレスティナのジェリコの北で発掘されたアイン・マラッハ遺跡[*19]の半円形建物（図14）で、時代は紀元前約一万年、図２に掲げたムレイビットの大型円形建物より一〇〇〇年以上も古い。小型の円形住居が周囲に多くあるなかでは唯一の大型建築で間口は九メートル、しかも陸屋根で、放射状の土壁で屋根が支えられているのでなく、等間隔に設けられた円弧状の柱列で支えられていた。外周の壁は石積みだが、その高さは屋根まで達していない。そのため、柱どうしは放射状でなく、格子状の梁か桁で結ばれていたと推定されている。ムレイビットの例のような円錐状の屋根でなく、この水平な格子組みの陸屋根架構があったからこそ、こうした半円形の平面が可能になり、共同作業をするのに便利な、広い開口部が得られたのだという見方もできるだろう。

この半円形建物の架構は、その柱列がすでに直交する梁と桁の直下に組まれているだけに、すぐさま木造軸組みの建物の矩形化に発展する可能性を十分に秘めている。このパレスティナのすぐ西南にあたるエジプトでは、細い柱と梁を組み合わせた四角い木造軸組みで平入りの紀元前約四〇〇〇年の建物（図14）が、ナイル川中流にあるヒエラコンポリスの遺跡[*20]で発掘されていて、それがこの図のように陸屋根ならば、これとアイン・マラッハの例との関連性は、今後も西アジアの住居史を彩る魅力的なテーマとして、大きな話題となるに違いない。

こうして新石器時代から現代に到る長い建築の歴史を顧みてみると、建築の平

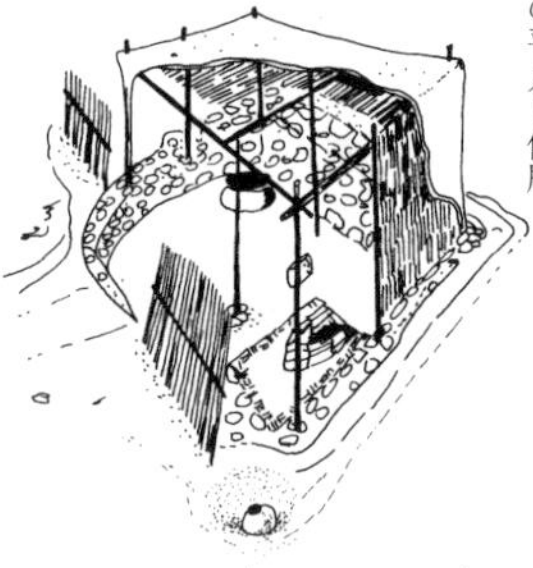

図14　エジプト、ヒエラコンポリスの平入り住居

面が円形から矩形に移る過程には、その平面の使い方といった生活機能上の変化と、その屋根の構法の使い方が及ぼす形態上の変化との二つが微妙に絡み合っていることと、その住居や他の建物の使い手にとって、その変化した結果が彼らのエスノ・アーキテクチュアとして認めることができるか否かによって、その移行する過程が世界の諸地域ごとに違うことが、わずかながら判ってきた。

そして西アジアでは、農業革命による家族の成員増加が建物の多室化をもたらした事実、生産物の増加が収納空間を物理的に分割できるような新しい機能を建築に要求し、それによってこの地域の建物の矩形化がより早く進行したこと、それと、時代や地域による自然環境の違いがその進行速度に影響し、雨量の少ない地域で用いられる土葺きの陸屋根と土壁や煉瓦壁が、矩形化され始めた時期と地域にかならず存在したことが、新しい知見として得られたようだ。この土による建物の被覆という問題は、中国の半坡遺跡などにみられるように、東アジアにおいても建物が矩形化する原因の一つとして、筆者は前章ですでに触れている。そこで、これら地球の東西地域において、土で造る組積造の建築と土を使うエスノ・テクノロジーが、日本人の慣れ親しんだ木造軸組みの文化とどう違うか、次章であらためて考えることにしよう。

第9章

部分から全体へ①——土の建築における型枠の使用

＊1　Friedrich W. Schwerdtfeger ナイジェリアの建築家・人類学者。*Traditional Housing in African Cities*, 1982 等を著す。

＊2　Hausa people　ナイジェリア北部とニジェール南部でその人口の過半数を占める畑作農耕民。イスラム教スンニ派に属し、一夫多妻の父系社会を形成している。

土の塊を積んで作る壁

古代メソポタミアの住居が、間柱の間に細枝や草を木舞に組んで壁の芯とし、その裏表に粘土を塗りつける塗壁式から、その木の骨組みの間に塊状の泥煉瓦を積み上げる軸組式と壁式の折衷型、そして塊状の泥煉瓦や四角い日乾煉瓦だけを積むだけで、もはや垂直の柱や間柱を用いない組積造的な土壁式や、その土を型枠の援けを借りながら壁の上に積み上げる、ピゼという連続的な構法へ変化していった過程のなかに、はじめ円形だった建物の輪郭を、四角い形へ変えていく積極的な理由が果たしてあったかどうか、それを確かめるべく、これまでいくつかの遺跡で発掘された事例を中心に調べてきた。しかし、それらの事例が実際にどのような手順で建てられたものか、その詳細を知ってみないと、それらの構法を使うことだけが、建物の形を決める要因になっているかどうかが判らない。またその場合、そこ以外の地域における壁の造り方や素材の選び方を調べておかないと、古代メソポタミアの壁の構法が特殊だったのか、それとも当時の世界でごく普通のものだったのかも、正しく判断できないのである。

そこで、塊状の泥煉瓦を壁として積んだ場合、どういったことが起こるのか、そこからまず考えてみよう。団子状だけでなく、細長いコッペパンのような形とか、葉巻型などの四角い立方体でない土の塊を、乾燥した後に積み上げる土壁のことである。このような泥レンガの最古の例は、紀元前九〇〇〇年紀のジェリコ

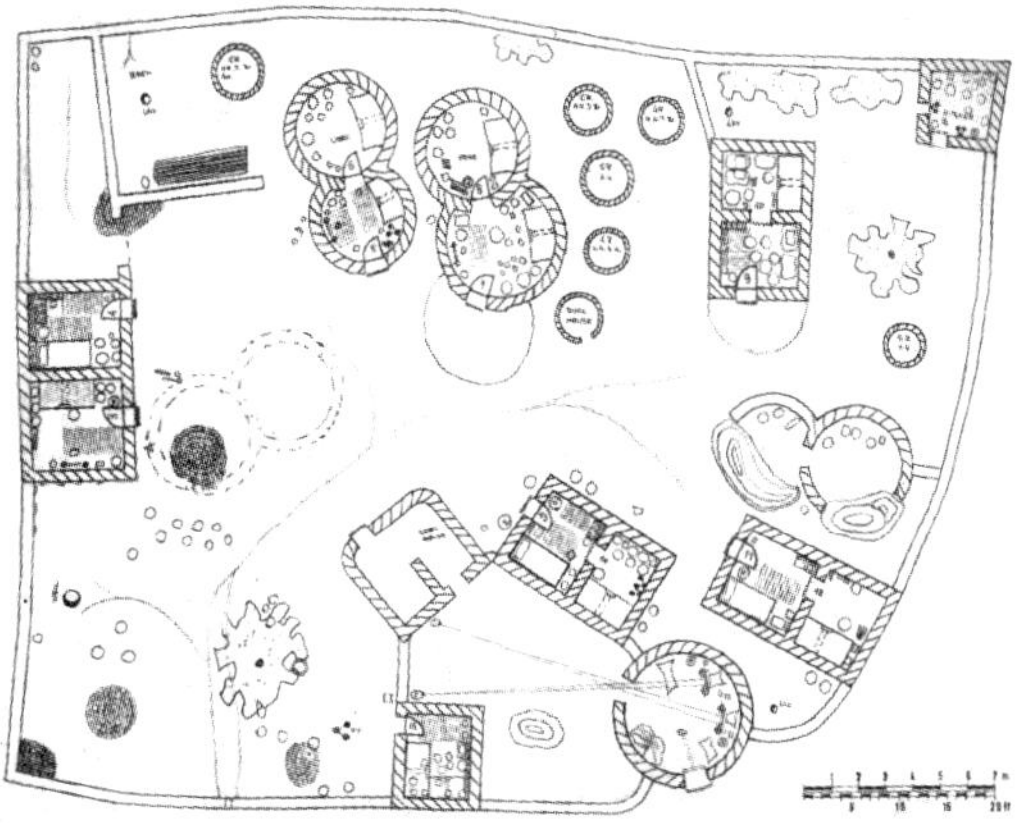

図1　ナイジェリア、ザリア、ハウサ人の住居

で使われた長さ五〇センチの葉巻形のものが有名で、ほかにも球形やラグビーのボールと同じ形の泥煉瓦があった。また、この交易で栄えた集落では、丸い自然石の間に粘土を詰めながらそれをいくつも積み上げ、それで高い円筒状の城壁や円形住居の基礎を築く技術が、紀元前八〇〇〇年頃からすでに存在していたことも知られている。そこで、これと同じように球状の泥煉瓦をそのまま壁に積めば、その壁の形はみな円形や楕円形になると思われがちだが、すべての建物がそうだったわけではない。泥煉瓦が直方体や球体でなくても、それを用いて四角い建築を造ることは可能だったし、ジェリコにもこうした素材を用いながら壁を矩形にした建物が、実際に残っているからである。

こうした円と矩形の組積造に関する現代の話では、F・シュヴェルトフェガー[*1]が報告しているナイジェリアのハウサ人[*2]が建てた住居（図1）が面白い。彼はカドゥナ州のザリア市で商家や農家の平面を調べているうち、家族形態が変化すると、住居の建て方も大きく変わることに着目した。ハウサ人の居住用の建物は複数の棟からなり、土塀に囲まれた不整形の敷地に建てられているが、第二次世界大戦後、旧来の竹やヤシを葺いた円形の住居が嫌われるようになり、やや大きめで窓のとりやすい、四角い陸屋根の住居が望まれるようになった。世代の相違が、そのまま円形と四角い平面の住居の差となって表れたのだ。ハウサ人にとっては、限られた敷地の中に円形の個人的な空間を伝統にしたがって造るよりも、土塀を利用しながら内庭に向かって建てる四角い住居のほうが、敷地の利用度が高いし、住居の内部を分割しやすかったのだろう。

　彼らの土壁の構法は、ラグビーボールの半分くらいの大きさの、細長くて丸い塊に土を練り固め、それを少なくとも二週間ほど日で乾かしたものを使う。基礎は地面を五〇センチほど掘ってその底を踏み固め、そこに丸い日乾煉瓦を泥や家畜の下肥、それに短く切った草を混ぜた仕上げ材で塗り固めながら、壁を順々に築いていくのである。陸屋根の場合、部屋の広さは大きくても三×四メートル。屋根は竹やヤシの繊維で葺かれた勾配屋根か土で覆われた陸屋根で、陸屋根の場合、ヤシの幹を割いて五×一〇センチの断面にした根太を、日本でいう火打[*3]のように、部屋の隅に数本斜めに並べて置きながら、その上へさらに四五度ずつ交差するようにして次の根太を密に重ねていく、ちょうど中央アジアでみられるラテルネン・デッケと同じ構法が使われている。屋根の仕上げは慎重で、この根太を重ねて造られた屋根版の上に植物性のマットを敷き、泥のモルタルを五センチ塗った後、その上に一〇～一五センチ厚の土を載せてから、最後はそれを防水効果のあるプラスターで押さえているくらいだ。

＊3　建物隅で直交する部材にほぼ四五度に取り付けられる水平な斜材または板。水平力を分散させ、隅の角度の変形を防止するのに役立つ。

このように立派な構法を用いて建てられた土壁と陸屋根の家には、ハウサ人が伝承してきたエスノ・テクノロジーと、若い世代が抱く現代の建築や都市への憧れとが、同時に籠められている。それでもその壁は丸い塊の煉瓦を積んだものであることには変わりなく、その素材なら壁を円くして円錐形の屋根を架けた家も造れたはずだ。四角い日乾レンガを使えば建物の壁は矩形に、丸い煉瓦を使えば円になると思うのが普通だが、実際はそうではない。部分としての素材の幾何学的な形がそのまま建物全体の形を決定すると一律にいえないところが、エスノ・アーキテクチュアの難しさであり、魅力にもなっているのだろう。

日乾煉瓦の造り方

古代のメソポタミアやインドでさかんに使われた日乾煉瓦は、ピゼと同様、現代の世界の乾燥地帯でもいまだに重要な建築の構造材である。そこでは気候の関係で木材が極端に少なく、土や粘土を主に使う建築しか建てられないのが普通だった。しかし、日乾煉瓦を造る型枠には、木材がどうしても必要になる。貴重な木材を型枠に使うのなら、その製法にも工夫が凝らされているに違いない。その型枠をうまく利用することで、世界各地の日乾煉瓦の形が整えられてきたのである。ここでその実態をもう一度確認してみることにしよう。

現代の世界で、どこの日乾煉瓦の厚みも平均して八センチから一二センチが多

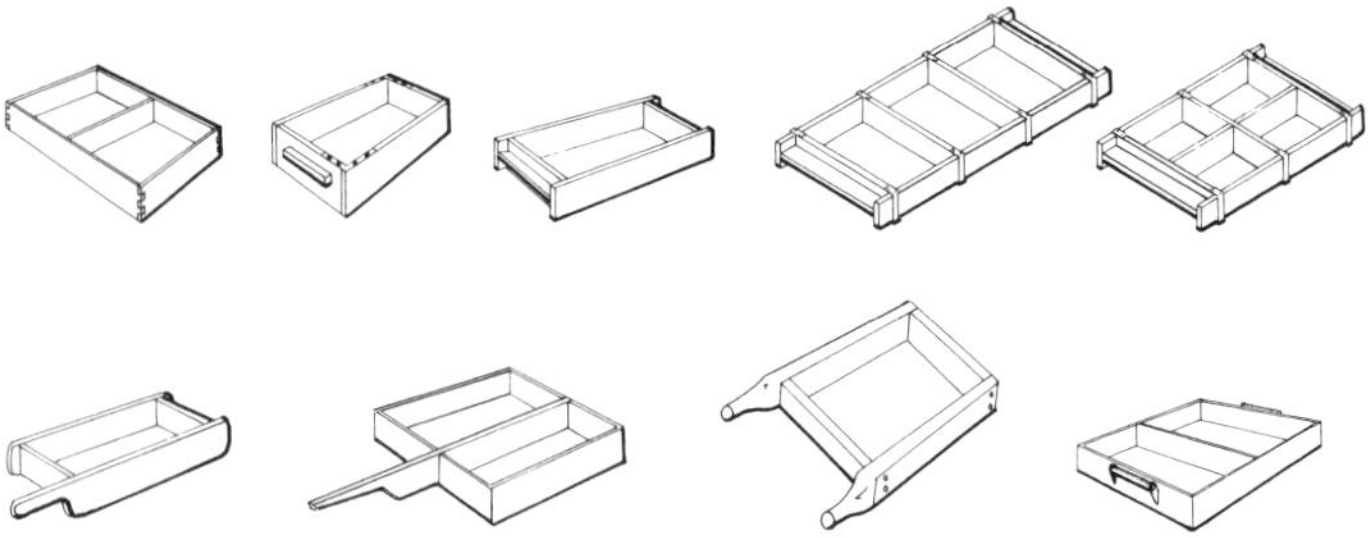

図2　日乾煉瓦、型枠の種類

く、そのため、これを作る木の型枠も、最低この程度の幅を持った細長い部材を組み合すことで調達できる。煉瓦一個当りの重量は、平均して二八～三五ポンド（一三～一六キログラム）。濡れた粘土を型枠に入れた時はこれより重いから、この型枠を手に持って運んだり、ひっくり返して中の煉瓦を脱型しようとした場合、一つのフレームで複数の煉瓦を作ろうとしても、その数が限られてくる。型枠を運ぶにも、一人で二個、その両端を二人で持てば四個が限度だろう。こうした人間の体力、材料の重さや粘性、そして乾燥後の強度などを考慮すると、ある範囲のなかに、日乾煉瓦用の型枠寸法は収斂せざるを得ない。その結果、日乾煉瓦の出来上がり寸法は長さが八インチ以上で、一六インチ（四〇センチ）を超えるものはまず少なく、幅はその半分か四分の三が圧倒的に多くなった。これらの寸法の組み合わせが、煉瓦の積み方に深く関与していることは、建築する者にとって周知の事実であることはいうまでもない。

　日乾煉瓦の形が直方体になるのも、こうした型枠の組み立て方（図2）によるところが大であることに間違いはないだろう。そして複数のブロックを同時に作る、すなわち大きな型枠をさらに細かく区切るためには、木材が不可欠だった。そこで、乾燥地帯の人々は、森に恵まれた周辺の地域から少しばかりの木材とその加工に必要な技術や知識を手に入れたのだ。ここに挙げた中国の例（図3）のように、枠を外すことで中のレンガの脱型が簡単にできるのが、木の型枠の強み

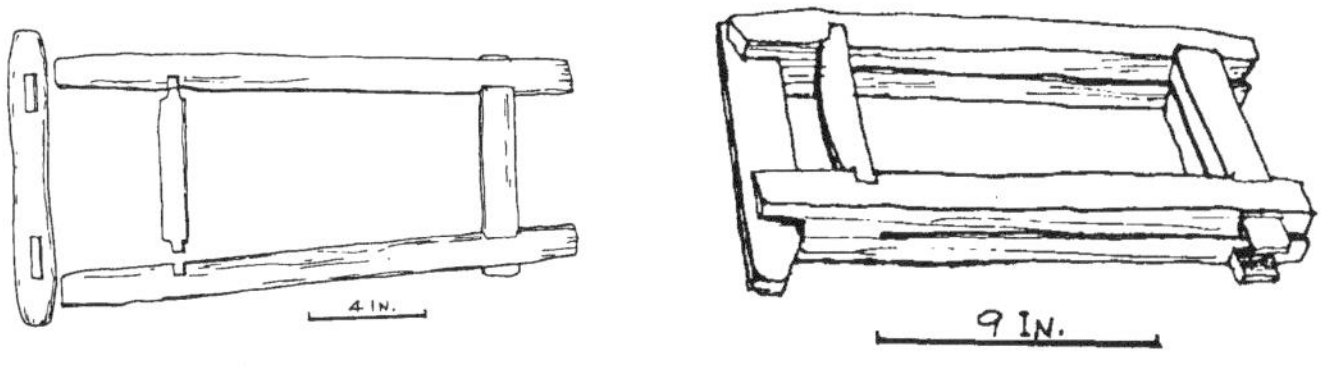

a　厚板用　　b　薄板2枚用

図3　中国江西省、煉瓦の型枠

であり、利点だった。しかし、この型枠をよく見ると、細部に貫や枘といった木造軸組の建築に独特なディテールが使われている。どうみてもこれは強い木をいつも使いこなしている地域に発達した高級な仕口だ。そのことを考えると、乾燥地帯で使われている型枠は、それごと他の地域から交易を通じて移入されたもの、とみなされる可能性もある。私たちは、煉瓦の作り方やそれを使った壁の積み方の特徴から、それをすぐその地域のエスノ・アーキテクチュアと決めたがるが、よくよくその細部を観察しておかないと、他の地域や民族のエスノ・テクノロジーが潜んでいることに気づかない場合もある。その危うさも共に示しているのが、この型枠の例なのかもしれない。

一九二〇年代から三〇年代にかけて中国各地に滞在し、民間に伝承されていた生活技術を詳細な記録に残したR・P・ホムメル[*4]によると、中国人は薄い煉瓦をいとも簡単に作ってしまうが、それは彼らが煉瓦の表面をならすのに、糸切りを最大限に活用していたからだった。糸鋸の機構と同じように、強い弦や針金を弓のように曲げた棒の両端に張り、それで木の型枠の上にはみ出た余分な土をそぎ落とすのである。さらに、一つの型枠に入れた粘土をその厚さ半分に殺ぎ分けるのにも、この糸切りの技術を用いていた（図3b）。これも弾力に富む材料の性質と、糸で切ったほうが粘土質の煉瓦の強度が落ちないことを熟知した、エスノ・テクノロジー抜きでは実現しない伝統的な煉瓦の製法だろう。糸で切ればその断面はかならずきれいな平面になる。それも日乾煉瓦のブロックが完全な直方体になる一つの理由だったのだ。

ただし、中国には型枠を用いないでも、均等な厚みの日乾煉瓦を得る方法があったことを、ホムメルは書き残している。江西省の例だが、川や運河が氾濫し、毎年田畑に大量の堆積土をもたらす地域では、それをそのまま放置しておくと、耕作に必要な水位を超えて土が盛り上がってしまう。そこで、その田畑を一〇年に一度くらい、秋の収穫後に一定の深さだけ鋤き返し、石のローラーで転圧しておく。大雨の後、水が蒸発していく過程で、田畑の表面だけがすでに硬く、その下がパテ状になっている段階を見計らって、踏鍬でちょうど日乾煉瓦の大きさ（約三五×二〇×一〇センチ）になるよう切り込みを入れ、それを鍬で横から鋤き取るのである。これを田畑の全面に行えば、地盤の高さは一〇センチ減り、一〇年前の状態に無事戻ることになるのだ。これを夏に行えば、地面がすぐ乾いてしまうため、そこにひびが入って煉瓦には使えない。こうして秋に鋤き取った土のブロックは、小端を上にしながら筵の下に積み重ねておくと、数週間後に製品として使えるようになる。これも立派なエスノ・テクノロジーなのだ。

型枠を使って壁を立ち上げる構法

このように粘土の塊を直方体にする日乾煉瓦の作り方は、その土のブロックを

＊4　Rudolf P. Hommel　アメリカの古物収集家（一八八七〜一九五〇年）。*China at work*, 1937『中国手工業誌』国分直一訳　法政大学出版局、一九九二年）を著す。

＊5　メソポタミア南部にシュメール王朝が出現（紀元前三〇〇〇年頃）する前の土着文明期。天水に頼る高地農耕から灌漑を基盤とする平野部の農耕に移った時代とされている。

図4　古代エジプト、焼成煉瓦の製造工程

太陽熱でなく、窯で直接熱して硬化させる方法、すなわち焼成煉瓦の製作が始まった段階でも、整形する作業の工程（図4）はほとんど同じだった。焼成煉瓦が出現したのはウバイド期[*5]（紀元前四三〇〇年〜三五〇〇年）のメソポタミアで、日乾煉瓦に遅れること約四〇〇〇年、部分的だが神殿や聖塔などに使われるようになるのはさらにその二〇〇〇年後である。焼成煉瓦は、窯の建設費と燃料代がかさむため、当時から極めて高価な建材で、公共建築に普及するのにさえ、それだけの時間が必要だった。ましてや一般大衆には常に高嶺の花であり続け、世界の民家における煉瓦の壁は、中世末期以降のヨーロッパなどの一部を除くと、近代までそのほとんどが日乾煉瓦で積まれていたし、その傾向は、南アジアをはじめとする世界の乾燥地帯で、今日でも連綿と続いている。

ところで、西アジアやアフリカの住居には、細い柱や間柱の間の小舞に土を塗って壁にした段階から、本格的な日乾煉瓦の壁に移る前、土を煉瓦の型枠より大きい木枠の中に詰め、それを上から搗き固める方法があった。それがピゼ・ド・テールである。この構法はすでに紀元前八〇〇〇年紀のユーフラティス川上流域にみられたもので、はじめは円形住居などの一部に用いられていたが、紀元前七〇〇〇年紀に入ると、その型枠が直線状であることから、四角い建物の壁に用いられるようになり、それが日乾煉瓦と併用される段階を経て、やがては西アジアにおける日乾煉瓦全盛の時代を迎えたとされている。

図5　中国江西省、版築用の型枠

このピゼ・ド・テールによる土壁は、現代の中国にも伝わる「版築（バンチュー）」とほとんど同じものと考えてよい。どちらも木の板などを用いた二枚の長方形パネルで壁の両側を挟み、その間に盛った土を搗き固めることで、一定の厚さの壁を下から上へ積み上げていく方法だからだ。先述したホムメルの記述によれば、中国における版築用の型枠は、ヨーロッパや北アメリカの伝統的な型枠に比べると、簡単な装置でありながら、極めてその作業性が高かったという。

そのことは、彼が記した江西省の例（図5）で明らかだろう。この構法は、中国の伝説上の国である夏の始祖禹の時代（紀元前二一世紀）からあったとされ、まず地表に高さ三〇センチ位の基礎を作る。焼成煉瓦を用いることもあるが、いずれも吹き付ける雨から壁の足許を護るためだった。木の型枠は三方だけにあり、一方の開放端でこれまで搗き固めてきた壁を挟む形になる。型枠の長さは約一三〇センチ、幅と高さは約四五センチある。このまま内側の土を叩くと、側にあてた型枠に強い圧力がかかるので、その開きを止めるため、U型の丈夫な木枠で型枠を挟みながら、作業を進めなくてはならない。それでも底板のない型枠は下にずり落ちてしまうので、その下端（とくに開放端側）を支えるため、それまで築いてきた下段の壁の上面に、直径四～五セ

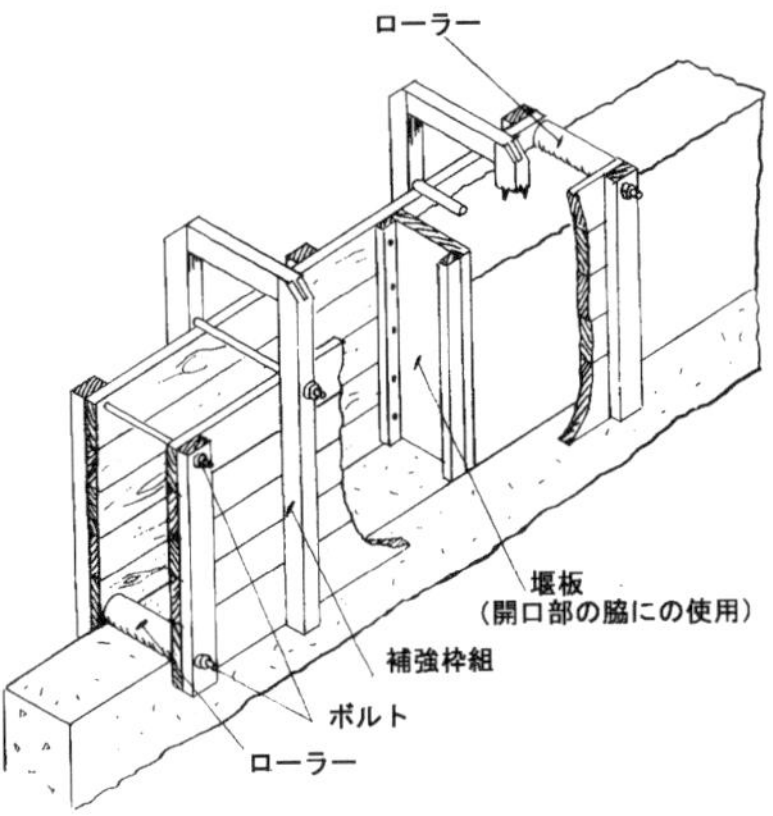

図6　アメリカ、コロラド州、ローラーつきの型枠

ンチの横棒を、壁面から少しはみだす長さで置いておく必要がある。

この江西省の例では、この横棒の両端に孔をあけておき、そこに開き止めに用いるU型枠組みの下端を差し込むことで、より強く型枠の側面が締めつけられ、しかも型枠を横にずらす際に、その横棒を軸としてU型の開き止めを回転しさえすれば、一箇所に入れた横棒を最低二回は利用できる。この横棒は、その上を型枠が完全に通過すれば引き抜かれ、再度型枠の前方に置かれていくので、上手にその間隔を決めると、棒は一本だけあればよい。固め終わった壁面には、横棒の間隔通りに丸い孔が残り、それが装飾や換気孔になるのである。図6はアメリカの例で、型枠の上下段に別々のローラーがあり、それで型枠を横にずらす方法だが、段差を常に一定に保たねばならないところが少々難しい。

入口や窓のような開口部は、図5のようにあらかじめ壁と同じ見込み厚の木枠を入れ、壁を搗き固めた後、枠内の土を抜くと作業がしやすいが、それでは枠組みの上枠が枠内の土を打設する際の邪魔になる。したがって、下枠と縦框は先に建て込んでおき、上枠だけ左右の壁の上に差し掛ける形で後から嵌め込むようにしなければならない。そのため、木の枠組みには少々複雑な仕口が必要になるはずだ。逆に言えば、版築が盛んな地域は元来木材が豊かでなく、その加工技術の蓄積も少ないから、そこではこうした枠組みを作ることが容易でない。版築に開口部を多く設けた例が極端に少ないのは、これらの技術的な問題があるからだろう。ピゼを用いた古代のメソポタミアでも、壁からでなく、屋上から出入りする建物が多かったのは、壁に開口部が作りにくい事情が、最初からあったものと思われる。

ヨーロッパやアフリカにおける土壁の構法

このようなピゼ・ド・テールは、建築資材の不足に悩まされる地域で、いまだに現実的な構法として注目されている。二〇世紀の二度にわたる世界大戦後も、ドイツやベルギー、イギリスから果てはアメリカ合衆国までを含む世界各国が、緊急時の住宅建設のため、競ってこの構法を役立てようとした。それ以前のヨーロッパでは、フランスのリヨンを中心にした地域で用いられていて、このラテン的な構法名も、一五六二年にここで付けられていたのだ。そして一七四〇年にリヨン生まれの建築家F・コアントロー[*6]が伝統的な土壁構法を改良し、機械力による加圧で、より早く、より薄くて強い壁土を打設する方法（ヌヴォー・ピゼ）を考案すると、グルノーブルとパリに、この種の土壁住居の普及を目的とする建築学校が設立されたくらい、この構法に関するヨーロッパの評価は高かった。

今でもフランス南西部の農家には、人力によるピゼの手法で二階建て程度の土

＊6　François Cointeraux　フランスの建築家（一七四〇〜一八三〇年）。ピゼの新しい構法について七二篇の分冊を著す。

＊7 Weilburg　ドイツ、ヘッセン州のラーン Lahn 川沿いにある人口一四、〇〇〇の町。

＊8 Wilhelm Jakob Wimpf　ヴァイルブルクの事業家・行政弁護士（一七六七～一八三九年）。新ピゼの手法で多くの建物や水車を建てた。

＊9 Milton Abbas　ドルチェスター近郊にミルトン伯が一七八〇年建築家W・チェンバースに依頼して建てたイギリス初の計画団地。現在の人口は七七〇。

図7　ドイツ、ヴァイルブルクのピゼ建築

壁の住居が多くみられるが、コアントローの手法はより堅固な壁を約束するもので、なかでもドイツのヴァイルブルク[＊7]にW・J・ヴィンプフ[＊8]によって建てられた六階建ての建物（一八二五～二八年　図7）は、今でも健在だ。彼の師コアントローの啓蒙的な思想はイギリスにも影響を与え、ミルトン・アッバス村[＊9]（ドーセットシャー）の住戸計画などに、この構法とデザインが応用されている。

第二次世界大戦後、この構法のために鉄の型枠が考案され、長さを三～三・六メートル、高さ三〇～九〇センチまで大きくして試されたのだが、やはり中国の伝統的な型枠ぐらいの寸法が仕事しやすかった。開き止めのため、鋼製ボルトとナットを組み合わせ、型枠移動のため下部にローラーをつけたタイプも登場したのだが、ここでも中国のように木製のピンを開き止めにする型は捨てがたい。壁の厚さは、現代の住居での推奨値として一階は三〇センチ、二階建てで四五センチだから、型枠受けの横棒の長さは従来通りでよいわけである。とにかく、最小の材料で最も仕事がしやすく、それでいて効率のいい装置が、昔から世界各地で大切にされ、延々と伝えられてきたことだけは、確かな事実なのだ。

だが、この構法で三方だけ囲う中国式の型枠は、四角い建物の出隅の部分になると、その弱点を曝しかねない。いま搗き終えた壁の立ち上がりの横に、そこから直角の方向に向け、くの字型に次の型枠を設置して中の土を搗くと、その開放された一方の端だけに横力がかかり、既設の壁を押し曲げてしまうからである。

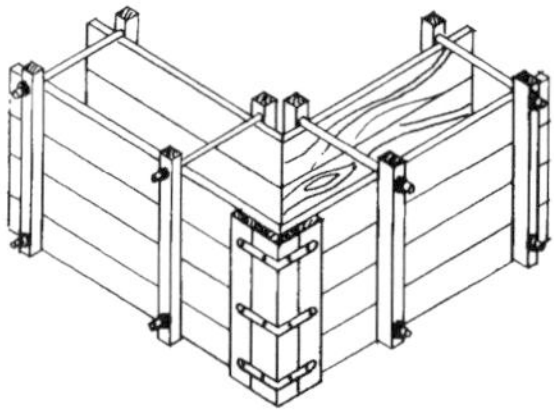

図8　アメリカ、隅だけの型枠

図9　モロッコ、ピゼの構法

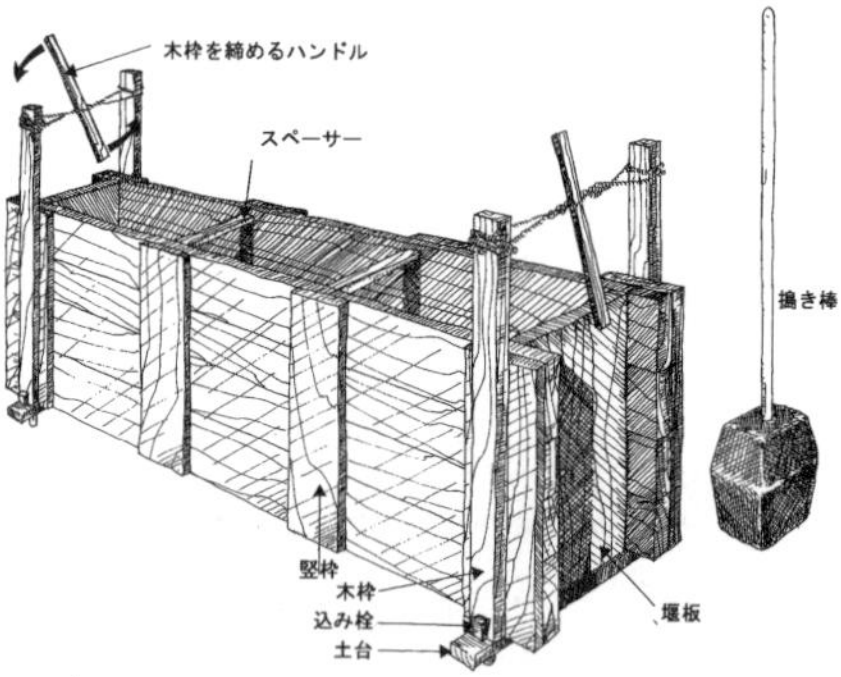

図10　フランス、ピゼの型枠

図11　イエーメン、サダ県の土壁住居

そうかといって木材が貴重な土地柄ゆえ、隅だけの特殊な型枠（図8）を用意するわけにはいかず、実際は一つの型枠で仕事を続けることになるので、出隅の接続部分だけを慎重に搗き固めることしか、解決策を持ってない。モロッコの例（図9）も同じである。そこでフランスの例（図10）は、型枠を横にずらすことを最初から諦め、その両端に設けた堰板を上の締め具で緩めながら抜いたり入れたり

＊10　Zabur　イエーメンのサダ県で用いられる壁の構法。

して、その都度そうした事態に対応している。しかし、堰板が内側に寄る枠の分だけが搗きづらく、壁隅に隙間ができることは避けられない。そこだけ後から土で埋めて繕うことが、精一杯の対応といわざるを得ないのである。

ところが、この土壁の出隅に共通な構造的な弱点を補うため、わざと隅の部分だけ段差をつけて盛り上げるザブール[＊10]という構法（図11）が、イエーメンの北方高地に伝わっている。この壁は木の型枠を用いず、手作業で土を捏ねてから盛り上げるもので、これも広い意味ではピゼと変わらない。その構造的な配慮と、それによって生ずるユニークな壁の打継ぎ目地とが、強烈なローカリティを発散している。これこそエスノ・アーキテクチュアの典型と呼ぶべきものだろう。

この場合、まずは土壁構法の常識として、大きな荷重と湿気に耐えられるだけの基礎を砕石で作るが、もうここで五〇センチぐらい、建物の四隅部分だけを高くしてしまうのだ。そしてその上に植物性の混和材（藁や枯葉など）を入れた粘土を、五〇〜六〇センチの層をなすよう、連続して積んでいく。すると、壁が厚い隅の部分だけは、壁の目地に沿って外から内に向かって斜めの圧縮力が常にかかるから、出隅の土は崩れない。ちょうど日本の石垣の積み方で、その横の目地が出隅に向かって急激に反りあがっていくのと同じ工夫である。さして荷重がかからないところは二日間、耐力壁はさらに数日を加えて乾燥させてから、次の段の施工にかかる。この構法で、イエーメンの人々はいとも簡単に四〜五層の住居

図12　イエーメン、アルフダイダ県、円形住居平面図・立面図

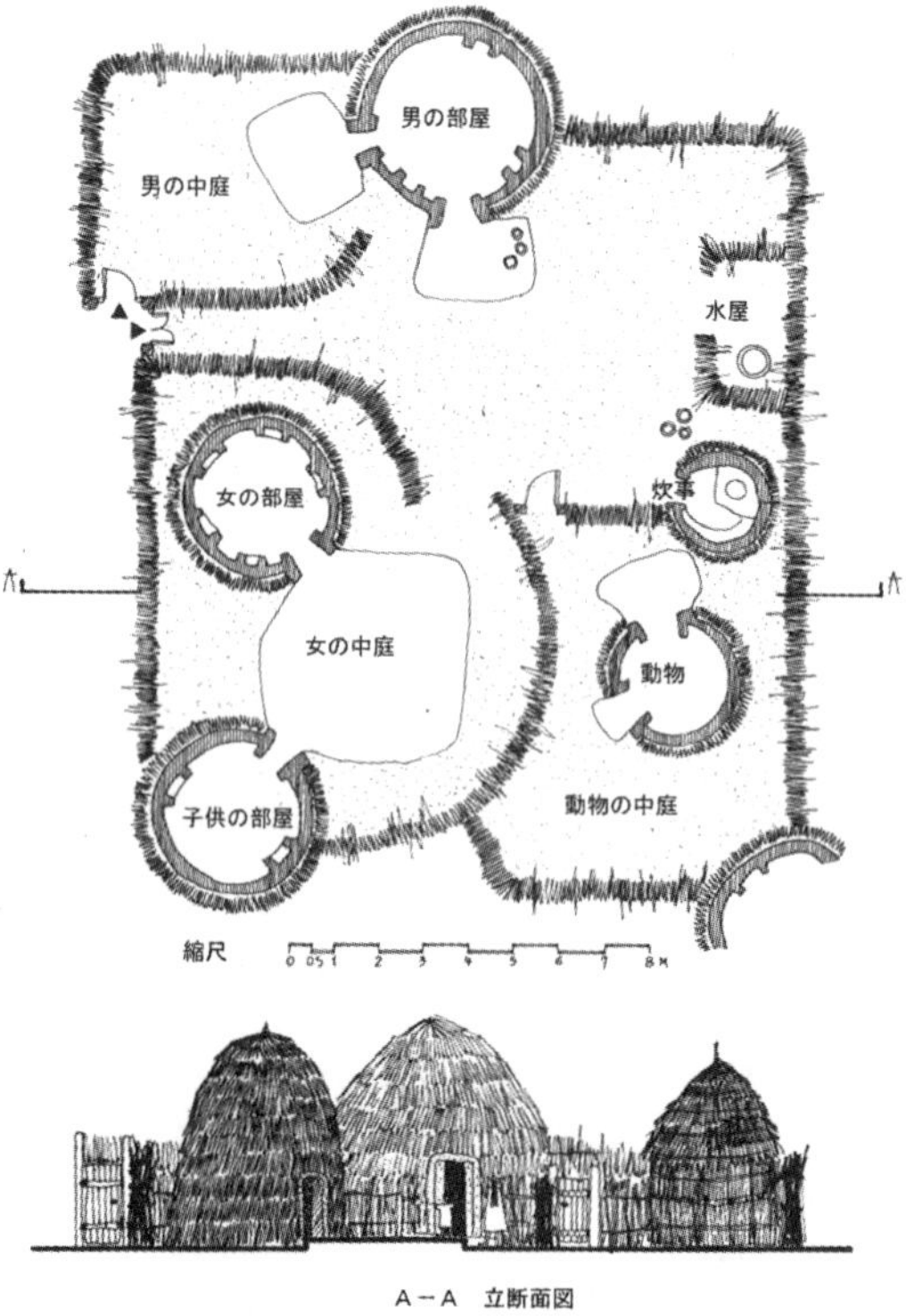

を造っていってしまうのだ。

このイエーメンの海岸に沿った平地には、葦や細い木の枝を円錐状に編み、それを表皮にして土壁を覆った円形住居（図12）が、つい最近まで広がっていた。住居史的には円形住居のほうが矩形の住居より古いのが一般的だが、ここでは内陸部のピゼによる土壁の多層住居のほうが先で、一〇～一一世紀の記録にも残されている。海岸地帯の円形住居こそ、アフリカ東部のアラブ諸国から移入された後世のスタイルであって、柱や梁を用いないにもかかわらず、土を耐力壁に用いる伝統がある地域に、この半ば軸組み的な壁の構法が残されている例として、極めて珍しいものだろう。アフリカのサハラ砂漠南部に伝統的な円形住居は、東方からのイスラム文化の影響を受けて、今

は四角い壁の住居が増えつつあるが、イエーメンでは、その民族的背景の違いもあって、完全にその順序が逆になっていたのである。

こうした人々の壁を造るための知恵を考えてみると、日乾煉瓦やピゼに型枠を用いることが、まずその壁の表面を平滑に、かつ均等の厚さに整えることから始まったことは、間違いないところである。そしてその型枠を木で作り、その直線的な形を利用することで、日乾煉瓦は直方体に、ピゼでできる壁は直線状になっていった。こうした土と木を使う構法が、住居の矩形化を促進していったことも事実である。ただ、壁と壁とを正確に直角で整えることに関して、この二つの構法が主役を果たしたかは、まだ定かではない。壁の出隅に構造的な問題があることは述べたが、寸法や角度の精度に関しては、普通の住宅でもこの箇所の施工に同じような不安が残っていたからである。

おそらく、建築が正確な直方体に仕上げられていったのは、メソポタミアに都市国家が成立し、城郭や神殿といった公共建築、第一章でいうhigh styleの建築が出現した紀元前三〇〇〇年紀からだろうし、そこに厳正無比な空間を求めるため、完全に対称な形が支配者階級に好まれるようになってからと思われる。ましてやこの種の建物が焼成煉瓦から石造に移る時代になると、構法自体に正確さがより多く求められるのは当然で、エジプト建築の幾何学的な整合性も、メソポタミアを源とする、こうした建築観の延長線上に位置していたのだった。

図13　ハンガリー、木造軸組と小舞壁

その一方、エスノ・アーキテクチュアのレベルでは、まず土壁の造りやすさだけを尊重したので、ほぼ四角に壁が組み合わされていれば、世界のどの地域でも住民たちはそれで満足してきた。ただ、そのエスノ・テクノロジーの伝統をその根源から理解していないと、やがて中世末期以降のヨーロッパで、都市における景観形成の主役になった焼成煉瓦の建築や、さらには小舞の下地に塗り仕上げという土壁（図13）の経済性と、型枠使用のピゼといった合理性の上に開花した、近代ヨーロッパの鉄筋コンクリートの意義について、間違った解釈を下してしまうことになりかねない。その危惧が、木造建築の伝統しか知らない者に対し、きまって訪れるものであることは、誰の目にも明らかと思われる。

第10章　部分から全体へ②——材料を混ぜて積むことの意味

図1　ウクライナ、リヴィウ地方の民家

＊1　出入口や窓などの上部に入れて開口部を補強する横架材。
＊2　組み上げられた壁体の頂部を繋ぐ部材で水平力に耐え、上からの鉛直力を壁体へ均等に伝える役割を果たす。

なぜ土壁に木材を加えるのか

これまで述べてきた土壁や煉瓦壁のほかに、自然のままの石や丸太か、それらを直方体にして積みやすくした角石や角材などを積んで、建築の壁を造る方法も昔から行われてきた。こうした煉瓦や木、石などの部材寸法は、ほとんどが同じに揃えてある。その場合、建物の基礎から上の桁や梁の高さまで、同じ材質の部材で積み上げられれば理想的だろう。しかし、世界各地における伝統的な土壁や煉瓦壁の構法には、木や瓦などを混ぜて積む事例がとても多い。例えば現在の東ヨーロッパでも、日乾煉瓦を二〜三段積んでは焼成煉瓦を一段積み、それを繰返すことで、黄色と赤褐色の水平な縞模様のある壁（図1）を見ることができるし、北アメリカや西アジアでは、日乾煉瓦の間にわざと木の板を挟んで積んだ壁が、当然のように使われているのだ。

このような場合、日乾煉瓦ばかりで積んだ壁には均一な材質感があるため、一見よさそうに見えるのだが、硬くて異質な材料を混ぜて使わざるを得ないのは、それなりの理由があるからである。出入口や窓などの開口部のように、その上端の楣《まぐさ》＊1として、煉瓦より強い木材や石を開口部より広い幅で置かないと、楣から上の小壁の施工ができない、といった部分的な問題ではない。先の例のように、日乾煉瓦の間に焼成煉瓦の層を挟んだり、また、東アジアのように壁の間に瓦を横に並べて積み込む伝統的な手法は、壁全体の強度を上げるためとか、強い素材を

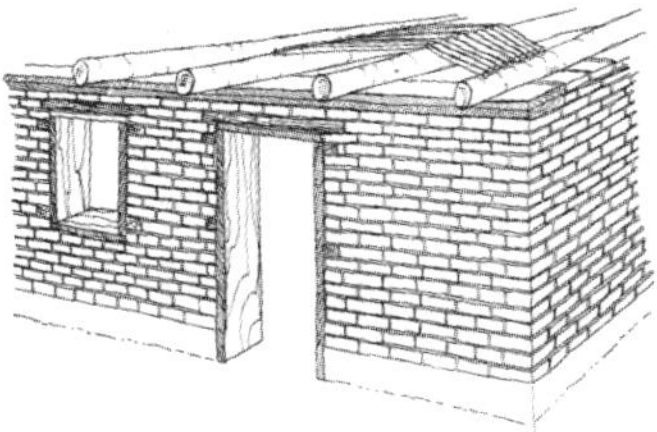
a　日乾煉瓦と木の臥梁

b　日乾煉瓦の壁仕上げ

図2　アメリカ、ニューメキシコ州、日乾煉瓦の住宅

効果的にしかも経済的に混ぜて使おうという、人々の意志の表れなのだ。しかもこのような異物の混入が、軟らかい土やもろい日乾煉瓦の壁に集中して行われ、それは、その上に重い床や屋根を支え、強い風や地震に耐えるためとなると、これらの混成部材からなる組積造の手法は、もはや壁だけの問題でなく、建物全体の構造システムや形の選び方をも決定しかねない、重要な判断のもとに用いられていることが、次々と判ってきたのである。

アメリカ合衆国のニューメキシコ州で今もみられる日乾煉瓦の住宅では、このような壁の上に木の臥梁《がりょう》*2をめぐらしている。ほとんど正方形に近い角材を壁の最上段に置き、その前後を半割の煉瓦で覆って外から見えなくしているものもあるし、煉瓦一段分の厚さの幅広の板を一枚か二枚、のっぺりと壁の上側に敷いたものもある（図2）。いずれにしてもこれらの木材の役割は、屋根版を支える丸い根太を受け、それらの水平部材にかかる屋根の荷重を、均等に壁へ伝えるためであることには間違いない。もしこの木材がなく、日乾煉瓦だけの壁にすると、これらの根太は確実に下の壁へ食い込み、壁面には亀裂が生ずるはずだ。もちろんこのような建物を建てる地域では木材が貴重品である。だからこの平板による補強は、根太が直接架かる二辺の壁の上端しか図2では施されていない。この材が壁を格好良く見せるための単なる見切り縁でないことは、こうした材料の重点的な使用法でよく判るだろう。

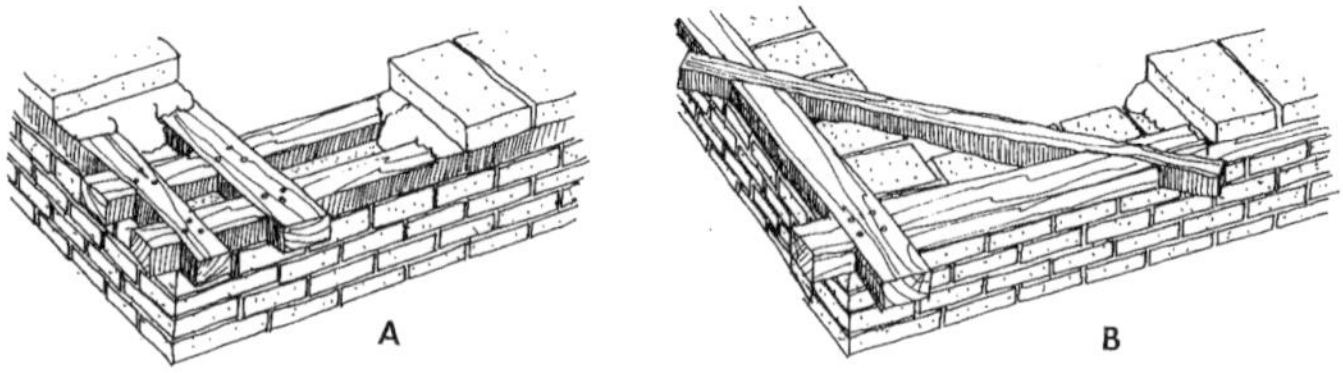

図3　アメリカ、煉瓦壁隅の補強

また、前章で述べたように、土や日乾煉瓦を積んだ壁の出隅は、単一の建材だけだと構造的に弱いため、そこだけ横木を組み込み、耐力を増すようにする地域がいくつかある。図3はアメリカの例で、それも横木二本を並べて壁の上端に置き、隅だけそれを井桁に組む場合（図3A）と、横木は一本だが隅に火打材を嵌め、その三角形の木組みで出隅を補強する場合（図3B）とがある。いずれの場合も横木同士の仕口は相欠きで、そのため横木の端は壁面から飛び出してしまうが、その出鼻も化粧にするとか、建物に金銭を注いだ印と見做し、それを誇るところがエスノ・アークキテクチュアらしい造形といえるだろう。

混成材の使用から生まれたハイブリッドな構造

このような土壁や日乾煉瓦の伝統を持つ民族の一つがアメリカのプエブロインディアンで、彼らの四角い壁の住居が、他のアジア系の古い民族と同様に、円形の住居から生まれてきたことは、すでに述べた通りである。円形から矩形への形の変化は、図4のように、円形住居の屋根の中央を支える四本柱の骨組みの存在が深く関係していたことを、複数の研究者たちが認めている。建物にも、最初人々は円錐形の屋根の中央から下へと入っていたが、その出入口の四角い枠組みの概念が拡大し、その四周に垂直な壁が立ち上がると、その壁の一部に穴を開けて室内に入るようになった。建物の屋根の荷重は、中央の柱だけでなく、その大半を

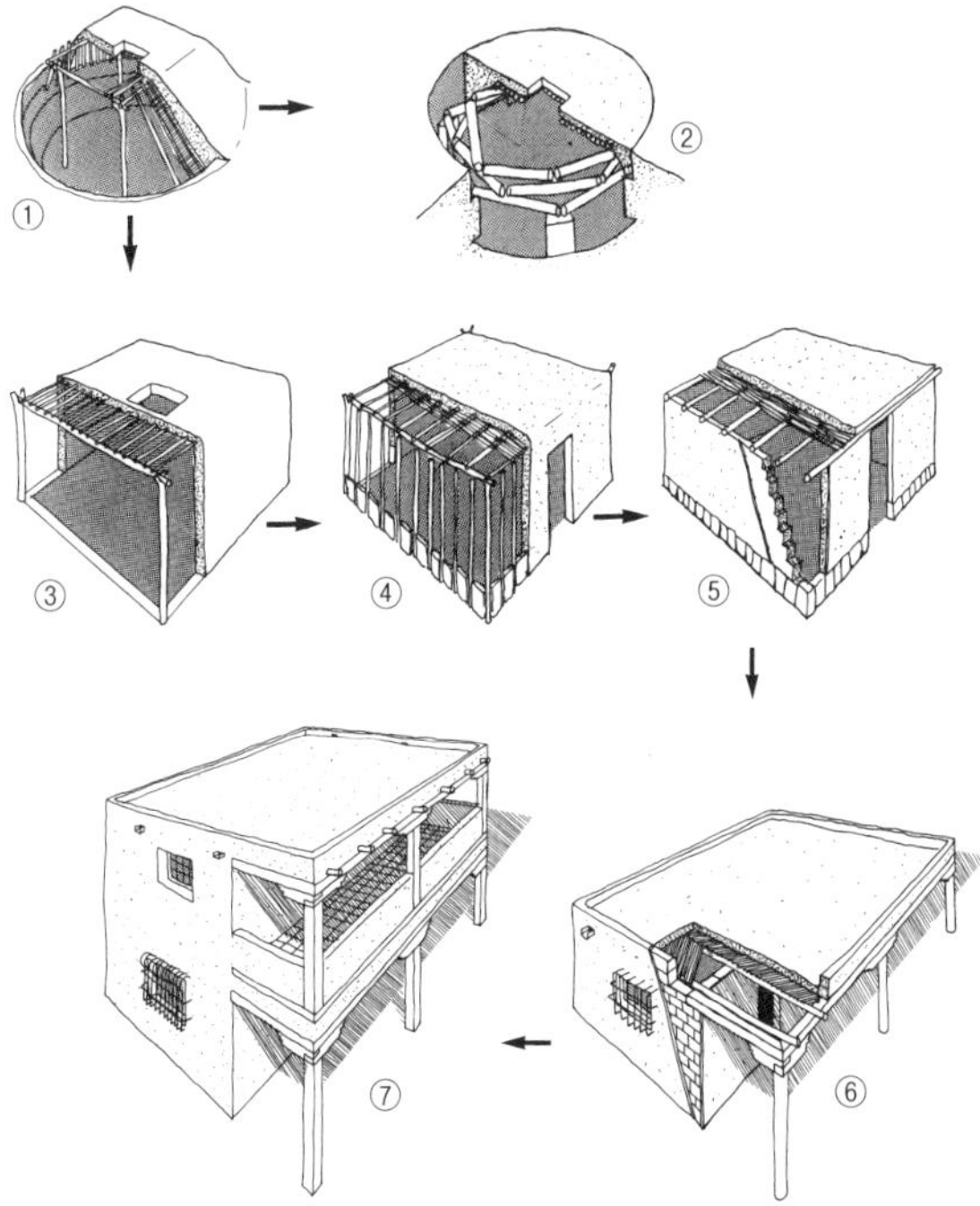

図4　アメリカ、プエブロインディアン、住居の発展

周囲の壁が負担する構造のシステムに変わっていく。構法の種類でいうと、プエブロインディアンの最初の段階は塗り壁もない木造の軸組構造で、そこから土塗りの壁構造へ変わり、一四～一五世紀以降はそこから日乾煉瓦の組積造へ転換したといえるだろう。ましてや南からスペイン文化の流入が始まる時代になると、アメリカ南西部に暮らす人々の生活や家族構成が変化し、居住面積の増加や、より多くの窓や出入口への欲求が一斉に芽生えてきた。それが柱間の拡大化を促し、そのために壁の上端を木材で補強せざるを得なくなったのは、構造的な見方からすると、当然の成り行きといってよい。

だが、この構造システムの変化はその後も続くのだ。まず生活が多様化して複室化が進むと、南東側や南側の壁に複数の開口部が設けられ、建物本体が平入りで横長の形になっていく。さらに、狭い屋内では作業や休憩のスペースが満たされなくなると、それらの開口部の外側に、内部空間の延長としてのポーチが付け加えられるようになった。ポーチの構造は、それまであった屋根の根太を数メートル水平に延ばしてそれを桁で受け、幅広の肘木を介してその桁を数本の木の柱からなる柱列で支える仕組みで、主屋が陸屋根の場合、屋根を覆った土や粘土をそのままポーチの先端まで延ばせば、それでポーチの屋根の仕上げが簡単にできるところが、この構法の便利なところでもあった。

ところが、この木の柱列を見ると、その横架材の組み方が、主屋の壁の上端や開口部を補強していた構造とまったく同じ組み合わせであり、主屋でそれを支えていた日乾煉瓦の壁を抜き、その替わりに柱を入れただけの形であることに、建築を知る者なら誰もが気づくだろう。もしこれが純粋の柱・梁構造や軸組構造なら、少なくとも柱は梁か桁に相当する二つの横架材と結合しているはずだが、この場合の柱は肘木の下端を枘穴程度で支えているだけに過ぎず、桁とは結合していない。しかも、この建物にはこの桁や柱を主屋に結びつける梁はなく、結合する役目は桁の上に載る根太だけが負っている。そのため、この柱列と桁＋肘木による木組は極めて面的な形状で、軸組構造や柱・梁構造の場合のような、柱と梁＋桁が立体的に組まれた軸組とは、まったく異なるものといえるのだ。

こうしてみると、この面的なポーチと壁構造の主屋との組み合わせは、純粋な

＊3　Architrave　ギリシャ・ローマ建築で独立柱に支えられた水平部分（エンタブラチュア Entablature）のうち、その最下層を構成する梁状の部材。

図5　ルーマニア、ドブロジャ地方の民家と柱列

壁構造に擬似的な軸組構造の部分が加わった一種の折衷構造、いわゆるハイブリッドな構造と考えられるだろう。それはなにも北アメリカにおける陸屋根で日乾煉瓦壁の住居だけに起こる変化ではない。世界中のあらゆる壁構造の建築で建て増しが行われる場合、その構造がハイブリッド化する傾向が見られるのだ。例えばルーマニア東部の農家には、土塗壁や日乾煉瓦、焼成煉瓦、木材による井楼《せいろう》組など、様々な材質による壁が用いられているが、その組積造としての壁造りの体験が長かったためか、最近までこの柱列と桁＋肘木の技法で木造のポーチ（図5）を造り、そこへ寄棟屋根などを架けていた。ハンガリーやブルガリアなどの東ヨーロッパ諸国でも、壁の南面に面的な木組みの柱列を配するポーチの伝統的な造り方は、これとまったく同じである。

様式化された組積造の柱列

この柱列の形はなにも一般的な住居ばかりでない。ギリシャ神殿の柱と柱頭、その上の桁に相当するアーキトレーブ[＊3]（図6）との関係をみるとよく判るが、組積造建物の周囲にこの擬似的な軸組構造の柱列を巡らす建築のデザインは、エジプトの新王国時代以降、様々な地域の神殿や宮殿で用いられてきた。どれも柱頭や肘木の上を桁が通り、軸組構造ならそれと直交するはずの梁が、柱の上下にその小口を現すようなことは、決してない点で共通している。ギリシャの神殿は、

図6　ギリシャ、ナクソス島の神殿

図7　ギリシャ、アルゴスの家型模型

＊4　J・ブルクハルト『ギリシャ文化史　7』（一八九七年、新井靖一訳、筑摩書房、一九九八年）など。

元来木造だったものが石造に変わったとする見方が強くあるが、そうだとすると、その石でできたアーキトレーブは、もっと横に長い木の桁であったに違いない。神殿の外周に木の柱列が並んでいたが、それはギリシャの強い日差しや時折襲う激しい驟雨から人を保護するための、奥行きの深い開放的な回廊を造るだけのもので、中の内陣は、住居でいうと細長い矩形の壁で囲まれた平面の妻から入る、メガロン形式の閉鎖的な空間だった。その壁は木造で井楼組だったという説[*4]もある。このメガロン形式は主室の前に前室が付くもので、古くから西アジアの住居に特有の、エスノ・アーキテクチュアでもあったのだ。

古代ギリシャの住宅では、主室の屋根は原則として切妻屋根だったが、その前室には、それとは別の差し掛け屋根が架かっていた。前室の端に柱を二本設け、それに支えられ軒桁でこの屋根を受ける形式であり、この伝統はエーゲ海の小アジア側にも受け継がれていたのである。

ところが、ギリシャで発掘された家型模型[*5]（図7、紀元前八世紀）では、主室の上に急勾配の切妻屋根が置かれているものの、建物本来の構造は組積造の壁に陸屋根の形式である。前室部分の庇を支える軒桁は平角の部材で、しかも屋根の根太の延長部分を支えることだけで主室と構造的に繋がっている。これこそプエブロインディアンの、煉瓦積みの上端を二枚の板で補強し、その板を柱で支えた場合の形（図2）をそのままポーチの前面に応用した例（図8）と、まったく同じ

＊5　ギリシャのアテネから西一一〇kmのアルゴス（Argos）で発掘されたもの。

＊6　アテネから東南一八〇kmのナクソス（Naxos）島サングリSangriにあるデメトラ（Demetra）神殿（紀元前五三〇年）など。

＊7　Kültepe　トルコのカイセリ（Kayseri）から北東二〇kmで発掘された古代アッシリアの商都カネッシュ（Kanesh）の遺跡（紀元前二〇～一八世紀）の現在名。

＊8　紀元前七～六世紀にアナトリア西部のリディア（Lydia）地方を中心に栄えた王国。

図8　アメリカ、プエブロインディアンの民家　ポーチの構造

構法ではあるまいか。ギリシャ神殿の見事な柱列は、この家型模型にあるような前室の二本柱から始まり、桁を柱で支えるこうした構造の原理で、次々と主室の周りに柱を巡らしていった結果だというのが、これまでの建築史の常識である。一四～一五世紀以降の北アメリカでこの柱列を造ったプエブロインディアンは、ギリシャ神殿など当然見たことがないから、その技法を参考にするはずはなく、彼らの柱列つきのポーチは、彼らのエスノ・テクノロジーの純然たる産物と考えてよいはずである。すると、ギリシャ神殿[*6]の石柱に見られる同じような手法（図6）は、組積造の住居に用いられた伝統構法の延長として生まれた、ということになる。西欧の建築史家たちがこぞってhigh style建築の権化と認めてきたギリシャの古典建築が、彼らがもっとも無視してきたエスノ・アーキテクチュア、しかも最貧の材料と思われてきた日乾煉瓦の壁から導きだせるとなると、これこそ皮肉な因果の巡り合わせといわざるを得ない。

　この面的な柱列の構成は、ギリシャ建築だけでなく、その周辺地域でも古くから使われていた。例えばアナトリアのキュルテペ遺跡[*7]（紀元前二〇〇〇年頃）の復原想像図（図9）には、プエブロの例と同じ柱列が採択されている。そのアナトリアのリディア[*8]からイタリアに移住したといわれるエトルリア人[*9]も、最初の住居は木造だったが、ギリシャ文化が及んだ紀元前六世紀以降は、日乾煉瓦や石を積んだ壁で建てるようになった。紀元前五世紀頃には石造の神殿（図10）もいくつ

図9　トルコ、キュルテペ遺跡第2層復原図（部分）

＊9　イタリアのローマ以北に紀元前七五〇年頃移住してきた東地中海の海洋民族。紀元前一世紀まで半島中部のエトルリア（Etruria）に一二の都市国家群を形成していた。

＊10　Lycia　トルコ南部（現在のアンタルヤ県とムーラ県）に紀元前一二世紀に興った都市国家。リディアやペルシア、ローマの属州だったこともある。

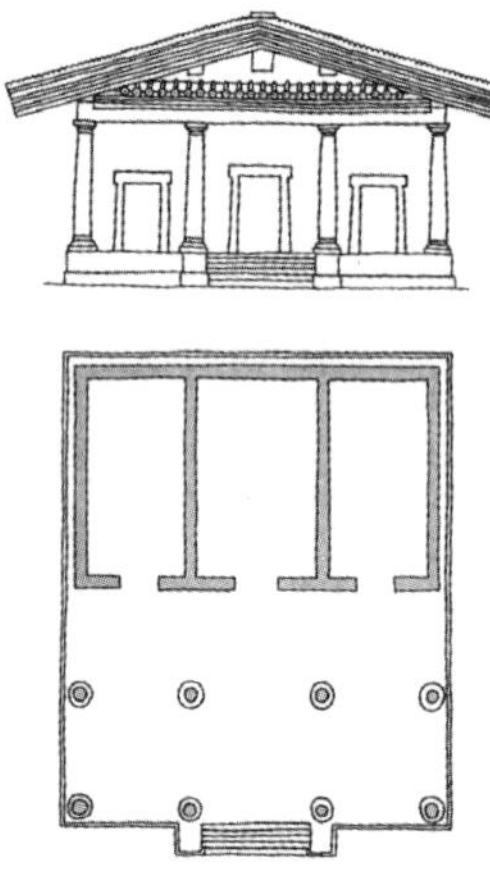

図10　イタリア、エトルリアの神殿　紀元前六世紀以降

図11　トルコ、リュキアの岩窟墓

か建設され、そこにはギリシャと同じように、桁と柱頭を戴く柱が、細長い部屋に分割された壁構造の主室の南側に、列を成して並んでいる。これを彼らの祖地の南にあるリュキア[＊10]の崖面に刻まれた岩窟墓（図11）と比べてみると、リュキアの墓の立面が、柱と桁の間に梁を組み込むことで、軸組構造に特有な構造の一体感を見事に表現しているのに対し、エトルリアの例は、奥行き方向に梁がないことを暴露していて、間口一杯に架けた桁を柱頭付きの柱で支えるその意匠からは、いくども増築をくり返した建物という印象しか受け取れないのである。

　おそらく壁構造から派生したと推測されるこの柱列は、西アジアから東にかけても分布していて、木造の大寺院や宮殿等の大規模建築で頻繁

＊11　中国新疆省の敦煌莫高窟にある唐代の木造九層の建築（六九五年）。高さ三三mの弥勒菩薩が安置されている。

図12　パキスタン、ハプルーの寺院

図13　中国、敦煌、北大仏殿立面

に使われている。それも、極端に降水量が少なく、それで森林資源が乏しいため、日乾煉瓦などの比較的虚弱な壁構造に頼らなければ、民衆の住まいが建設できないような地域に建てられた建築ばかりなのだ。桁を支持する方法は、ギリシャ的な柱頭よりも、先述したルーマニアの例（図5）のように、幅広の肘木を活用する場合が多いが、柱で桁を先に支え、そこを三角の持送りで補強する化粧めいた柱列もあるし、桁と柱だけで肘木のない木組もある。例えばパキスタン北部、バルティスタンのハプルーにある寺院（図12）では、土と木で積んだ組積造の主室から屋根の根太を長く水平に張り出し、それを桁と柱で支えるだけで、庇の下に広大な空間を造り出している。

また、中国甘粛省の敦煌にある北大仏殿[＊11]の立面（図13）も、桁の下に肘木までいの化粧版をつけた柱列を積み重ねもので、岩壁を削って建てた壁構造の建物の本体と柱列とを結ぶ、細い繋ぎ梁の小口がわずかに見えるが、芝居の書割のような柱列の面的なパターンを繰り返すことで、砂漠の中の伽藍を引きたてようとする意図が明白に読み取れる。東アジアで独自に発達したといわれるこうした斗栱とそれを支える柱の様式にも、かつての西アジアで用いられた、あの土や煉瓦の壁を補強する技術が潜んでいたのかもしれない。そうしたエスノ・テクノロジーこそ、民族や地域の違いを越える貴重な遺産だったのではあるまいか。

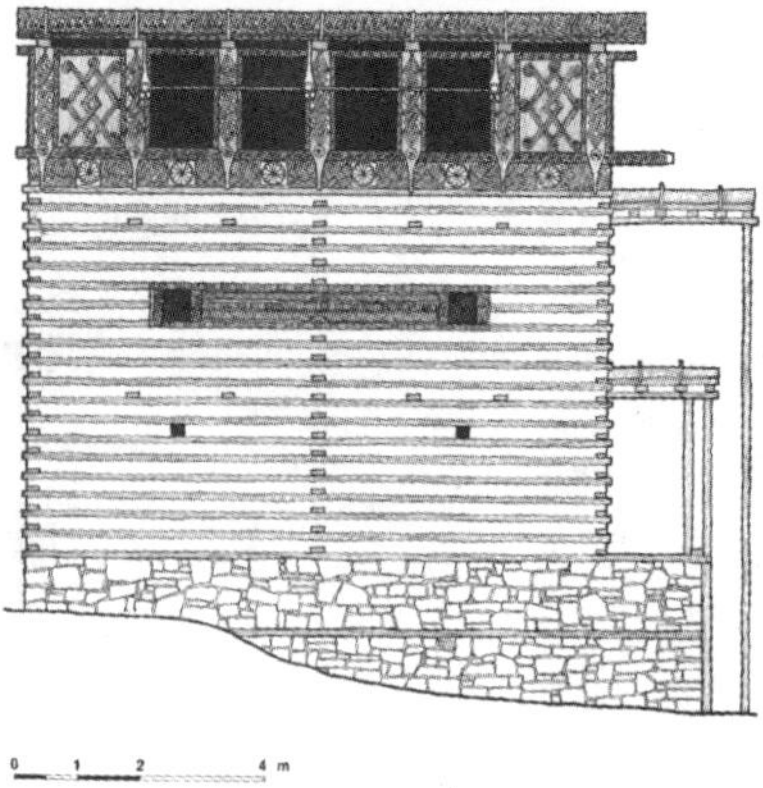

図14　アフガニスタン、カムデッシュの住居

石と木を交互に積み上げる壁の構法

アフガニスタンのカブールから東へ約二〇〇キロ行ったクナール川流域に、ヌーリスタン[*12]と呼ばれる地方がある。集落は一、三〇〇メートルから二、五〇〇メートルの高地に広がり、ヒンズークシュ山脈の南縁としては常緑のカシ、トウヒやモミに恵まれていたため、この地域では石を積み上げた壁の中に、長い木材を段にして挟み込む手法が使われてきた。場所によっては井桁に組んだ木材の間に石を詰める井楼組に近いものもあり、それらの木材の横の線が強烈な縞模様となって壁肌から浮き出ることから、アフガニスタンを代表するエスノ・アーキテクチュアとして世界に知られている。

標高一、三〇〇メートルにあるカムデッシュの例（図14）では、まず石の空積みで強固な基礎を長方形に築き、その上に厚さ一二センチ、幅二五センチほどの板の土台を置く。これと直交する方向の基礎の上には、この厚板にやはり直交する形でもう一本の厚板を渡すが、互いに組み合うような仕口は施さず、ただ載せるだけである。他の地方では、この上にすぐ次の厚板を載せ、その作業を上まで繰り返すことで壁を積み上げてから、ほぼ一二センチの間隔でできた隙間に、後から石や粘土を詰めたりする。しかし、カムデッシュでは、横木の間隔が板の厚さの約三倍、四〇センチになるよう、石や木片を挟みながら壁を積み上げ、その石の間に後から粘土などを詰めるのが伝統となっている。これらの壁では、厚板だ

＊12　Nūrestān　アフガニスタンの東部にあり、州都はパルーン（Paloon）。カフィール（Kafir）人が多く住むことで知られている。

＊13　Laghmāni　北東をヌーリスタン州と接する小さな州で、州都はメタルラム（Mehtar Lam）。インドからシリアのパルミラに通ずる交易の中継地だった。

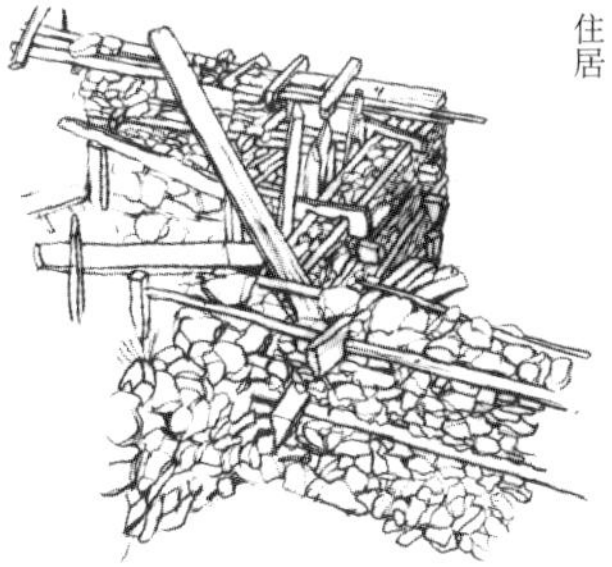

図15　アフガニスタン、パシャイの住居

けでなく、石や粘土も上からの荷重を交互に負担することになり、いろいろな材料の特性を巧みに生かした、多層構造壁の見本とでもいえるだろう。

このクナール川の谷から西に位置するラグマーン州[＊13]のパシャイでは、丸太を二本並べることで、この壁の補強を行っている。壁厚より数十センチ長い板の両端に穴を開け、その両方に細い丸太を平行に突き刺し、その井桁になった枠を、石積みの間に数段おきに挟んでいく方法（図15）だ。二本の丸太の間隔がちょうど石積みの壁厚になっているから、この壁の表面を土で塗って仕上げると、この横の丸太は塗り込められてしまい、それを挟んでいた長い板の端だけが、塗壁の表面に点々と見えてくる。この地方の塗壁が、カムデッシュとはまた違う建築の造形美を見せてくれるのは、この構法の伝統があるからだろう。

なお、ヌーリスタンでは、これらの例のように幅広の厚板や丸太二本を入れた壁は上等な建物だけで、その下のレベルになると一本の丸太を横にして交互に積み重ね、その横木の間に丸い石を挟んだ後、その隙間を粘土で塗り固めただけの壁になる。その場合、パシャイの例のように二本の丸太を井桁に組み、それを縦に使って壁の途中や開口部の壁端を補強している。この閂《かんぬき》に似た方立は、ヨーロッパの伝統的な井楼組にも使われるもので、木や石を積んだ組積造の壁のうち、とくに横からの力で崩れやすい部分を補強し、その表面を平たく保つための、今でも有効な手段なのである。この閂型の方立で大きな戸の框や敷居を挟んでいる

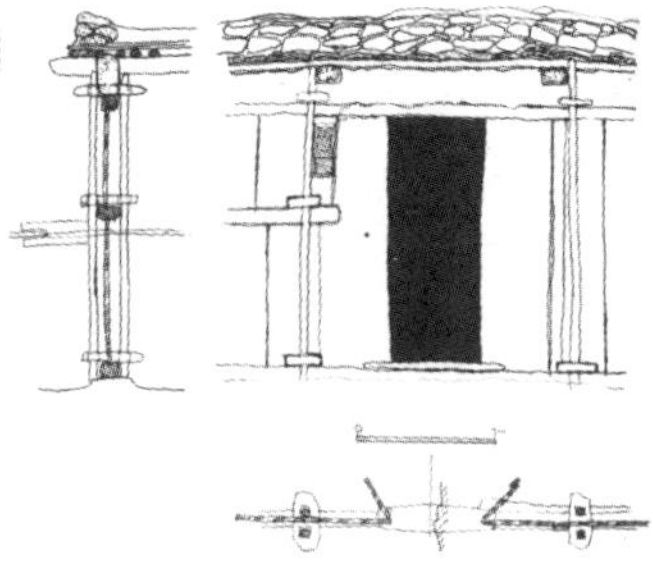

図16　パシャイの住居　開口部

図17　トルコのハトゥール構法

開口部（図16）も、工夫を凝らしている点で興味深い。

ヌーリスタンでは、農業や牧畜をする者が上層階級を占め、職人（バリ）や技術を持たない労務者（スワラ）が下層階級を形成している。建物の建設は職人層が行い、彼らが近くの森から木を伐り出し、手斧で角材にする。だから整然とした組積造になるのだが、パシャイではこのような階層分化が進んでいない。家を建てる際、大工兼現場監督を一人呼んでくるだけで、後は建主自身が親戚の手を借りながら大奮闘しなければならない。大工は最上階の柱や梁、屋根の垂木の加工をし、その目立つ部分に装飾を彫って引き揚げてしまう。男たちは遠くの山から木材を調達せねばならないから、壁塗りは女たちの手仕事になってしまった。彼らの家がヌーリスタンより見劣りするのは、やむを得ないことなのだ。

ヌーリスタン（光の地）とは、ここにアフガニスタンの勢力が及んだ一八九五年につけられた地名で、それ以前はイスラム側から見て異教徒（カフィール）が住む地として、カフィーリスタンと呼ばれていた。事実このカフィール人は中央アジア起源の古い民族で、紀元前二〇〇〇年ぐらいからここに住み着き、アーリア系の言葉を話す民族だということが、最近判ってきた。かつてアレキサンダー大王[*14]はこの谷を通ったが、彼はこの村がディオユニソス[*15]によって造られたと聞き、それに感動して村人をインド遠征に参加させた、という伝説が残っている。ヌーリスタンやその周辺地域がそれほど中央アジアや西アジアと関係があるのなら、

＊14　Mégas Aléxandros　古代マケドニアの王（紀元前三五六～三二八年）。ギリシャ軍を率いて小アジアとエジプト、ペルシアを征服、インドへ遠征した。

＊15　Dionysos　ギリシャ神話に登場する豊穣とワイン・酩酊の神。ローマ神話ではバッカス（Buccus）といわれる。

＊16　Hatıl constrution　日乾煉瓦や粗石積みの壁の中にハトゥール（Hatıl トルコ語で角丸太、小梁、楯の意）を〇・五～一・〇mおきに敷き込む構法。

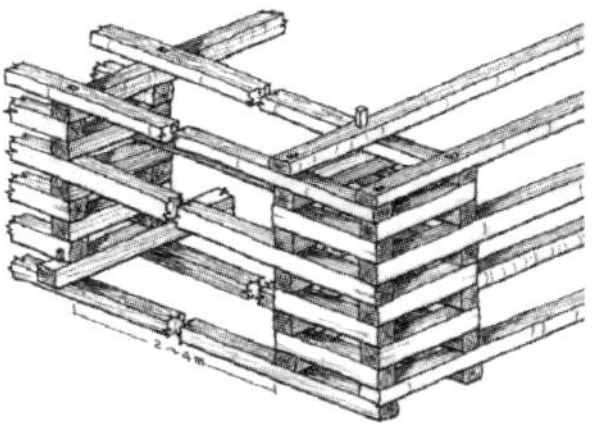

図18　北インドの構法

ここの壁の中に木枠や厚板を積み込む手法が、トルコやブルガリアで使われている、石積みの壁の中に板を挟む構法[*16]（図17）と似ていても不思議でない。パシャイの二本の木材で石を囲う構法は、インドの北部でも似た種類（図18）がみられるが、そのことは古代のヨーロッパでも知られていて、この構法をケルト人が要塞に用いていたと、J・シーザー[*17]さえ書き残しているくらいである。

今中近東で活躍している地震研究者[*18]には、このハトゥールのような壁に木片を挟む組積造こそ、耐震の手段として有効である、と提言する者が少なくないが、まだそれを立証するだけの理論的な研究が進んでいない。しかし、もしこの構法が現代の科学で合理的だと認められたとすると、トルコから北インドまで続く大地震帯の上に暮らしていた民族は、彼らのエスノ・アーキテクチュアのなかに、すごいエスノ・サイエンスを内蔵させていたことになる。現代の日本の建築技術では、石や煉瓦の壁に他の材料を混入することは好まれていない。コンクリート製の臥梁や石の楯は数少ない例外として許されるが、それ以外は単一な素材で積んだ壁だけが、純粋な組積造として構造計算の対象になっている。それでは諸外国の優れたエスノ・テクノロジーを日本の建設現場に持ち込むことなど、到底思いも及ばないだろう。せめてアメリカの煉瓦積みの補強方法（図3）のように、わずかでもよいからこうした世界の知恵を、自分たちのエスノ・アーキテクチュアに活かしてみる勇気が、日本人にも必要ではなかろうか。

組積造としての井楼組

それなら、単一の素材、すなわち一本の長い校木《あぜき》だけを積み上げた井楼組、一般には校倉《あぜくら》造りといわれる構法なら、日本人の好みに合うのだろうか。おおかたの日本人は、一方では井楼組の木の香や温もりに囲まれた生活を懐かしみ、その一方で開口部の少なさや間取りの不自由さを非難する。それは木造なら良く、組積造なら悪いというのと同じで、論理的には首尾一貫していないのだが、そうした誤りを犯すのは、日乾煉瓦や焼成煉瓦、そしてピゼと同じ組積造としての利点や欠点を、木造である井楼組が明らかに有していることを、日本人はよく理解していないからだ。例えば中国の版築の場合、型枠が長さ六メートル、幅と高さが二〇センチになったとしよう。そこで粘土を木と同じ強度になるまで搗き固め、それを脱型して下から積み上げれば、六メートルの校木を使った井楼組と、その形や壁を造る手順はほとんど同じになってしまうのである。

ただし、井楼組には他の組積造にない利点がある。その一つは校木と校木とを直角に組み、そこに渡り腮のような仕口（図19）を施せば、壁の出隅の強度が確実に保てることである。日乾煉瓦の場合のような補強など、まったく必要ないのだ。その代わり、出隅でない壁の部分に開口部を設けると、長い校木を幾つにも裁断することになり、材料は無駄になりやすい。短い校木を使うと、壁が縦長になって面倒だし、壁端には太い縦枠を入れねばならない。間仕切り壁も、その校

＊17 Julius Caesar　ローマ共和制末期の軍人・政治家（紀元前一〇〇～四四年）。『ガリア戦記』（近山金二訳、岩波文庫、一九六四年）などを著す。

＊18 イギリスのR・ヒューズ（Richrd Hughes）、アメリカのR・ラーゲンバッハ（Randolph Lagenbach）など。

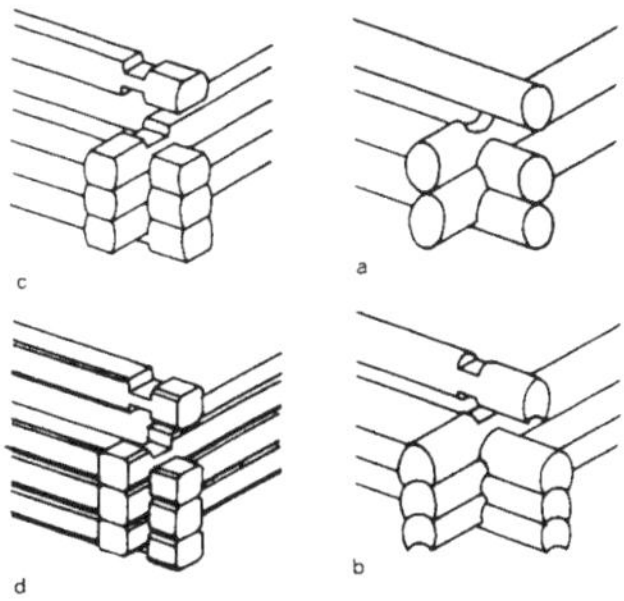

図19　渡り顎を用いた井楼組の出隅

木を外壁の校木の間に組み入れるのが面倒なため、間仕切りの少ない間取りが歓迎されてしまう。長い部材を使う井楼組だけに、この欠点は仕方がない。

しかし、人が持ち運べる限界の長さの校木を、たった四本使うだけで広くて四角い枠組みができ、それを一〇〜一五回繰り返して積めば、確実に建築空間が造れるという井楼組のもう一つの利点は、誰も揺るがすことができない。校木を積む際にできる目地に漆喰や苔を詰めるが、その数も煉瓦積みほど多くないし、その目地や出隅の仕口に沿って校木が動き、応力を吸収するからこそ、ハトゥール構法のような耐震効果も期待できる、優れた構法なのだ。そのため、井楼組の登場こそ、建築が四角になった原因である、と考えても不思議ではない。エスノ・アーキテクチュアとしての井楼組は、そのほとんどの平面が、四角かそのユニットを横に足した長方形だからである。校木の長さを一辺とした六角や八角の平面もあるが、それはプエブロのキヴァのように大きな教会や集会場に限られ、高級建築に属すのだから例外としてよい。ところが、この四角い木造の組積造を、西アジアで生まれた日乾煉瓦の四角い建物の元祖と見做すことは正しくない。井楼組が出現したのはそのずっと後の時代で、その地域も違うからだ。

井楼組が建築の構法からでなく、土留めといった土木的な手法から誕生したことを、まず確認しておく必要がある。その最初の例は、その字が示すように、井戸の周壁に使う土留めだった。紀元前五〇〇〇〜三五〇〇年の中国揚子江下流に

図20　古代中国、井戸の土留め

＊19　Hemudu culture　紀元前五〇〇〇〜三五〇〇年頃、中国の浙江省東部に興った新石器文化。世界最古の稲の栽培跡や高床式住居の遺構が発見されている。

＊20　Besshatyr　イリ川沿岸のベシャトウィルで発掘された紀元前七〜四世紀の木槨墳。イラン系遊牧民の墳墓で、地上に立てた柱の外に丸太を積む方法で建てられている。

＊21　step（露）、steppe（英）。樹木のない乾燥した平原で、河川や湖沼から離れた地域や夏枯れする温帯草原を意味することもある。

＊22　Halstadt　中部オーストリアの湖沼地帯にある町。近郊の岩塩抗から青銅器を伴う先史時代の墓地遺跡が発見され、ハルシュタット文化と名づけられた。

興った河姆渡《かぼと》文化[*19]に、枘を用いて井桁に組んだ浅井戸の枠組（図20）がすでにみられるからだ。それが比較的湿潤でない地域の深井戸にも土留めとして使われ、やがてそれを知った中央アジアの王侯豪族が、彼らの墳墓を土圧から護る木槨《もっかく》に使用し始めた。それが紀元前一五世紀頃で、スキタイ人が活躍した紀元前七〜四世紀には、西の黒海沿岸から東は西シベリアのアルタイ地方まで、数多くの木槨墳[*20]（図21）が造られ、そこには丸太の井楼組が見事に残っている。

こうした太い木を大量に伐りだし、それを加工するには鋭利な工具が必要である。井楼組には幹が真直ぐな針葉樹が適しているが、軟らかすぎて石器では伐りにくい。広葉樹の生木なら石器で伐れる。だが、曲がった幹が多いから、井楼組には適さない。そこで、井楼組の普及のためにはどうしても金属利器、とくに青銅製の斧が不可欠だった。斧一つあれば、鋸や鑿がなくても井楼組なら針葉樹から造れるのだ。

紀元前二〇〇〇年紀の前半、黒海北岸からヴォルガ川下流のステップ[*21]に住んでいた遊牧民が、今の東ヨーロッパではその大半を占める温帯内陸林に向け、移動を開始した。新しい農耕文化に触れながら、針葉樹と広葉樹が混合した森林地帯で家畜を飼う生活に憧れたからで、こうした東から西への少数民族の侵入は、背後から迫るスキタイ人の圧力もあって、紀元前九〜四世紀には最高潮に達し、その動きは中世のモンゴル人の侵攻まで続いていくのである。

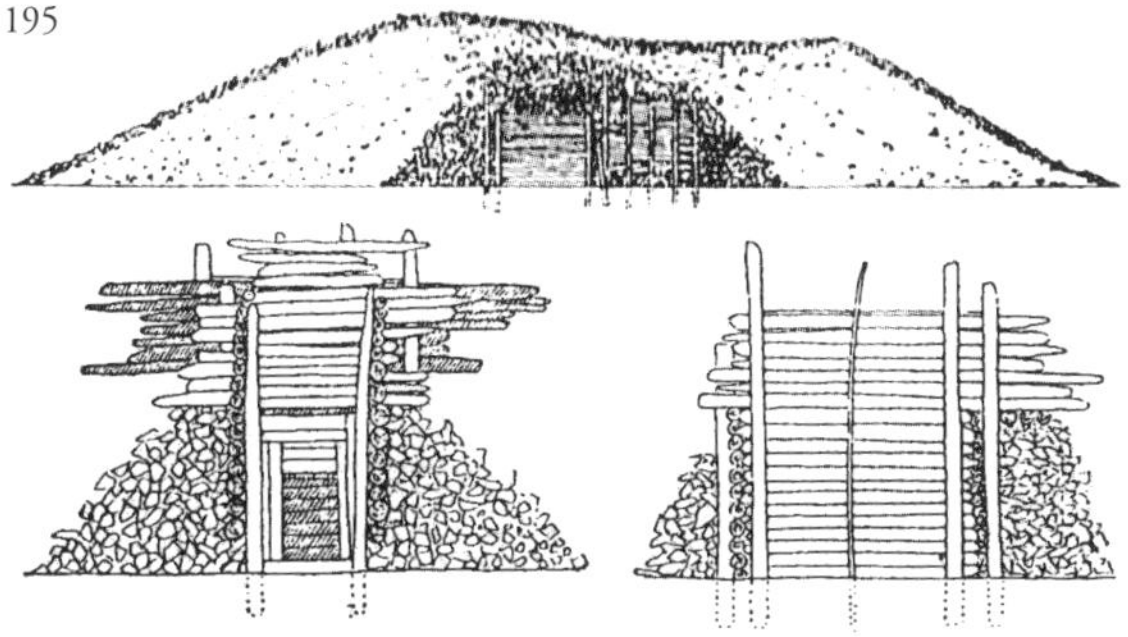

図21　カザフスタン、ベスシャトウィルの木郭墳

図22　ドイツ、トーリア、ケルト人の保塁（紀元前二世紀）

これらのアジア系民族のうち、紀元前一四世紀頃まで現在のポーランド付近にいたとされるイリュリア人とケルト人の動きは見逃せない。彼らがオーストリアのハルシュタット[*22]周辺から得られる青銅器を利用することで、混合樹林帯なら井楼組が可能なことを、ヨーロッパ中に知らしめたからである。イリュリア人は、オーストリアの東部を経てアドリア海沿岸を南下し、紀元前一二〇〇年頃エーゲ海に現れたが、彼らの伝統である平入りの平面と緩勾配の切妻屋根の建築も、その途中の地域に残していったことは、第2章ですでに触れている。

ケルト人は、その後中央ヨーロッパから果ては現在のブリテン島まで、その活動範囲を広げていったが、彼らは井楼組を建築だけでなく、井戸や木槨墳、それと同じアジア系民族から身を護るための保塁（図22）にも使っていた。それらの技術が、ケルト人の版図をそのまま支配することになったローマ帝国へと、継承されていったのだから、後世のヨーロッパ建築に及ぼすケルト人の影響は、四角い平面の建築などを建てるという意味からみ

図23　ウクライナ、スムイ地方の竪穴式住居

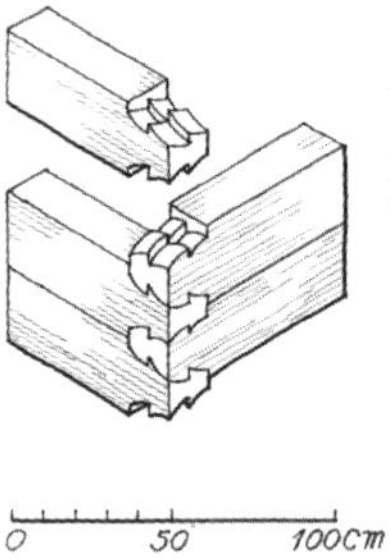

図24　オーストリア、ケルンテン地方の鎌欠き継

ても、非常に大きいものがある。

ただし、井楼組になったから建築のすべては四角になるという意味ではない。井楼組の技法は、ロシアやスカンジナヴィアの鉱物資源が開発されるにつれ、原初の地域からその北の寒帯針葉樹林へと広がっていった。井楼組だと寒さが凌ぎやすく、また竪穴形式にするとその校木を土留めに使えるから、森が豊かなら寒帯の住居（図23）の構法としては最適なのである。しかし、室内としては綺麗な四角になるが、強度がない針葉樹を使うと壁隅を渡り頤で納めねばならず、校木の端部が壁面から突き出るから、不揃いになって見苦しい。その反面、西の中央ヨーロッパでは、中世の中葉になって鉄の鋸や鑿が普及すると、硬い広葉樹の校木の端にやっと複雑な仕口（図24）が刻めるようになった。井楼組としてその時初めて出端のない、角がすっきり四角に納まる建物が出現したのである。

おりしも当時の北西ヨーロッパでは、水車の動力を利用して丸太を角材や板に挽くのが容易になり、太い柱や梁を使った軸組構造の建物が、ほぼ正確に刻めるようになっていた。したがって、それまでの壮麗な石造の宮殿や教会を除くと、真に四角い木造建築の形がエスノ・アーキテクチュアとして定着したのは、ヨーロッパで中世の中葉からであり、その周辺地域にあったほぼ四角い日乾煉瓦の壁面が端正な矩形の壁に整えられるのは、中世末期のオランダで開発された焼成煉瓦の製造法が諸国に及ぶまで、待たねばならなかったのである。

第11章

妻入りと平入り——建物の軸と街並みとの関係

図1　ウクライナ、キエフ地方、平入り・寄棟屋根の農家

どこから建物に入るか

丸い平面の建築を、土や木を用いて堅牢になるよう、しかも経済的に使って構築しようとしているうちに、だんだんと四角い平面の建築へ変わっていく過程をしばらく考えてきた。それも線的な柱や垂木の架構から、面としての建物の壁や屋根の造り方の話へとである。木材と土の両方の特性をいかして壁面を造る技術についても触れたつもりである。

ところで、こうした建設技術の推移によって、人々はいろいろな種類の壁や屋根を構築できるようになったが、建築を造る究極の目的は、あるまとまった形の生活空間、人間が入りこめるだけの大きさを持つ、ある空間のヴォリュームを得ることにあるのはいうまでもない。その輪郭を設定しているのが壁や床、そして屋根などの大きな建築の部位であり、またその空間を視覚的に拡大し、他の空間へつなげる役目をするのも、こうした具体的な要素群なのである。

これまでの話では、壁や屋根、柱や梁という建築の架構を構成する要素について、部材の位置や向き、面と面との角度とか勾配などの幾何学的特性が、どうやって決定され、選ばれてきたか、その実例をいくつかあげただけである。ここであらためて、建築空間の形自体を一つの選択の対象として考えてみる必要があるだろう。生活空間を一つの建物における内部空間の総和とするのもよし、壁や床でいくつに区切られたものとしてもよし、また外部をも含めて集落としての複合

図2　ポーランド、ホホワブ、平入り・入母屋屋根の街並み

空間へ発展していくものとして捉えても構わない。有限の形ある建築の空間として存在するものに、世界各地の異なった民族文化的背景をもつ人々が、どんな反応をしてきたかを個々に考え、それを比較してみようというのである。

生活空間への人々の反応の第一は、その空間への入り方である。今までに屋根の上からその下の空間に入る古代住居の例や、アメリカインディアンの例を示してきたが、こうした上からのアプローチの例は、現在きわめて少なくなってしまった。床下から直接床板を開けて入るという方法は、下からのアプローチとして最も徹底したものであるが、これまた世界の高床や樹上住居の地域でもめったに見られない型になってしまっている。階段や梯子を使うにしても、高床住居の大半は、縁側や踊り場を併設することで、結局は普通の接地型住居と同じように、壁や柱の間を通って、水平にアプローチするようになってしまった。そこで、この高床の問題も、ここではとくに分けて考える必要がないだろう。

この接地型の住居へのアプローチには、エスノ・アーキテクチュア的な見方からすると、さまざまの興味深い事例が発見できる。そのなかの一番重要で、しかも最初に解明したくなるテーマは、なぜ妻《つま》入りと平《ひら》入り（図1）の区別が生ずるかということである。平面の形が完全な円や多角形なら、どこから入ろうと、入口のとり方が全体の建築空間の構成に及ぼす影響は、幾何学的にみると対称軸が回転しただけで、たいした変わりがない。ただ、その敷地周辺の環境とか東西南

図3　フランス、ランド地方の妻入り・寄棟屋根の民家

北といった方位に対し、どう対応しているかが注目されるだけなのだが、長方形の平面の場合は、そう簡単には片づけられないのである。

妻や平という言葉は、棟のある長方形の建物の側面を区別するときに主として用いられている。妻が棟と直角な側面、平が棟と平行な側面である。入り方からいえば、妻入りは棟と同じ方向に主要出入口がある形式であり、平入りは棟と直角の方向に出入口がある形式ということになる。切妻屋根の場合は妻がはっきり見えるので区別しやすい。屋根勾配との関係では、妻には屋根の雨水や雪が落ちてこないから、平側に軒や庇、そして雨樋が設けられることになる。切妻の屋根が伝統的に多いドイツやイギリスでは、妻のことをGiebelまたはGable（破風）、平のことをTraufまたはTrough（軒樋、庇）というのはこのためである。

ところが、軒樋の側を平といってしまうと、寄棟や入母屋の屋根の場合（図2）に困ってしまう。軒が四周にまわっているので、その形からは妻と平との区別がつかないため、実際には棟があるのにもかかわらず、建物の長辺方向を平、短辺方向を妻といってしまうことが多いのだ。入母屋の場合はまだ破風が残っているからよいものの、緩勾配の寄棟の屋根だと棟は下から見定めにくいからだろうか（図3）。しかし、建物の平面の形で妻と平とを区別してしまうと、切妻屋根の中には、その短辺方向に棟を通し、妻側の面のほうを広くとる型があって分類がしにくい。例えば長野県の中央部に多い本棟造り[*1]やフランスのサヴォア地方

＊1　長野県の中部から南部にかけて分布する民家の形式で、緩勾配の切妻屋根、妻入りで正方形の間取り、雀踊りの妻飾り等をその特徴とする。

図4　フランス、サヴォア地方の妻入り・切妻屋根の農家

にある横長の切妻民家（図4）、それにスイスやオーストリアに多い、校倉造りの山小屋などがそれである。したがって、たとえわずかでも棟があれば、その方向を基準にして妻と平とを区別するという原則を動かさないほうが、建物の立体的な形とそこへのアプローチとの関係を論じるためには都合がいい。平面の形のプロポーションから建築と人との対応の図式を求めていくことは、陸屋根の場合も含めて、また違った解析の方法が必要なのである。

ヨーロッパの妻入り住居

さて、棟がある建築となると、日本と同じようにヨーロッパもまたその歴史は古い。紀元前四〇〇〇年紀に、北ドイツからドナウ河上流北岸にかけて、棟持柱をもつ、細長い平面の住居（図5）があったからだ。当時は小規模ながら円形や楕円形の住居もあったが、これらの住居もその一端がひらけて馬蹄形となり、そこに前室を設ける住居のプランが出現してきた。こうした住居は、紀元前三〇〇〇年紀からますます長大化し、幅七～八メートル、長さ三〇メートル近くの巨大なロングハウスも登場するようになったのである。

これらのヨーロッパの古い木造住居は、その殆どが妻入りだった。こうした細長い住居のうち、北西ヨーロッパでは、紀元前一〇〇〇年紀の青銅器時代から紀元後の時代にかけて中央の棟持柱が消滅し、棟の真下に幅の広い縦長の空間がと

図5　古代北西ドイツの妻入り住居

図6　デンマーク、ホブロ、ヴァイキングの住居、室内

れるよう、二筋の桁持柱の柱列が並び、その両脇にその半分の幅の二次的な空間が並ぶ平面の形、いわゆる三廊構成の平面（図6）に変わっていった。しかし、ドナウの中流から東ヨーロッパにかけては、依然として棟持柱を持つ中規模の家屋が多かったのである。

新石器時代の北西ヨーロッパの住居にはある一定の方向性があって、多くはその長軸を西北と南東に向けていた。ヨーロッパの考古学者は、こうした家屋の配置は海から陸へ吹く風を避けるためだとしている。もちろん妻入りの場合の妻は東南の風下側だから、こちらは朝日がさし込む側になり、内部の居住性を増すため、こうした方向を選んだことも考えられる。こうした傾向は内陸部のアイヒビュール（図7）などの遺跡にもはっきりあらわれ、前室つきの棟持柱の住居が、群をなしてその軸を東南に向けて建っていたことが確認されている。

このアイヒビュールの遺跡で興味あることは、住居と思われるものはすべて東南からの妻入りであるのに対して、集落のなかで共用の施設である集会所（図で広場—Haupt Platz と書かれた部分にある建物）や、楕円形の穀倉らしき建物は平入りだったことである。これはおそらく広場でなんらかの祭りや集会が行なわれ、そこと人々が集まる室内空間とが、前室を介さないで直接通じる必要があったからだろう。当時の住居には、主室のほかに前室にも炉を設けることで、男が食事をする場所を前面に押し出す傾向がすでに現れていた。こうした日常生活の機能的

a. 復原図

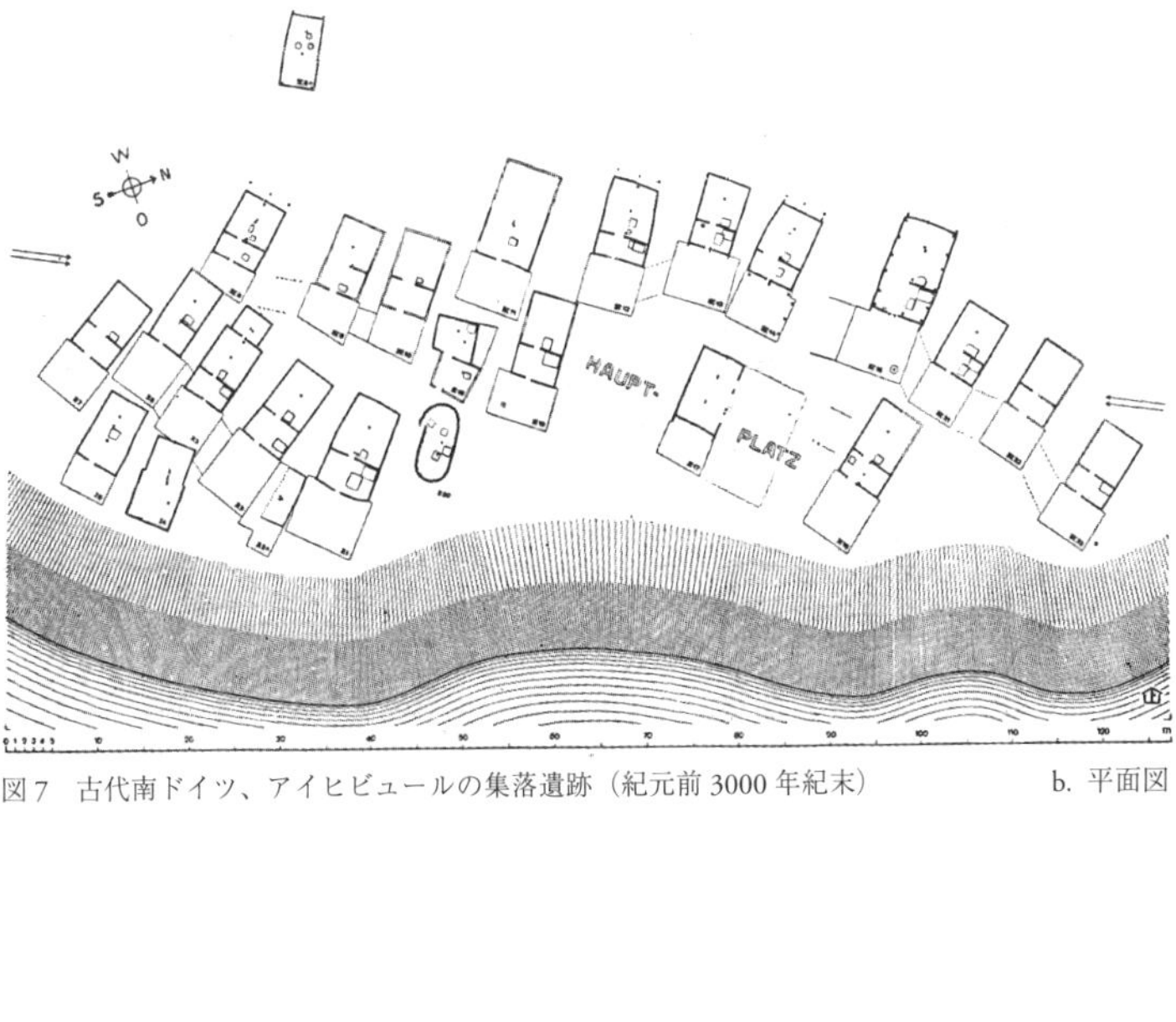

図7　古代南ドイツ、アイヒビュールの集落遺跡（紀元前3000年紀末）　b. 平面図

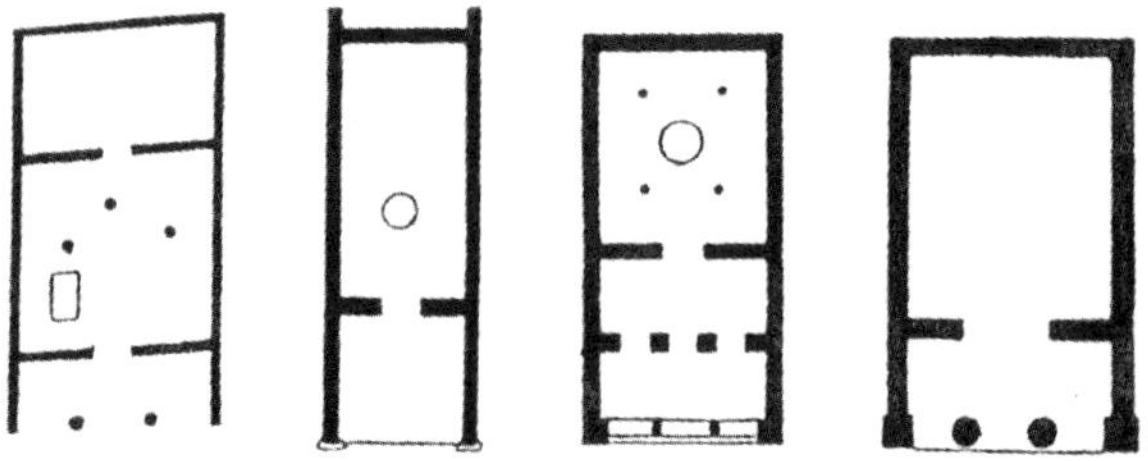

a. テッサリアの住居　b. トロイの住居　c. ティリンスの住居　d. ギリシャの神殿

図8　メガロン形式の発展過程

な空間のつながりよりも、まず公的な空間のつながりを重くみたこの例は、そういった面でも注目に値するのである。

こうしたヨーロッパの小規模で細長い平面の住居は、主室の前に前室、さらにその前に吹き放ちの場所をとる三段構えの構成となっていく。この流れは新石器時代から金属器時代のヨーロッパ東部やバルカン、小アジアに強くあらわれ、これがやがて木造だけでなく、日乾煉瓦の住居にもみられるようになり、やがて妻入りのメガロン形式（図8）になるのである。妻側の前室中央には、元来切妻屋根の棟木を支える独立柱があるのが普通だったが、長軸上に出入口を設けるには邪魔である。したがってそこに二本の柱を設けることになるのだが、こうした妻側の正面を奇数スパンに割る手法は、北西ヨーロッパで発達した前述の三廊構成とは全く違う経過をたどってもたらされたもので、かならずしも主室の架構システムを素直に表わそうというものではない。それは妻入りの入口の空間を機能的にし、形を整えるための、立面に限られたデザインだったのだ。

収容する人々の数が少なく、要求される部屋の種類も限られ、あったとしても別棟なり戸外の空間を利用できたメガロン形式の住居の単純さに比べて、ヨーロッパの北方や中央高地の木造住居では、同居する家族が増えるたびに、細長い住居の平面はますます大きさをまし、間仕切も多く必要となった。中世の木造長大住居は、それが始まる直前からすでに中央に柱がない、奥行きの深い空間を備え

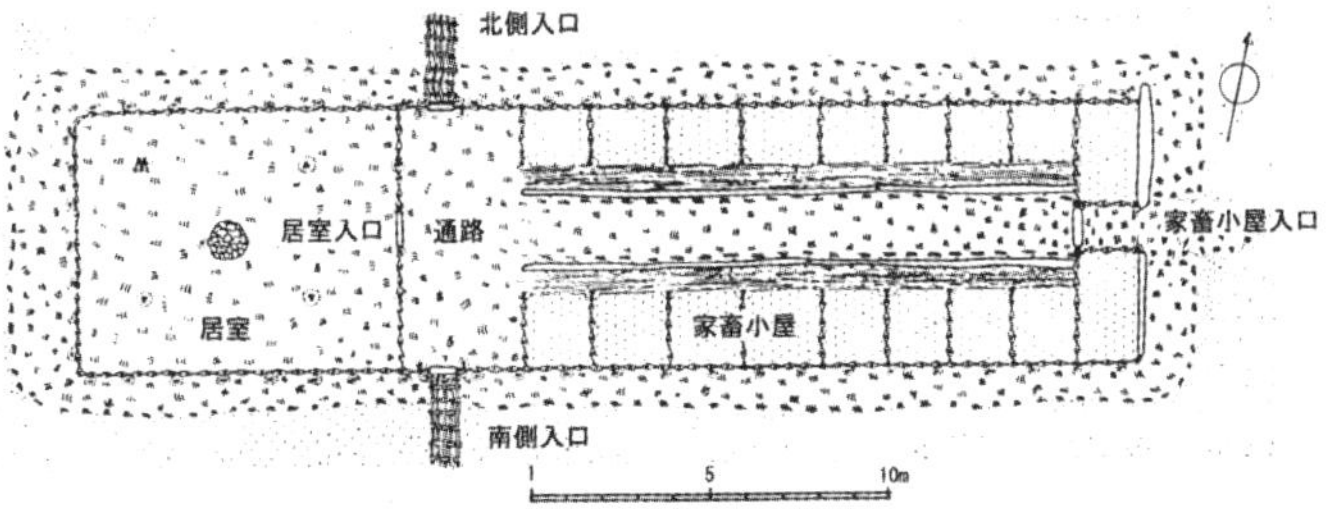

図9　ドイツ、フェッダーセン・ヴィールデ、平入りの住居

ていたことで、ホール型住居（Hallenhaus）と呼ばれるようになるのだが、この中央の空間の両脇には、柱間ごとに壁で仕切ったアルコーブができ、複数の家族が住んでいたという。もちろん妻入りの住居の場合がほとんどだった。

妻入りから平入りへ

ところが、古代から中世にかけて馬や牛の飼育が盛んになると、寒い地方の人々は、妻側の入口のすぐ前に人間の居室を、厩や農作業場をその奥にとるようになった。大家族制は消滅して家族構成は単純となり、各戸に敷地が割当てられたのである。それ以後農業の経営規模が拡大し、使用人が増えたり、世話をする家畜の数が大きくなると、細長い建物を人間の居室と家畜小屋とに二分し、その間に棟と直角に通り抜けの通路をとったり、居室へ直接外から入れる出入口をとるようになった（図9）。それが北西ヨーロッパにおける平入りの独立農家の始まりである。家畜小屋の部分には、こうした場合でも反対側の妻の中央に大きな扉をつけ、荷馬車ごと入れるようにするのが一般的な方法で、屋根裏へ穀草などを積み込むためには、このほうがよい。こうして北西ヨーロッパの農家では、妻入りと平入りとが、併合して使われる時代を迎えたのだった。

その反面、中世以降の東ヨーロッパのように、木材を水平に組み合わせて積んでいく井楼造りの民家が多かった地方では、はじめから平入りの平面が普及して

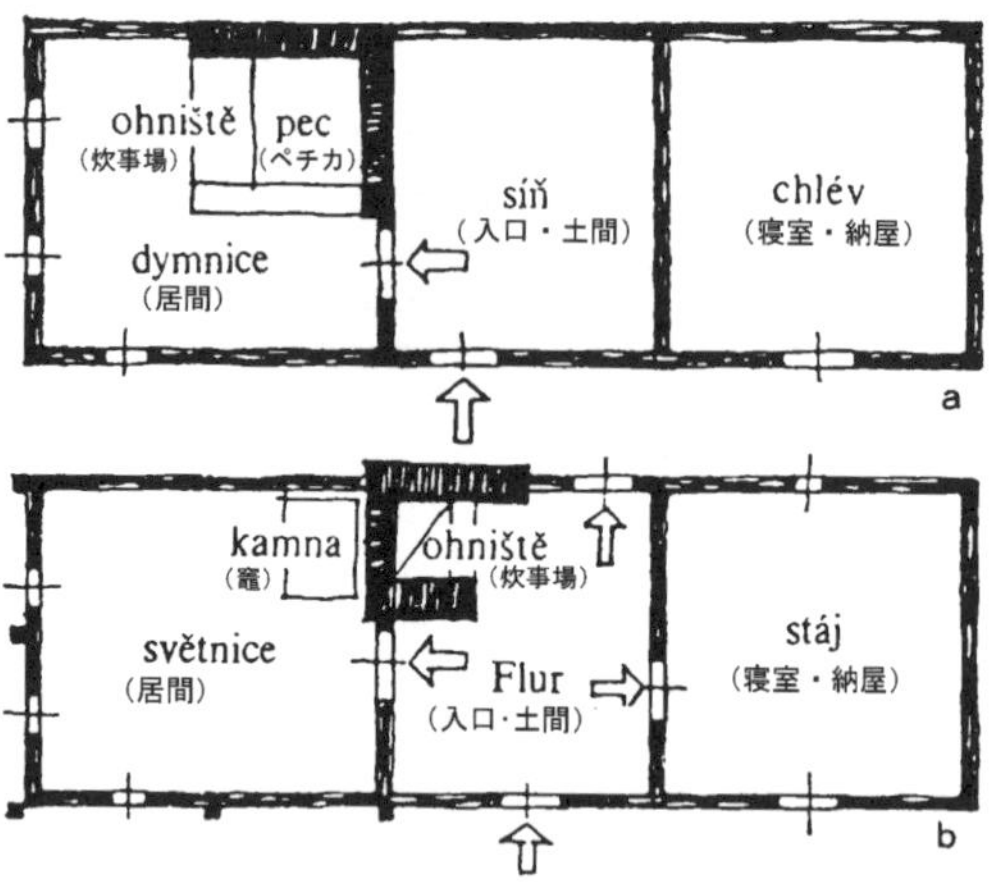

図10　チェコの住居平面
チェコ本来の型
ドイツの影響を受けた型

いった。どちらかといえば人と家畜とが同じ屋根の下に住むことが少ないこの地域では、建物をブロック別に分ける場合、暖房をするかしないかで区別するのである。ペチカを持つ居間と、暖房のない寝室とか納屋とがその代表的なものだろう。一定の長さの木材を揃えて建てる井楼造りでは、どうしても居間と寝室とを別々の空間単位として先に計画し、その間に通り抜けの通路をとるか、その空間を行きどまりの入口ホールとして、そこから両側の居室に入っていきたいのである。とくに居間にあるペチカの焚き口は、黒い煙に悩まされないためにも部屋の外にあったほうがよいから、隣の入口ホールに台所を設け、そこに焚き口をもっていく平面はとても都合がよい。そこで、東ヨーロッパの中央部には、居間＋台所＋寝室という三室が直列に並ぶ平入り住居（図10）が、ひろく普及することになったのである。

東ヨーロッパのこうした平入りで井楼造りの建物には、勾配のきつい寄棟屋根が載るのが普通だった。ただし、チェコ、スロヴァキアやポーランドの南部では、古くからのドイツ移民の影響か、切妻屋根を載せ、その妻破風を民族色や地方色豊かに飾ることが多い。なかには入母屋風に妻の上部だけ破風があったり、さらにその上部

図11　スロヴァキア、ポドビエル、平入り・入母屋屋根の民家

に半円錘形の小屋根をつけたもの（図11）もある。そしてこうした村では、例外なくこの化粧した妻側、それも居間の側を道路に向ける習慣があったので、村全体の景観は、いかにも家々の妻壁が整然と並ぶ街村といった印象を与えるものが多いのだ。といっても、家と家との間隔は適当に空いていて、その間を通って奥の納屋や物置、さらにその先の耕地へ達することができるし、またそこが平入りの家屋にとっては大切な前庭であり、作業場だった。

道路に直角に建物の軸を置き、妻側を表に出す集落の配置がドイツ風と考えられるようになったのは、北部から中部へかけてのドイツの中小都市に圧倒的に多い、切妻破風を揃えた街並みの景観と同じに見えるからである。だが、こうした都市型の家屋配置の原則は、最初に農村の集落共同体の形態を持ち込みながら、順々に都市的な生活パターンに合った形態へと修正されていくのが普通なのだ。例えば、ドイツやオランダの都市では、かつての農家の三廊構成で妻入りの空間構成を基本として、街路を挟み、軒が接するよう、切妻の屋根を持つ木造家屋を並べていった。ただし、妻の中央から内部にはいる形式は、間口が狭い都市の敷地には適さない。そこで複数スパンのうち、どちらかの端を出入口か片側通路、または階段室にする建物（図12）が定着していったのである。

しかし、こうして道を挟んで建物と建物の長軸を向い合わすようになるまでには、先に述べた古代の集落のように軸を一方向に揃えた段階から、広場を挟んで

図12　中世ドイツ、フリッツラーの街並み

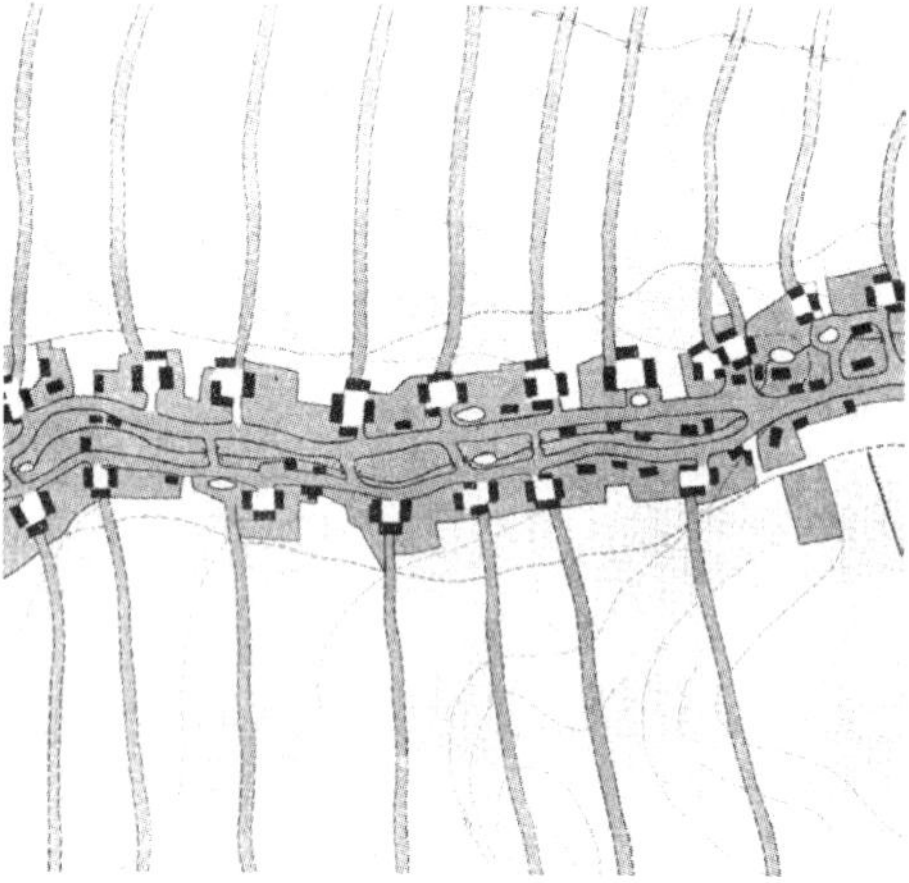

図13　囲み庭から耕地へ通ずる中世ドイツの道と街村

図14　囲み庭を持つ中世ドイツ、フランケン地方の農家

各戸が囲み庭を持てるよう、馬蹄形に建物を配置し、しかも主な建物の長軸を放射状に配置する段階を経てきたことがわかってきた。だが、中世以降から三甫制[*2]の農業が発達した中央ヨーロッパでは、集落を街村型とし、各住戸の背後に細長く個々の耕作地をとるようになる（図13）。家畜の飼育とともに、農機具小屋や納屋も増えるので、道路に面して幅広に囲み庭をとり、その周辺にコの字型に建

＊2　耕地を三分割し、一一月にコムギなどを播種する秋蒔地と、三月にオオムギ、豆などを播種する春蒔地、残りを地力回復のための休耕地とする農耕方式。

図15　チェコ、テルチ、妻入り・切妻屋根の街並み

物を配置し、そこから耕作地へいたる農道をつけたのだ。こうしてしまえば、すべての建物の出入口は平入りでもかまわない。各部屋との結びつきは庭を介してより機能的になり、増築もしやすくなった。そして各戸でプライヴァシーを守る必要が生ずると、この内庭と道路との間に屋敷門がつけられ、人と荷馬車が楽々と入れるよう、工夫されていったのである（図14）。

住居への入り方と街並みとの関係

この屋敷構えを前提とした平入り住居の経験が、やがて小さな広場を囲んで平入りの都市型住居が並ぶ要因になったとする見方がある。北西ヨーロッパより都市化が遅れた東ヨーロッパは、すでに農村のほとんどが平入りだったから、このような囲み型の広場が多いというのもうなずけよう。だが、スロヴァキアのバルデヨフやチェコのテルチ（図15）のような商業が盛んな小都市では、中世以降、広場に面して多くの商家が競って並び建つようになったので、やむなくドイツ的な間口の狭い敷地割が行われ、そこに妻入りで縦に細長い平面を構える遺風が今日まで色濃く残っている。しかも、テルチのように封建領主が自主的に街並み整備に乗り出した都市では、一六世紀以降に大流行したルネサンス様式で、家々の正面を飾ることが義務付けられ、それには、切妻屋根の破風が連なる街並みのほうが、なにかにつけ都合がよかったのだ。

図16　チェコ、ホラショビツェ、平入り・切妻屋根の街並み

また、チェコの南ボヘミアには、小さな広場の周囲に、バロック風の意匠を凝らした切妻屋根の妻壁を誇らしげに並べている村がいくつもある。ところが、よくみるとそのどの家の妻壁にも出入口がなく、広場に面した大きな開き戸を介してまず中庭に入り、そこから建物に入る手法で各戸が建てられている。これは、やはり図13で示した中央ヨーロッパ特有の街村の伝統を広場の形成時に持ち込んだもので、図14のような三方を建物で囲まれた家屋敷が、本来は広場の周辺をその塀と門だけで取り囲むべきものなのかもしれない。世界遺産として有名になったホラショビツェ（図16）のように、種々の歴史的事情から現在はドイツ系住民が大半を占めている村に限って、このような妻壁を誇張する街並みのデザインが残されているのだ。いずれにしても、これら中世以降の優れた街並みには、エスノ・アーキテクチュアの伝統がいくつも絡み合っていることと、その時代ごとに及ぼされるhigh styleの建築の影響が強い影を落としていることを、これらの街並みの生成過程を探る際には、強く意識しておかねばならないだろう。

しかし、ドイツからイタリアにかけて旅をするとわかるように、アルプスを境にして、広場といわず道筋といわず、急に妻入りから平入りの街並みに変わってしまうのはなぜだろうか。しかもこのあたりは、ベルナーアルペンやチロル、そしてバイエルンに代表されるように、妻入りの大きな独立した農家が多いところである。ここでは都市の集住形式が農村と無関係に発達したのだろうか。

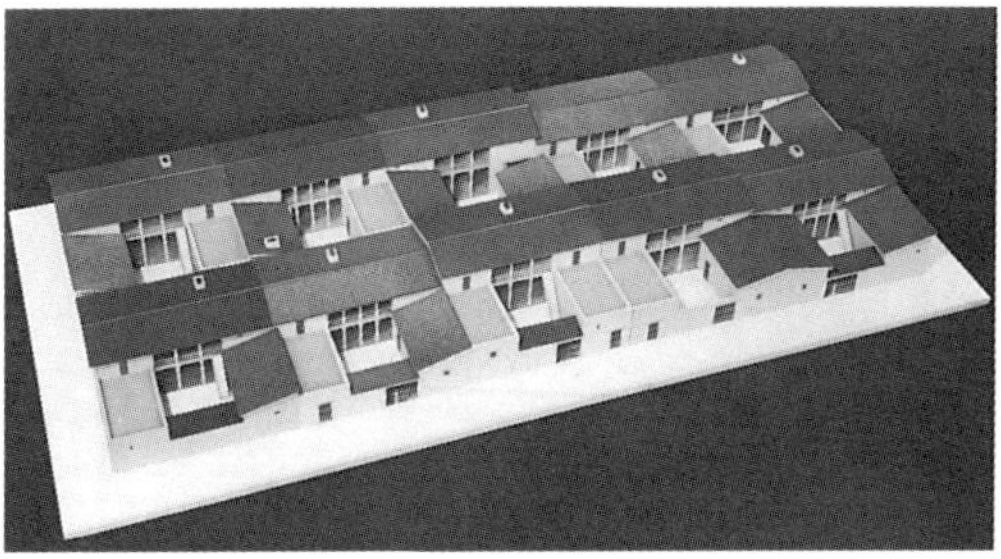

図17　古代ギリシャ　オリュントスの街並み模型

それは、バイエルンやチロルの農山村のほうが民族学的にはゲルマン的な伝統を持っているのに対し、地中海北岸には古代、北方からアドリア海へ南下したイリュリア人の平入り住居の影響がまだ色濃く残っているからである（図17）。そのため、平入りの単独家屋はラテン系の伝統となり、アルプス以南にはゲルマンの妻入りの風習がほとんどみられなくなった。アルプス周辺の都市が発達したのはローマの勢力が北上してからで、そこでエトルリア人以来といわれる、平入りで棟を道路と平行に置く町づくり（図18）が行われていったのだ。したがって、ここアルプス周辺における建物への出入りの方法は、農村と都市とではまったく違う発展の仕方をたどっており、その差はむしろ民族の文化的な背景、つまりエスノ・アーキテクチュアの違いから生じたものだと考えてよいだろう。

地中海型の平入りの住居形式が、どのような建築の計画的な必然性で生まれたのか、まだよくわかっていない。またそれが比較的木材を使うことが少なく、石や土を壁として使う建築の構法にとって、得策であるのかどうかも不明である。いずれにしても、英独の研究者が永年積み重ねてきたゲルマン系やスラブ系の民家や集落の研究のように、自然環境へ適応する知恵であるとか、空間構築の技術とか、形へ反応している民族の文化的背景等が、その歴史をも含めて、地中海側でも同じレベルまで解明されてこないと、この街並み景観の南北問題は解決しそうもない。そしてこのテーマは、ヴァナキュラーな建築だけでなく、ギリシャの

図18　スロヴェニア、シュコフィア・ロカ、平入り・切妻屋根の街並み

古典的な神殿だけが例外的に妻入りだった事実も含めて、モニュメンタルな建築のデザインも無関係でいられないような、壮大な文化交流の謎ときに発展していくのではないだろうか。

先に述べたゲルマン系の切妻愛好癖は、その根底には合掌組に代表されるような木造柱梁架構の伝統がありそうである。すると、日本の妻入りの民家や街並みとの関係はどんなことになるのか。それに東南アジアでもみられる妻入り高床住居の集落との比較もまた興味をそそる。世界的にみて、妻入りの家屋が並ぶ集落が少なくなってきているだけに、なおさらエスノ・アーキテクチュアの研究対象として、この街並みの形態はみのがせないテーマなのである。

海と妻入りの街並みとの関係

日本の街並みで妻入りが多い処は、不思議なことに日本海側に集中している。しかも漁村や港町に多い。たとえば北海道の江差、新潟の出雲崎（図19）、能登の輪島や三国湊、丹波の篠山、それに出雲地方である。太平洋側では伊勢地方や伊豆地方とその例は少ないが、いずれも海岸に面している。散村形式としては、このほかに山城中部から丹波南部、摂津西部へかけてのいわゆる摂丹型の民家、岐阜県北部から富山県南部のいわゆる合掌造りの一部、長野県中央部の本棟造りと山梨県の一部、それに奈良や大阪にみられ、こちらは比較的不便な山間部にあ

＊3　古代日本を代表する海人族で、発祥地は現福岡市の志賀島。瀬戸内海経由で近畿、東海や関東沿岸、山陰経由で北陸沿岸まで達し、長野県の穂高神社も安曇氏を祖神とする。

図19　越後・出雲崎、妻入りの街並み

図20　オランダ、アムステルダム、妻入り・切妻屋根の街並み

図21　丹後・伊根の船宿

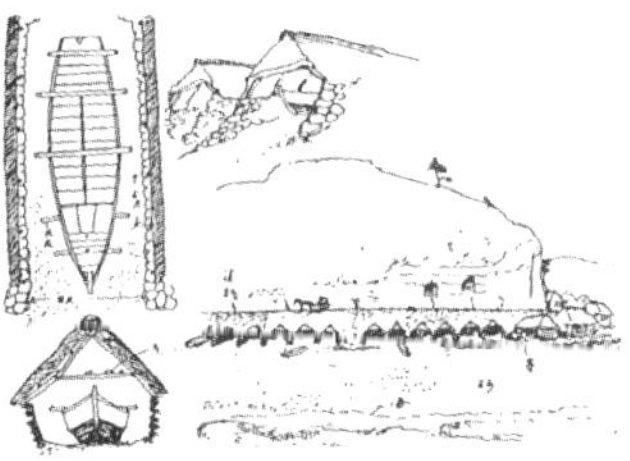
図22　伊豆・白浜、妻入り・切妻屋根の船小屋（一九二六年）

るが、長野県の旧南安曇郡のように、かつての安曇氏[*3]のような、海人族と関係の深い地域もとりわけ多く含まれているのだ。

　海岸や河岸はいうに及ばず、交通路に面して倉庫や蔵がたち並ぶとき、切妻屋根の破風を岸や道に向けることは、物資の出し入れ、建物の安全には賢明な策であったように思われる。ヨーロッパでも、オランダや北ドイツの港町に切妻の建物（図20）が多いのは、こうした物資の搬出入、特に破風の頂きにクレーンをつけ、屋根裏を倉庫に利用するのに便利であったからだという説がある。伊勢の河崎や北海道の小樽などでも、こうした商業活動のために、妻入りのほうが有利だったのだろう。

　しかし、これだけでは海岸部に切妻妻入りが多いという理由にならない。これらの港町のなかには北海道・江差のハネダシや丹後・伊根の船屋（図21）のように、海へ向かって高床の細長い家屋を突き出す伝統を持つところがあるからだ。とくに伊根のように舟を収容する場合は完全に妻入りである。高床でない舟小屋は、かつての伊豆の白浜（図22）や越後の海岸などでもみられたが、こうした連続した切妻屋根の形態が、いつのまにか周辺の街並みのデザインに投影されていったことは充分あり得るだろう。自分たちの住まいを船にたとえる発想からすれば、家の架構を正面からシンメトリーにとらえ、それを美化する伝統は海洋民に多いのだ。構築技術からしても、船大工が加勢する機会が多いこれらの海岸部では、やはり妻入りが、その機能性でたとえ劣っていても、生き残る可能性は強いのである。

出雲や伊勢に妻入りが多いという現実は、さきに述べた北西ヨーロッパの住居の歴史と比較することで、やはり合掌組にはじまる木造架構の伝統か、それとも切妻破風に対するシンボリックな意味の附加によって、より大きなエスノ・アーキテクチュアの領域をさし示すような期待をいだかしめる。先に述べたスラウェシのサダン・トラジャの集落や、それと似たような民族的背景をもつスマトラのトバ・バタックの集落配置にも、同じことがいえるだろう。出雲の場合は、神社と民家は妻入りという点で一緒だが、伊勢神宮だけがなぜ平入りかという問題はすこし次元を異にする。内宮の参道に面する民家が平入りを故意に避けて妻入りにしたという話が伝えられているが、それだけではない。原因はやはり別のところにあるのではなかろうか。

伊勢の国でも山城の国でも、一五世紀末まで農家のほとんどが妻入りであり、

＊4　伊藤鄭爾『中世住居史』（一九七六年、東京大学出版会）

＊5　ドイツのゴスラー（Goslar）の街区に保存されている「鉱夫の家　Bergmannhaus」などがその典型。

＊6　**kampung**　インドネシアの庶民が暮らす都市内居住地。ここで一般的に見られる木造切妻形式の屋根を意味する場合もある。

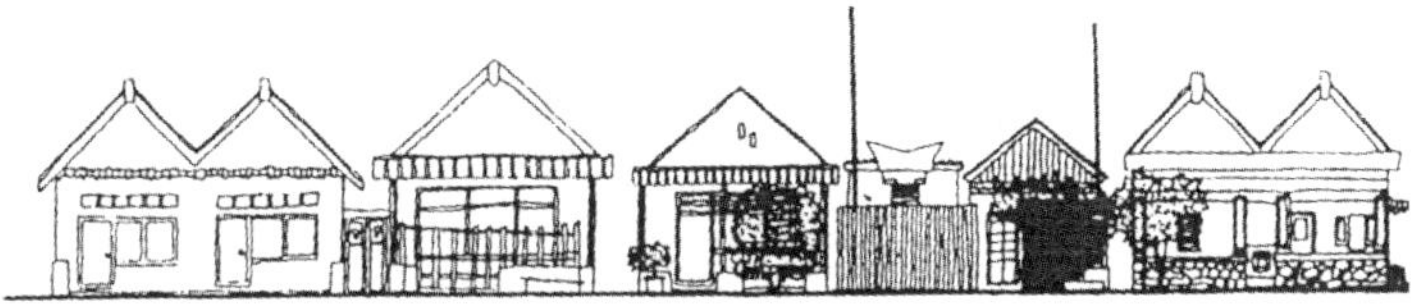

図23　インドネシア、スラバヤ、妻入り・切妻屋根の街並み

一六世紀前半までにどうも平入りに変わったらしい。その原因は、住居規模を増大させるために桁行方向の延長、そのため平入り導入となり、さらにそれが農民の生活形態の転換を余儀なくしたのではないかと、伊藤ていじ[*4]が述べている。当時の町屋はすでに平入りが優勢だったと思われるが、そちらのほうは、狭い間口いっぱいに小規模な住戸を建てる必要から生まれた智恵だったことは明白である。ただ、都市の性格が中世末期以降、道路に対して平行に棟を通すことを要求しはじめたことは、洋の東西を問わないらしい、ドイツでも一般的には西暦一五〇〇年を期して、町家ではこの建物軸の変換、すなわち妻入りから平入りへの変化が起こっている。そしてたとえ切妻の立派な妻入りの建物が残った都市でも、北ドイツでは貧民層が平入りの屋台[*5]（Buden）を建てることで、都市の景観を蚕食する事態が生じたのだった。

北西ヨーロッパや日本でこうした街並みの変化があったにもかかわらず、東南アジアでは、新たな都市勢力の勃興に際して、これとは全く逆の現象が起こることがある。例えば図23に示したようなインドネシアのスラバヤの例では、市内のカンポン[*6]に流入してきた新しい住民が、狭い間口に対して奥行が好きなだけ延ばせるような、切妻または寄棟で妻入り型の住宅を建てている。軒と軒が接するくらいに密なので、連続住宅と思われるくらいだ。屋根を伝わる雨水は、いつも谷樋かそれに近い複雑な機構に委せなくてはならない。ところが、こうした多雨地

図24　佐賀のくど造り、平川家

帯に不利な谷が多い屋根でも、インドネシアやタイの住民達は、彼らのエスノ・テクノロジーを使って、巧みに対処していくのである。この種の屋根の使用は九州のくど造り[*6]（図24）にみられるとしても、大部分の日本人は避けてしまうだろう。そうした屋根の選択は、こうした屋根架構へ出入りする方向も含めて、やはりその地域や民族の文化が最終的な判断を下す問題といえるのである。

　このスラバヤの街並みの造り方は、その区域に住み込む人達の民族文化的背景によって、これから様々に変化していくことだろう。一つの室内空間へ入るだけでも、同じ建築の文化圏にありながら、時と場合によっていろいろなヴァリエーションが生ずるものである。まして人種の坩堝《るつぼ》ともいえるこれらアジアの新興都市にあっては、妻入りと平入りはつねにエスノ・アーキテクチュアの格好のテーマであり、複数の建築空間を構成する技法のうえでも、これからも常に新しい創造の糧を提供してくれるものと思われる。

第12章　エスノ・サイエンスとエスノ・テクノロジー

図1　ポーランド、ジュチャフニツァ、マリノフスキー資料博物館

エスノ・サイエンスの固有性

二〇世紀の文化人類学は、B・マリノフスキー[*1]（図1）の「交換理論[*2]」からC・レヴィ＝ストロース[*3]の「構造論[*4]」に至るまで、独自の定義をもつ用語を創出し、人間の社会や文化の構成をより厳密に規定しようと試みてきた。しかし、その反面、いまだに未開拓の領域を括弧づけしたまま、新しい学問の対象として意識していこうともしている。もう一九七〇年代のことになるが、そうしたもののなかに、「エスノ・サイエンス[*5]」という新語があった。近代社会以外の社会や文化に固有な科学をこう呼んだのである。

この場合、近代社会のほうに対応している科学はいわゆる近代科学なのだろうが、例えば西欧の近代社会に近代科学が一対一に対応しているか、というような厳密な照合は特に問題としていない。近代科学には西欧以外に対応する社会や文化があってもよいし、西欧にも「エスノ・サイエンス」があってもよい。このような自由度も含めて、どの時代、どの地域の社会や文化は、いずれも固有の科学を持ち、それもその社会と文化の維持に不可欠な機能を持っているという科学観が、世界の人類社会を理解するためにはすこぶる重要な視点だった。その後の文化人類学、民族学の成果はすばらしい。現代の地球上に住みながら、近代社会の枠から外された民族や種族にも、それぞれ固有の「エスノ・サイエンス」が存在していることが、次々と報告されるようになった。また数々の文化史、科学史的

＊1　Bronisław Kasper Malinowski　ポーランドの文化人類学者（一八八四～一九四二年）。『西太平洋の遠洋航海者』（泉靖一編訳、一九七二年、中央公論社）等を著す。

研究によって、近代社会の成立以前には、色々なタイプの「エスノ・サイエンス」が併存していたことも明らかになったのである。

これらの科学の伝統のうち、非ヨーロッパ世界に伝わっていたとされる多様な数学の体系や天文学の知識、それに基づく自然環境の把握の方法は、エジプトやマヤの例にみられるように、近代科学の検証に値するだけの内容を持っており、その近代科学に先行する立派な科学史の対象として、鋭意研究が進められている。中国の例も同様である。

ただし、このように数や量で表現できるエスノ・サイエンスは、その社会を構成する人間すべてに浸透していたわけでなく、きわめて上層の人々の間で通用する概念だった。その科学でさえ、近代科学のように自立しているものでなく、その時代の宗教や政治、世界観や美学に深く関わっている。どこからどこまで科学としての論理実証が可能なのかわからない。ましてや数の論理や文字の記録を持たない一般大衆にとって、彼らの日常の生活を支えるエスノ・サイエンスがどのような体系であるかは、余りに複雑すぎて自分たちでもなかなか抽出できない。例えば彼らは天候の変化を予測し、農作物や家畜の状態が判断できる、ある規範をかならず持っている。道具の使用も物の理に従っているし、人体の生理にも詳しい。冶金の知識も豊かである。人間集団としての行動の科学も心得ている。ただ、自分たちの社会を支えるだけの智恵があればよいので、なにも努力してまで

＊2　メラネシアのトロブリアンド諸島で行われる交易（クラ）が、財貨の交換だけでなく、島と島とを結ぶ社会秩序の形成と持続の機能を果たす儀礼的な制度でもあるという理論。

＊3　Cloud Lévi-Straus　フランスの社会人類学者（一九〇八～二〇〇九年）。『悲しき熱帯』（川田順造訳、一九七七年、中央公論社）等を著す。

＊4　構造言語学や情報理論を基に、未開社会の親族組織には一定の構造とその神話には感性的表現による世界の組織化と活用に基づく「具体の科学」や「野生の思考」があるという理論。

＊5　未開民族が利用する有用動植物に対する資源的・博物学的関心から始まり、後に自然環境に対して固有の民族が持つ独自の認識領域への評価がなされるようになった。

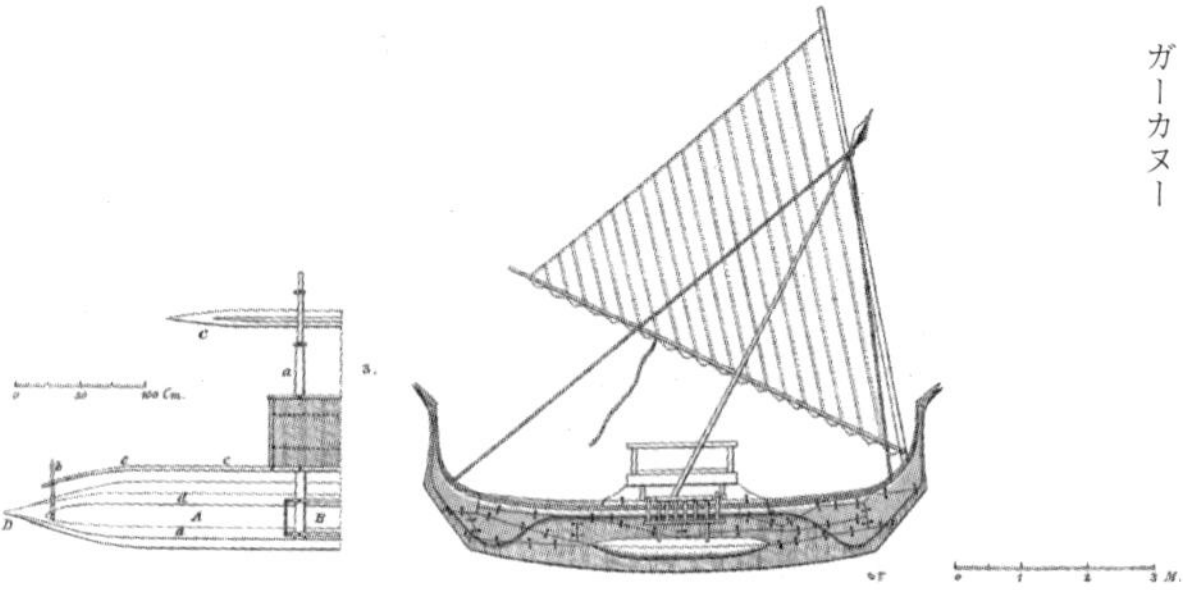
図2　ミクロネシア人のアウトリガーカヌー

それを一般化し、抽象化する必要はない、と思っていたにちがいない。

文化人類学では、いかなる社会や文化も、その優劣を論ずることが出来ないとされている。その地域社会や文化と不可分であるエスノ・サイエンスを抽出したところで、比べて点をつける訳にいかない。ポリネシア人やミクロネシア人は、彼らのアウトリガーカヌー＊6（図2）を操って遠洋航海に出かける。その船の針路を決めていく彼らの科学的知識を、現代のアメリカ海軍の電子科学と比べることは全く意味がない。科学の背景にある社会や文化の構造と、それと科学との関係が、全く別の次元にあるからである。だから、無理してまでもエスノ・サイエンスを、近代科学と同じように明瞭な視野で捉えて評価することはないのだが、それでは近代科学自身の評価が一方的になり、われわれは困ってしまうのだ。

客観化しやすいエスノ・テクノロジー

エスノ・サイエンスに比べると、「技術」という概念のほうが共通の基盤が造りやすい。もちろん、どのような社会でも生活技術は深く社会や文化のなかに組み込まれている。しかし、科学のように論理化され、無理して一般化される必要はない。物の形状や性質、人の対応の方法などをそのまま記述すれば、その技術の体系は客観化できるからである。因果関係を支配する原理を知らなくとも、原因と結果とを結びつける知識があればよい。この知識でもって物の世界を再構成するのが技術であるともいえよう。先述したアウトリガーカヌーの例も、最初の航海者には冷静な科学的判断と大きな勇気が必要だっただろうが、試みが成功すれば、それらの判断は航海術や海図[7]（図3）となって定着し、繰り返せば同じ結果になるメリットが、他人にももたらされる。技術では、このような客観性に実利性がともなうからこそ、その継承や他地域への伝播が可能になるのである。このような技術のうちで、特定の社会や文化に固有な技術を、第一章の定義にならって「エスノ・テクノロジー」[8]と再確認してみよう。近代社会に対応する技術をどう扱うかは問題だが、近代科学に裏打ちされた技術だけは、とりあえずエスノ・テクノロジーから除外しておきたいのである。

一般には、エスノ・テクノロジーの論理的背景にエスノ・サイエンスがあると考えていい。エスノ・サイエンスが、他の社会や文化に属する人間には理解できにくいのに比べて、エスノ・テクノロジーは、物の生産や操作の過程を言葉や文字、人間の動作や成型品に記憶させることによって、それとは別なエスノ・テクノロジーの領域[9]（図4）にまで、持ち込むことができる。ただし、在来の技術と客観的に比較できるこの第二のエスノ・テクノロジーを、完全にその社会のシステムに同化させるかどうかは、エスノ・サイエンスの問題というより、その社会に固有の文化の問題として考えたほうがよい。

人間社会が創出した宗教や科学、世界観や芸術とかいうすべての精神構造を、

＊6　船体の横に張り出した横木の下に浮木（重しも兼ねる）を取り付けた遠洋航海用の船。古くから南太平洋諸地域で用いられている。

＊7　ミクロネシア、マーシャル諸島の原住民が作る海図は、貝殻で島の位置、曲げたココ椰子の葉柄で海のうねりを表している。

＊8　語源については、H. Russel Bernard & Pertti J.Pelto, *Technology and Social Change*, 1972 等を参照のこと。

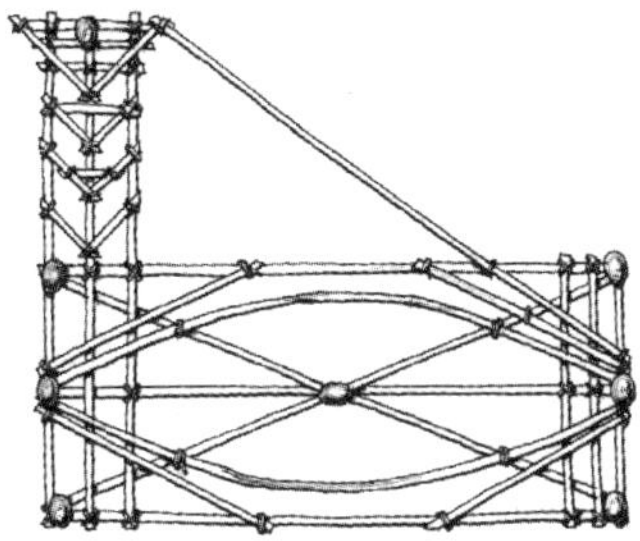

図3　ミクロネシア、マーシャル諸島の海図

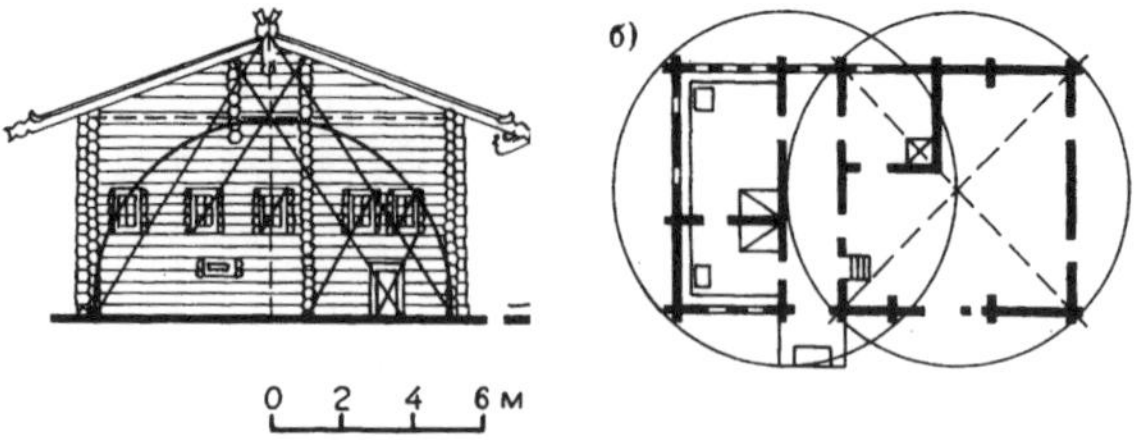

図4　ロシア、伝統的な住居のプロポーション

その社会の価値観にくまなく投影したのが文化であり、その精神構造のもとに、人と物のエネルギーを巨大な装置としてシステム化したのが文明だ、とよくいわれる。エスノ・テクノロジーも、社会を一つのシステムとして再構成する力を持っている。その際、テクノクラシー[*10]が肥大すれば、そのシステムは巨大化し、文明といって差支えないスケールになる、といってもよいだろう。

だが、そのどの段階にあっても、その社会や文化として投影された技術観が、他の精神構造の一つ一つと合致しなければ、そこに衝突が起る。総合的な文化の形になじめば、テクノロジーは文明のエネルギーを文化の面でも有効に発揮することができるのだが、そうでない場合は、文明はあっても文化はないという状態になって、テクノクラート[*11]は宙を舞うだけになってしまうのだ。

とくに技術の体系には、現実的に社会を支えるという合目的性と、そこへ向けて人々の関心を惹くだけの力があるから、こうした場合、結果的には冗長にして不毛な情報となり、危険で早熟なシステムもかかえ込むことになる。それだけに文化としての時代の判断力は技術の評価にきびしく、それ自身の精神構造としての宗教や芸術に対しては評価が甘い。だから、元来はエスノ・テクノロジーに優劣がつくはずが無いのに、文明のあり方を考える際には、その技術の価値をその合目的性で論じたがる。技術が道具や装置として具体化されていれば、それがどのようなエスノ・サイエンスに導かれたものであり、どのような文化が投影され

＊9　例えばロシアの伝統的な木造住居では、二〇世紀初頭までその平面や立面のプロポーションが、円や正三角形の比例を基に決められていて、それがその普及を早めた。
＊10　技術的な専門知識の持ち主であるテクノクラートたちによって、経済や行政が支配されること。産業革命以降の科学や技術が優先する社会をさす場合が多い。
＊11　Technocrat　高度な科学技術の専門知識と政策能力を持ち、なおかつ国や自治体の政策決定に関与できる高級技術官僚。

たシステムだろうと、近代科学の評価や近代から現代に至る技術の価値を基準として、エスノ・テクノロジーを比較するものが現れる。それが技術の発達を前提とした進化論的な比較技術論であり、それではこれまで知られていなかったエスノ・テクノロジーの価値を、正しく評価することなどできないはずだ。

近代建築が見過したエスノ・アーキテクチュア

こうした既存の科学や技術、文化や文明などとの関係を顧みながら、建築でも新しい概念が考えられないだろうか。これまでの近代建築の概念は、そのほとんどが西欧型の近代社会から成立したといえる。そこでまず、近代社会以外の社会や文化を支えていた建築の存在をエスノ・アーキテクチュアと称し、そこに含まれるエスノ・サイエンスやエスノ・テクノロジーにも、同じ問題意識を求めることができるのではないか。それが、第1章に示した筆者の提案だった。

その近代社会は、中世までの西欧における封建的な農耕社会が、都市を中心とする近世の商業活動にその経済的な主導権を奪われ、イギリスやオランダ、フランス、ドイツ等の先進諸国が、帝国主義的な風潮のもとに、周辺の国々、そして世界に向けてその支配権を拡大しようとした際、それら諸国の都市の力を支えてきた流通物資の生産組織が、近世までの手工業的な技能・技術の段階から、工業生産を前提とした新しい近代技術を獲得していく時代に形成された概念である。

図5　ドイツ北西部の木造軸組架構

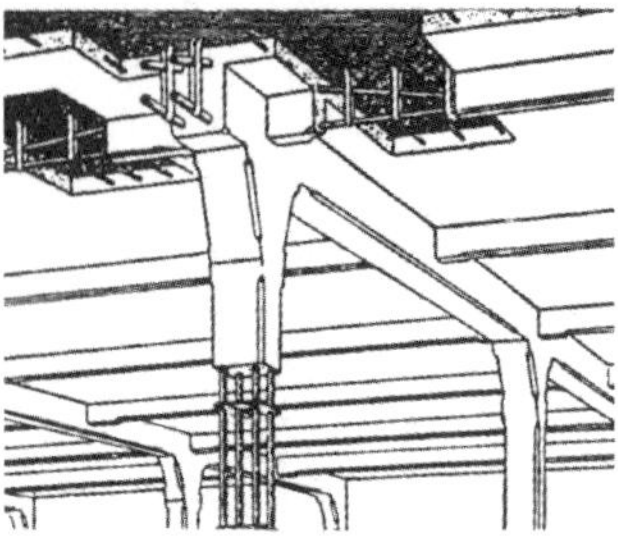

図6　近代の鉄筋コンクリート構造

世界中の建築に従事する者が、西欧における新しい時代の商工業施設や、それらを政治・文化の面で統括する各種の公共建築、都市内居住のための住宅建設、その利便性を向上するための都市の整備や拡大といった事柄に、その関心を集中していくのは、ある程度止むを得ないことだった。

そしてその結果、これら西欧諸国の先進的な建築家から、自分たちの目指す新しい建築以外の建築の存在を語る機会が失われていく。もちろん、彼らも自国の旧い地域社会で育ち、そこに固有な建築の伝統を感じていただろう。だが、その近世までの伝統、とくに庶民の木造住宅（図5）や農山村の集落等に蓄えられていた家づくりや街づくりの技と知恵は、それらの一部が近代科学の概念で裏付けられることで、結果的には新しい鉄骨や鉄筋コンクリート構造[*12]（図6）などに用いられ、どの地域でも使える技術として役立っていったとしても、その伝統的な技と知恵の蓄積のほとんどが置き去りにされていったのである。したがって、西欧の建築家が自国の伝統的な建築術、すなわち彼らのエスノ・テクノロジーの個性的な存在にあえて触れなくても、彼は近代建築の理念を語り、新しいデザインを創造したように振舞うことが可能になったし、むしろ自国の建築からあえて民族色や個性を消し去るほうが、彼らに新しい建築運動のリーダーとなる資格を約束する事態になってしまった、ともいえるだろう。

そのため、ヨーロッパ以外の国の建築家にとって、イギリスやフランスはもとより、ドイツやロシアの支配下にあった西欧以外の諸民族、その彼らに残されたエスノ・アーキテクチュアは、ますます遠い存在になっていった。例えばチェコやポーランド、バルカンやコーカサス周辺諸国の建築は、その民族的背景を知らなくても、ベルリンやウイーンの新建築が理解できさえすれば、それらの建築の本質はほぼ同じ、と信じる風潮が芽生えてしまったのである。

この風潮が生まれたのは、どの国の建築史家や評論家にもその責任がある。彼らのほとんどが、いわゆる西欧中心の古典的な high style の建築の後は、これらの近代建築がより合理的な様式として位置付けられ、地域や民族の差を超越する普遍的な存在へ発展するだろう、と考えていたからだ。

だが、他民族からの政治的抑圧があっても、自ら民族的背景を示す機会として近代を捉える建築家[*13]が、ハンガリーなどにはいた。同世代の音楽家ら[*14]が民謡から曲を創出したように、彼らはトランシルヴァニア[*15]の伝統などを近代建築（図7）に採り入れた。また、スウェーデンのE・コーネル[*16]は、自署の冒頭に「プリミティヴな建築[*17]」としてエスキモーの家や西アフリカの土壁建築（図8）、はてはスラウェシの高床住居（図9）までを、ヨーロッパの伝統的な木造民家や日本の社寺建築と同列に掲載し、それとE・G・アスプルンド[*18]やA・アールト[*19]などの作品とを、読者に比較させようとしている。しかし、こうした世界のエスノ・アーキテクチュアを自分達の建築運動と結びつけて語る建築家は、残念ながらヨーロッ

＊12　一八六三年、J・モニエが鉄筋コンクリートによる植木鉢の製法を発明、一八九二年F・アンネビークはそれを建築の柱・梁構造に用いることに成功した。

＊13　例えばブダペスト動物園（一九一〇年）等を設計したハンガリーのK・コーシュ（Káloy Kós　一八八三〜一九七七年）など。

＊14　例えばハンガリーのB・バルトーク（Béla Barók　一八八一〜一九四五年）やZ・コダーイ（Zoltán Kodály　一八八二〜一九六七年）など。

＊15　Transylvania　ルーマニア北西部の四周が山脈で囲まれた高原地帯。ルーマニア人のほか、ドイツ人やハンガリー人の移植者も多い。

＊16　Elias Cornell　スウェーデンの建築家・建築史家（一九一六〜二〇〇三年）。*Arkitekturens Historia*, 1949 等を著す。

＊17　スウェーデンの博物学者W・カウデルン（Walter Kaudern）が一九一七〜二〇年に行ったインドネシア、北スラウェシ島の調査資料。

図7　ハンガリー、ブダペスト動物園（一九一〇年）K・コーシュ設計

図8　西アフリカの土壁住居（一九〇八年の資料）

パでもきわめて少なく、そうしたことを考える必然性すら、日本で教育を受けた近代以降の建築家と建築技術者は、知らされていなかったのである。

どこまでがエスノ・アーキテクチュアなのか

こうした西欧諸国やその周辺の北欧や東欧でも、いわゆる近代建築から疎外された普通の建築は、エスノ・アーキテクチュアそのものと本書では考えてよい。特に、その詳しい民族的な背景が明らかになっていなくとも、その地域特有の手法によって建てられた民家や集落の存在は重要である。また、他民族が混住することで都市や農村が形成されたアメリカの新大陸では、どこまでが西欧的な近代社会といえるかがいつも問題になるのだが、そこで近代的な建築や都市が生まれた背景には、その良し悪しは別として、その地域に芽生えた近世以降のヴァナキュラーな建築群があるのだから、それらが複雑な民族的背景を幾重にも持っている限り、これらの建築も広義のエスノ・アーキテクチュアに含めてよいだろう。

そして、二〇世紀後から急に知られるようになったそれ以外のアジアやアフリカなどの建築は、それまで先進国がまったく度外視していただけに、もっともエスノ・アーキテクチュアらしい存在として、今後は建築の世界に新鮮な話題を提供し続けるに違いない。ただし、近代社会の形成まではまったく知られざる世界にあったこれらの膨大な量の建築群を前にして、そのどこから近代や現代の建築

＊18　Erik Gunnar Asplund　スウェーデンの建築家（一八八五～一九四〇年）。森の火葬場・森の墓地（一九三五～四〇年）等を設計した。

＊19　Hugo Alvar Henrik Aalto　フィンランドの建築家（一八九八～一九七六年）。パイミオのサナトリウム（一九三二年）等を設計した。

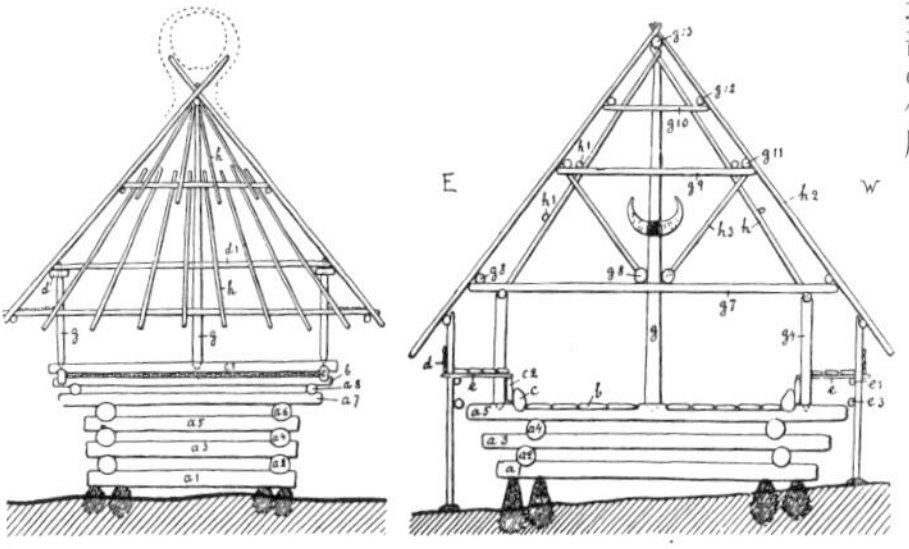

図9　インドネシア、スラウェシ島北部の住居

との照合を進めていくかという話になると、いくつもの目的や価値基準が競合してしまうため、かえって混乱を招くことがある。

例えば、二〇世紀までの中央アジアや北アフリカで行われた地理的な探検や考古学的な調査は、近代の西欧社会を構成するにいたったヨーロッパ系の人種や言語、生活文化の源流を探るという意味で、極めて学術的な色彩を帯びていた。しかし、二〇世紀前半になると、列強諸国の帝国主義的な海外政策の影響を受け、将来の植民地経営の参考にするため、民族・民俗学的な調査が、南アジアや東南アジア、オセアニアやアフリカ南部などで詳しく行われたのだった。そのため、この時代までに西欧社会が抱いていたこれら開発途上国のエスノ・アーキテクチュア（図10）は、西欧のレベルより格下の生活文化の象徴であり、近代建築にとっては、単なる造形上の好奇心を刺激する存在でしかなかったのである。

ところが、第二次世界大戦以後の二〇世紀後半、資本主義だろうと社会主義だろうと、大国の国内では少数民族間の抗争や生活文化上の軋轢が目立つようになる。それらが地理的に描いた境界で区分された地域間どうしの軋轢ならば、地方分権や保護地域の設定などの政策で問題は解決に向かいそうだが、都市や農村に混住しつつ、住民各自が、民族的なアイデンティティとか、そこからもたらされる差別意識の解消を訴えてくる場合、それでは済まないのだ。

そこで、それまで移民社会で成り立っていたアメリカ合衆国などでは、建築の

図10　インドネシア、ジャカルタ、チャイナ・タウンの街並み

専門家が文化人類学者らと協同し、それを各種の財団[*20]が支援することで、これら移民社会の構成員が出自した世界諸国の住文化に関する調査・研究が、二〇世紀後半から急激に増加した。それらの成果を、大都市に割拠し始めたカリブ海域や東南アジア諸国からの新規移民の居住区、そして何世紀も前から成長し続けるチャイナ・タウンやスペイン、イタリア、ギリシア系移民の街区などに対する、現実的な環境政策にどうしたら包括できるか、その立案に役立てようとする国や社会の意図が、新しい研究領域を出現させたのだ。その結果、アメリカへの移民が極端に少ない国々の研究は二の次にされ、調査の主目的も、建築や集落のモノとしてのハードな面でなく、人々の生活様式や集住体の構成という、ソフトな分野に重点を置いた国外調査が行われることになったのである。

しかし、こうした先進国のエスノ・アーキテクチュアへの関心は、二〇世紀末における情報化社会の発展や政治的な対立の緩和により、一部の専門家の研究対象から、やっと一般大衆が抱く興味の対象へと移っていく。ただし、そこで得られる新しい知識や情報は、経済のグローバル化によって先進諸国の商品生産の規模が拡大し、その販路開拓のため、世界諸国の企業や団体が、開発途上国の国内事情を競って求めた結果が大半、といっても過言ではない。外貨獲得のため、売らんかな、造らんかなという商業資本の欲望が露骨に伺えるのだ。海外旅行の自由化により、世界諸国の一般市民が、他国の自然や風土、近代の文明社会から取

＊20　例えば一九八八年からカリフォルニア大学を中心とする伝統的な住居・集落等の国際研究組織（IASTE）を支援しているアメリカのフォード財団など。

り残された伝統的な住文化の現状に直接触れる機会は、格段に増加した。だが、自国の精神文化のなかに、それらを国策や経済的な野心抜きに理解し、個人としてそれに共感する素地がないと、いくら素敵な対象に旅で巡りあっても、その価値を正確に捉えることはできない。それが私たちにできる日が来るとすれば、どこにでもエスノ・アーキテクチュアがある、それが存在する範囲を世界の隅々まで広げても構わないと、その時初めて明言できることになるだろう。

エスノ・テクノロジーと近代の建築技術

それなら、今後こうした広い意味でのエスノ・アーキテクチュアに対面した場合、それに対応するエスノ・テクノロジーは、どういう形で捉えられるのだろうか。また、それをどこまでカヴァーする意味でのエスノ・サイエンスがあるのだろうか。まずはその点が次の問題である。

建築が存在するためには、それを造る技術が先に必要であり、かつその技術が存続するためには、建築そのものも必要だということは、建築工学だけでなく、システム工学の立場からも、最も普遍的でかつ重要な指摘だった。文明をあるシステムと考えれば、文明論的な技術観でもある。技術の合目的性は、それを物品の生産に用いた結果で判断されるから、その技術観はすでに現在学的な色彩を帯びている。いくら過去の文明で用いられていた生産技術が現代の水準からみて驚

図11　スイス、チューリッヒ、竹を用いた多層建築の試み（一九八四年）、J・P・シュタウプ設計

異的だろうと、なぜそれを用いたのか、その目的が現代文明の判断基準で判らないと、それをそのまま他の技術と比較することはできないというのだ。

　そうすると、歴史的、非近代的な建築領域でエスノ・テクノロジーを論ずることは、少なくとも近代建築の延長線上にある現代建築の技術に、それをどう取り込めるか（図11）、という議論と無関係ではいられない。そして、現代の技術やそれを含めた建築デザインが、それらを必要とするほど行き詰まっているか、それがなくても進歩し続けるものか、という立場の差で、エスノ・アーキテクチュアへの関心がまったく違ってくる。一九七〇年代までは当然ながら後者だった。一九世紀末には民族的な伝統を近代技術に回帰させる動きが少々あったが、二〇世紀前半の近代建築思潮華やかなりし頃は、エスノ・アーキテクチュアなど眼中になかったのだ。建築の技術は年々進歩すると、誰しも疑わなかった。構造力学の進歩と新建材の開発、システム工学や環境科学の誕生がそれを保証した。しかし、これらの科学や技術が、文明の構成要素としての自然を意識し始めた二〇世紀の後半、建築や都市の発展にも、ついに破綻が訪れてきたのである。

　建築の技術が絶えず発達すると考える者にとって、最近の技術的な行き詰まりが、建築工学という体系の本来持っている構造的な欠陥からくるとは、なかなか認めがたい。建設産業が不況になるのは、建築への経済投資が減少したためだけでなく、建築に必要な自然素材、それを建てる土地、建てるための人的資源などが枯渇したからだ、と彼らは主張する。しかし、技術の発展論者にとって大切なのは、技術系全体の進展のなかに占める、建築技術の相対的な質の変化とその行方であって、このような物的、人的資源の枯渇はなにも建築だけに限らないのだから、いまさら建築に対する外圧を問題にしても、それは解決への途に通じない。構造的な病因の一つは、技術の限りなき進歩と蓄積を信ずること自体にあって、その発展説は一つの神話に過ぎないという点にある。建築に関する一般社会の知識には限界があり、新しい建築が増えれば古い建築の知識が確実に減る。それだから伝統技術の継承が危機に曝されるのである。加えて建築の世界では、技術を公共の情報として平等に管理する必要性を感じていなかった。近代技術を勝手に進展させておきながら、それが適応できる範囲を、いわゆるhigh styleの公共建築や産業施設、商業建築や都市居住の領域だけに限ってきたのである。そのため、「あらゆる技術を上手に運用する」技術が、建築全体の発展過程から育っていないことを、システム工学の分野からも指摘され始めているのだ。

構造的な病因の二つ目は、近代の技術が社会の進歩という公益を目的として発展してきた、とほとんどの人が信じていることである。科学は、速やかに公表されることで万人に共有されるとはいえ、凡人には理解しにくい点だけが、その独自性を保護しているのだが、技術は、それが国の軍備や企業戦略に役立つ限り、国益や私益でその発展が保障され、かつ保護される必要性を常に求めている。それだからこそ国や企業の機密の対象になり、特許権が付与されるのだ。先進諸国の軍需産業がどれほど機械・器具製造技術の発達を促し、公共事業が土木技術の向上に役立ったかをみれば、両者の密接な関係が判るだろう。こうした保護の下で発展した技術は、それだけの開発費が投入されているからには、当然それを用いた製品は高価になる。その技術が日常品の生産に応用されても、この資本と技術の金銭的な関係は変わらない。高度な製造技術は高級品に用いられ、貧しい人々には、相変わらず手の届かない存在になる。製品の質を左右することより、価格を操作できることが、現代では技術の役割と化しているのである。

そのなかで建築の技術は、どちらかといえば公益より私益が優先している。また、新建材の生産過程や新しい建築構法等のなかにも古い特許や秘伝が存続し、建材の規格化や現場工程の合理化は建設業の利益を保証するとはいえ、近代技術と伝統的な技術や技能との溝は、製造業や化学産業等に比べると、まだそう大きいものとはいえない。建物の規模が小さければ工業製品の使用頻度を抑えることも十分可能で、それだけ機械の技術力より人の身体能力に頼る部分も多くなる。「万人に利するのが技術本来の在り方」と信じる人々にとっては、特許や利権に護られた高層の大規模建築よりも、多くのエスノ・テクノロジーを秘めた、小規模で低層の伝統的な建築のほうが、これからの技術の本質を考える上で、はるかに貴重な存在といえることは、ほぼ確実といえるだろう。

図12　ウクライナ、キエフ地方、木造水車による風力の利用

エコロジーとエスノ・テクノロジー

ところで二一世紀を迎えると、これまでの近代技術観を一変するような事態が世界中で生じてきた。それが地球全域を覆う環境破壊である。CO_2の削減問題に象徴されるように、これからの社会を環境破壊から護るためには、一国、一地方だけでなく、一企業から一世帯まで、みな同じようにCO_2の排出量を削減しなければならない。そのためには、人々が生きていくため、年間どれだけのエネルギーを摂取し、そのうちどれだけをCO_2の無駄な排出なしに消費し得るのか、その数値が今後は健全な生活を営むための努力目標となったのである。

その考え方は、住む地域によって差があるものでなく、貧富の差によって値が変わるものではない。CO_2排出量の軽減に向けて見直されはじめた太陽熱や風力利用の伝統的な技術（図12）が、一つの国や企業の私利私欲を越え、世界中の人々に無償で提供されるべき性質を持つといわれるのは、その技術で活用されるエネルギー源が、国や企業、個人などが私有する土地の産物や埋蔵物でなく、人類が共有する太陽光と空気に含まれたエネルギーだからだろう。

これまでの資本主義経済では、どれだけの貨幣価値のモノがそこで産出され、どれだけの貨幣資本がそこに蓄積されたか、それがその地域の豊かさを図る基準だった。だが、これからは、どれだけの太陽と大気のエネルギーがその地域に降

図13　メキシコ、チワワ州、太陽熱による日乾煉瓦の製造工程

り注ぎ、そのどこまでをモノの生産や流通、生活の維持に活用できるか、それがもう一つの豊かさの基準となる。建築の建設や維持に関しても、いくら貨幣が支払われたかではなく、どれだけエネルギーを消費したかという値が、いまに建物の価値を決める基準になるだろう。過度に円やドルをその地域に投資しても、その生態系は決して健全にならないことを、人類はこれまで地域社会が文明化する過程で痛いほど学んできた。環境破壊の遠因となる地域開発の実態については、そこに近代技術の限界を感じる有識者が、きっと多かったに違いないのだ。

　ところが、近代建築様式の誕生前の建築技術、すなわち本書でいうエスノ・テクノロジーの分野では、日常生活に自然エネルギーをどう利用するか、その住民たちの技と知恵（図13、14）が、どの時代でもバランスよく用いられていた。これらの技と知恵の継承が、民族の伝統に従うものか、それとも地域に定住する人々で保たれたものか、その両者が並存する場合もあることを、すでに第二章で述べたが、いずれにしてもその段階では決定的な自然環境の破壊は生じていない。森林の生態系が崩れた時期を歴史からみると、すべて木材の大量伐採を必要とした戦乱の時代[*21]か、過度の人口集中に伴い、都市周辺で農牧地の開拓が行われた時代[*22]である。換言すると、農村文化が都市文明に変貌する時代といってよい。

　このように文化（culture）が文明（civilization）に変貌することが、これまで地球における環境破壊の元凶だったとすると、現代の世界は、近代文明を支えた科学

＊21　例えば紀元前五～四世紀に起きた都市国家どうしの戦争と果てしない造船競争は、ギリシャとその周辺の森林環境を完全に破壊した。

＊22　例えば一八世紀の囲い込み運動で都市周辺の緑地が放牧地に変わり、製鉄のための伐採がそれに重なったことで、イギリスの森林環境は一変した。

図14　中国雲南省、間伐材を使った木造井楼組の住居

や技術の役割を、いまここで考え直さねばならない事態にさしかかっていることを性急に示している。二〇世紀末におけるエコロジーは、まさにこうした機運に乗じて出現した、科学思想と技術論の代表であるといえるだろう。

だが、人為的に人の住む空間を造る建築の領域では、いくら「自然に還れ」という標語にエコロジカルな論議が到達し、都市文明が否定されようと、都市に建築がある限り、そのよりよき建設と維持への途を拓くため、地球全体における正しい科学・技術の在り方を、私たちは模索し続けねばならないのだ。

そうした状況下でエスノ・アーキテクチュアに注目することは、近代社会とは異なる特定の社会や文化と関連しつつ、それなりのバランスを保って培われてきた、そのエスノ・テクノロジーの存在理由を、従来のように共時的な観方からだけでなく、通時的にも問うことに繋がるのである。その場合、エスノ・アーキテクチュアに含まれる建築の範囲は、本書で試みたように、人類が初めて都市文明を創出した初期農耕文化の時代まで拡大するだろう。現代の発掘技術は、古代の王宮のみならず、庶民の住居跡まで間違いなく掘り当ててくれるし、世界中の考古学者が、そこから当時の住文化を鮮やかに説き明してくれるからだ。

現代の都市中心の建築にとって、テクノロジーなど無きに等しいと思われていたこれらエスノ・アーキテクチュアの世界で、例えば自然環境の保護を意識し、伝統技術の継承に気を配る、独自な技術の運用方法が見出せるのかもしれない。

技術を断片的に用いるのでなく、それをシステマティックな情報と捉え、ある時はそれを用い、ある時はそれを知っていても決して用いない、そうした健全な判断を、エスノ・アーキテクチュアが存続した社会は、かならず持っていた。それは一つのエスノ・サイエンスの適用であり、エスノ・テクノロジーの豊かさがもたらした成果でもあった。それこそがまさに文化の源泉、文明の主役としての、これからの建築の在り方なのではなかろうか。

あとがき

この本は、一九八三年四月から一九八七年一二月にかけ、雑誌『群居』に連載した「エスノ・アーキテクチュア序章」一二篇のうち、九篇を補筆し、三篇を新たに書き加えたものである。旧版の第一篇は、この版の構成上最後の章に廻し、多くの図版・写真・注釈等が、全篇にわたって新たに付け加えてある。

なにせ主文が書かれたのが四半世紀前なので、今更という感がなきにしもあらずだが、二一世紀を迎えた現代の世界が、あまりにも旧態依然とした民族対立、経済格差の時代そのままであるため、見過ごされてきた課題に新しい世代の関心を喚起することを願い、この度の出版に至った事情だけはお許し戴きたい。

先の雑誌連載の後、建築家や建築研究者のみならず、民族学をはじめ他分野の人々からも賛否両論のご意見を頂いた。そのなかで際立ったのは、エスノ・アーキテクチュアが、近代や現代の建築と対立するのではなく、本来は区別できない概念だろうということと、サイエンスやテクノロジーとの関係が、モノを重視する立場に偏っているのではないか、という二つの指摘だった。

もちろん、筆者が当時新語を創ってまでも世に訴えたかったのは、モダンとかポスト・モダンとかいう限られた様式の建築と、それを中軸に回転していく現代の建設産業や社会構造の弊害である。伝統的な建築や街並みの価値が各地で再評価され、その情報が豊富に得られるようになった今、世界の住まいの歴史的・民族的背景を、考古学や文化人類学、生態学等の及ぶ範囲まで広く追い求めれば、その結果から、近代や現代の建築と本書が示すエスノ・アーキテクチュアとが、同じ根源から誕生したことは、いずれ明らかになるだろう。その時、両者を分かつ言葉など、もはや必要ない。やがて死語になることを半ば期待しながら、後者の概念だけは公にする義務があろうと思い続けた、筆者の四半世紀だった。

二つめは、二〇〇四年日本民族学会が日本文化人類学会に改称されたように、民族的背景の研究は急激にソフト重視の傾向が日本でも進んだが、建築の民家や集落の研究領域では、依然としてハードな技術や意匠に関心が寄せられている点への批判である。筆者も拙著『世界の住まいにおける工匠たちの技と知恵』で、ソフト面を含んだ解析を少しは試みたが、独りの力では思うに任せない。こうした民家や集落にも、宗教や慣習、社会通念などの影響が当然及んでいる。この点を補うためにも、次世代を担う人たちの参加を大いに期待したいものだ。

今回、この旧冊子に敢えて出版の機会を与えて戴いた鹿島出版会の川嶋勝氏、南風舎の小川格氏と平野薫氏には、細部にわたり大層お世話になった。末尾になってしまったが、ここで深い感謝の意を捧げることにしたい。

二〇一〇年一月

太田邦夫

Verlag Ernst Wasmuth, Tübingen; p.171.
図 17　Hoepfner, Wolfram & Schwandner, Ernst-Ludwig (1989): *HAUS UND STADT IM KLASSISCHEN GRIECHENLAND—Wohnen in der klassischen Polis Band 1—*, Deutscher Kunstverlag, München; fig.37.
図 22　今和次郎（1943）：『日本の民家』相模書房、東京；fig.56.
図 23　布野修司、平野敏彦（1985）：「インドネシアの居住環境とその整備方法に関する研究－スラバヤのカンポンの特性と KIP の評価—」、東洋大学工学部建築学科；fig.6-26.

［第 12 章］
図 2　Kubary, J.S. (1890): *ETHENOGARAPHISCHE BEITRÄGE zur KENNTNIS DES KAROLINEN ARCHIPELS, GEBROEDERS VAN DER HOEK,* Leiden; fig.LV.
図 3　http://thenonist.com/index.php/thenonist/permalink/stick_charts/ より筆者作成。
図 4　Ushakova,Y.S. & Slavinoi (1994): *Istoria Russkoy Arkhitekturi,* Sankt-Peterburg Stroyizdat SPb; fig.4.4.
図 6　Guedes, Pedro (Ed.) (1979): *Encyclopedia of Architectural Technology,* McGraw-Hill Company, New York; P.256.
図 8, 9　Cornell, Elias (1949): *ARKITEKTURENS HISTORIA,* Bokförlaget Natur och Kultur, Stockholm; fig.27, fig.30-31.
図 11　Dunkelberg, Klaus (1985): *Bambus als Baustoff. IL31 Babus,* Institute für leichte Flächentragwerke, Karl Krämer Stuttgart, pp.38-256; fig.13, fig.3.
図 13　McHenry, Jr., Paul Graham (1984); fig.4.7(b).

［註］上記以外の写真及び図版はすべて著者の撮影または作成による。

主たる参考文献リスト

近森正、佐藤浩司、淺川滋男ほか：「エスノ・アーキテクチュアとは」『建築雑誌』1988 年 6 月号、日本建築学会、東京；pp.22-9
ドメーニグ、D.：「エスノ・アーキテクチュアと通時的研究」『建築雑誌』1988 年 6 月号、日本建築学会、東京；pp.38-41
太田邦夫（2006）：『世界の住まいにみる工匠たちの技と知恵』学芸出版社、京都
太田邦夫（1995）：『東ヨーロッパの木造建築—架構形式の比較研究』相模書房、東京
太田邦夫 (1992)：『ヨーロッパの木造住宅』駸々堂、東京
太田邦夫 (1985)：『ヨーロッパの木造建築』講談社、東京
布野修司（編 2005）：『世界住居誌』昭和堂、京都
淺川滋男（編 1998）：『先史時代の日本の住居とその周辺』同成社、東京
Oliver, Paul (ed.1997)：*Encyclopedia of Vernacular Architecture of the World,* Vol.1-3, Cambridge University Press, Cambridge/New York
Waterson, Roxana（1990）；布野修司監訳（1997）：『生きている住まい—東南アジア建築人類学』学芸出版社、京都
Kahn, Lloyd (ed.1973) 玉井一匡監修（2001）：『シェルター』ワールドフォトプレス、東京
Wulf, E. Hans（1966）；原　隆一、山内和也ほか訳 (1992)：『ペルシアの伝統技術　風土・歴史・職人』大明堂、東京

Harper Collins, New York. (www.tslr.net/2008/01/first-houses.)
図 15　Hajnóczi, Julius Gy. (1986); fig.205.
[9 章]
図 1　Schwerdtfeger, Friedrich (1971): "Housing in Zaria", in *SHELTER IN AFRICA* (Oliver, Paul ed.), Praeger Publishers, New York・Washington, pp.58-79; p.66.
図 2, 6, 8　McHenry, Jr., Paul Graham (1984): *Adobe and Rammed Earth Buildings—design and Construction—*, John Wiley & Sons, New York; fig.4.3, fig.6.5, fig.6.7.
図 3, 5　Hommel, Rudolf P. (1937,1967): *China at Work—an illustrated record of the primitive industries of China's masses, whose life is toil, and thus an account of Chinese civilization—*, The M.I.T.Press, Cambridege & London; fig.385-6, fig.439-40.
図 4　Erman, Adolf (1971): *Life in Anciet Egypt,* Dover Publications, Inc. New York; p.417. (原図：*Lepsius' Denkmäler aus Aegypten und Aethiopien, 1849-1858,* iii.40)
図 7　http://en.wikipedia.org/wiki/Weilburg
図 9　Spence, R.J.S. and Cook, D.J. (1983): *Building Materials in Developing Countries,* John Wiley & Sons, Chichester; fig.3.8.
図 10　Bardou, Patrik & Arzoumanian, Varoujan (1978): *archi de terre,* Parenthèses, Marseille; p.9, p.11.
図 11　Centre Georges Pompidou (Dethier, Jean ed.,1982): *Des Architectures de Terre, Centre G.Ponpidou,Paris; Down to Earth—Mud Architecture: an old ides, a new future—*, Thames and Hudson Ltd, London; p.38 より筆者作成 .
図 12　Hirshi, Suzanne et Max (1983): *L'ARCHITECTURE AU YEMEN DU NORD,* Architectures, Berger-Lervault, Paris. p.251
[第 10 章]
図 2, 3, 4　Bardou, Patrik & Arzoumanian, Varoujan (1978): p.34, p.14, pp.36-39.
図 6, 7, 10, 11　Hajnóczi, Julius Gy. (1986): fig.84, fig.40, fig.417, fig.317.
図 9　Burney, Charles (1977): fig.21.
図 14　Stanley, Ira Hallet & Samizay, Rafi (1980): *Traditional Architecture of Afganistan,* Garland STPM Press, New York; p.88.
図 15, 16　Wutt, Karl (1981): *Pashai—Landshaft・Menschen・Architektur—*, Akademische Druck-u. Verlagsanstalt, Graz; fig.55, fig.49.
図 17　Spence, R.J.S. & Cook, D.J. (1983): fig.4.16.
図 18　Hughes, Richard (2000): "Cator and Cribbage Construction of northern Pakistan", ICOMOS Int., Wood Coservation Conf, Istanbul; fig.1.
図 19　Schier, Bruno (1966): *Hauslandschaften und Kulturbewebungen in östlichen Mittel -europa,* Verlag Otto Schwarts & Co.,Göttingen; p.100.
図 20　張　宏 (2006)：『中国古代住居与住居文化』湖北教育出版社、武漢；fig.6-5-2.
図 21　香山陽坪 (1970)：『騎馬民族の遺産—沈黙の世界史 ⑥ 北ユーラシア』新潮社、東京；p.210.
図 22　Pigott, Stuart (1965); fig.119.
図 23　Rappoprt, Pavel Aleksandrovich (1972): *"Die ostslabischen Wohnbauten des 6.-13. Jh. in der Waldsteppenzone"*, Ztschr.f.A.6, Berlin; pp.228-39; fig.2, fig.6.
図 24　Phleps, Hermann (1942); fig.77-42.
[第 11 章]
図 7, 13, 14　Radig, Werner (1955): *Die Siedlungstypen in Deutschland—und ihre früh-geschichtlichen Wurzeln—*, Henschelverlag, Berlin; fig.13-4, fig.31, fig.89.
図 8　Radig, Werner (1958); fig.31.
図 9　Horn, W. & Bohn, E. (1979); fig.316.
図 10　Mencle, Václav (1980); fig.1372.
図 12　Winter, Heinrich (1965): *Das Bürgerhaus in Oberhessen. Das Deutsche Bürgerhaus VI.,*

ökologischem Bauen, Studio DuMont, Köln; p.38.
図 18　Jett, Stephan C. & Spencer, Virginia E. (1981): *NAVAJO ARCHITECTURE— Forms・History・Distributions—*, University of Arizona Press, Tucson, Arizona; fig.2.6.
図 20　Scarre, Christopher (ed. 1988): *Past World: The Times Atlas of Archaeology*, Crescent Books, New York; pp.70-71.
[第 7 章]
図 1, 2, 3, 5　Drew, Philip (1979): *TENCILE ARCHITECTURE,* Gradana, London; fig.3, fig.4, fig.14, fig.23.
図 4　Domenig, Gaudenz(1980): fig.110.
図 7, 8, 9, 10　刘叙杰（編 2003）：fig.1-60, fig.1-77, fig.1-71, fig.1-73.
図 11　Phleps, Hermann (1934): *Ost- und westgermanische Baukultur unter besonder Würdigung der ländlichen Baukunst Siebenbürgens,* Berlin; fig.13.
図 12　Ionescu, Grigore (1972): *Histoire de l'architecture en Roumanie.* Edition de l'academie, Bucureşti; p.16.
図 13　Kostof, Spiro (1985): fig.2.2.
図 14　Scarre, Christopher (ed.,1988): p.85.
図 15　小野昭（2002）：「中部ヨーロッパの最終氷期と人類の適応」『地学雑誌』111(6), pp.840-48, 2002; fig.3.
図 16　Cataldi, Giancarlo(1988): *LE RAGIONI DELL'ABITARE—STUDI E DOCUMENTI DI ARCHITETTURA/15—*, ALINEA, Firenze; fig.9.
図 17　Soeder, Hans (1964): *Urformen des abendländischen Baukunst in Italien und dem Alpenraum,* M. Dumont Schauberg, Köln; Fig.105.
図 18, 19, 20　Slejović, Dragoslav (1972): *Europe's first monumental sculpture: New Discoveries at Lepenski Vir—New aspects of antiquity—*, Themes and Hudson, London.
図 21　Helm, Rodolf(1978): p.45.
図 22　Klima, B.(1963): *Dolni Vestonice, Erforschung eine Lagenplatzes Mammutjager an der Jahren 1947-52,* Monum, Archaeol., XI.
[第 8 章]
図 1　Mellaart, James (1975): fig.15.
図 2　藤井純夫（2001）：『ムギとヒツジの考古学—世界の考古学 16—』同成社、東京 ; fig.43.
図 3　Storder, Daniel (2000): "Jerf el-Ahmar et l'émergence du Néolithique au Proche Orient."　In : (Guilaine, J.ed.) *Premiers paysans du monde. Naissances des agricultures.* Errance, Paris; pp.31-60.
図 4　Bersu, Gebhard (1940): "Excavations at Little Woodbury, Wiltshire. Part 1, the settlement revealed by excavation."　*Proceedings of the Prehistoric Society*, 6, pp.30-111.
図 5　Hodder, Ian (1990): *The Domestication of Europe—Structure and Contingency in Neolithic Societies—*, Basil Blackwell, Oxford; fig.3.5.
図 6, 7, 8, 9　Foundation of the Hellenic World: *www.fhw.gr/chronos/01/en/nl/culture.*
図 10　Cataldi, Giancarlo (1988); fig.8.
図 11　Hajnóczi, Julius Gy. (1993): *Ursprünge der Europäischen Architektur— Geschichte von Bautätigkeit und Baukunst im Altertum— Griechenland und Rom,* Verlag für Bauwesen, Berlin・München; fig.33.
図 12　Soeder, Hans (1964); fig.101.
図 13　Mencle, Václav (1980): *Lidová Architectura v Československu,* Academia Nakladateství Československé Akademie véd, Praha; fig.746.
図 14　Watson, Peter (2005): *Idea: A History of Thought and Invention, from Fire to Freud,*

図 15 Schepers, Josef (1943): *Das Bauernhaus in Nordwestdeutschland*, Schr.d., Volksk-dl., Kommission, J.7, Münster/W.;Taf.8-fig.50.
図 16 Horn, W. & Bohn, E. (1979): *The Plan of St. Gal.—A study of the architecture & economy of, & life in a paradigmatic Carolingian Monastery*—, Univ. California Press, Barkley; fig.316.
図 18 Kostof, Spiro (1985): *A HISTORY OF ARCHITECTURE —Settings and Rituals*—, Oxford University Press, New York, Oxford; fig.5-14.
図 19 Hitchcook, Henry-Russell (1975): *IN THE NATURE OF MATERIALS—the Buildings of Frank LLoyd Wright* 1887-1941—, DA CAPO PRESS, New York; fig.330.
図 21 Acland. James H. (1972): *MEDEAVAL STRUCTURE: THE GOTHIC VAULT,* Univ. of Toronto Press, Toronto & Buffalo; p.123.

[第 5 章]

図 1 宇都宮市教育委員会 (1992):『よみがえる太古;うつのみや遺跡の広場—史跡根古谷台遺跡保存整備事業報告書—』 宇都宮;PL28.
図 2 ル・コルビュジエ (1924), 吉阪隆正（1967）訳:『建築をめざして』鹿島出版会、東京 ; p.65, p.67.
図 3 Naredi-Rainer, Paul v. (1982): *Architektur und Harmonie-Zahl,Maß und Proportion in der abendländischen Baukunst-*, DuMont Buchverlag, Köln; fig.107.
図 4 Kottmann, Albrecht (1981): *Fünftausend Jahre messen und bauen—Planungverfahren und Maßeinheiten von der Vorzeit bis zum Ende des Barock*—, Julius Hoffmann Verlag, Stuttgart; p.20.
図 5 Pigott, Stuart (1965): *Ancient Europe—from the beginning of Agriculture to Classical antiquity*—, Edinburgh University Press, Edinburgh; fig.21.
図 6, 7, 8, 10 椚國男 (1983):『古代の土木設計』六興出版、東京 ; fig.27, fig.66, fig.77, fig.15.
図 9 福山敏男 (1984):『神社建築の研究』中央公論美術出版、東京 ; fig.25.
図 11 宮本長二郎 (1996):『日本原始古代の住居建築』中央公論美術出版、東京 ; fig.17.

[第 6 章]

図 1 Mellaart, James (1975): *The Neolithic of the Near East,* Thames and Hudson, London. Fig.23.
図 2 Archer, Ian (1971):"Nabdam Compounds, Northern Ghana" in *SHELTER IN AFRICA* (Oliver, Paul ed.), Praeger Publishers, New York・Washington; pp.46-57; p.49.
図 3, 5 Burney, Charles (1977): *FROM VILLAGE TO EMPIRE—An Introduction to Near Eastern archaeology*—, Phaidon Press, Oxford; fig.8, fig.10.
図 4, 6 Hajnóczi, Julius Gy. (1986): *Ursprünge der Europäischen Architektur—Geschichte von Bautätigkeit und Baukunst im Altertum— Band I. Alter Orient und Randkulturen,* VEB Verlag für Bauwesen, Berlin; fig.33, fig.35
図 7, 14 刘叙杰（編 2003）:『中国古代建築史』第一巻、中国建築工業出版社、北京 ; fig.1-55, fig.1-63.
図 8, 9, 10, 11, 12, 13 渡辺仁 (1981):「竪穴住居の体系的分類、食物採取民の住居生態学的研究 (1)」『北方文化研究』第 14 号、pp.1-108, 北海道大学文学部付属北方文化研究施設、札幌 ; fig.19, fig.21, fig.22, fig.30, fig.33, fig.2.
図 15, 16 Rapoport, Amos (1969): "The Pueblo and the Hogan—A cross- cultural comparison of two responses to an environment—", in *SHELTER AND SOCIETY* (Oliver,Paul ed.), Barrie & Jenkines, London; pp.66-79; p.69 & p.70.
図 17, 19 Wienands, Rolf (1983): *Die Lehmarchitektur der Pueblos—Eine Lektion in*

写真・図版引用文献リスト

[第 1 章]

図 3, 7, 8, 10　Domenig, Gaudenz (1980): *TEKTONIK IM PRIMITIVEN DACHBAU — Materialien und Rekonstruktionen zum Phänomen der auskragenden Giebel an alten Dachformen Ostasiens und Ozeaniens —*, Publikation im Rahmen der Ausstellung 'Gottersitz und Menschenhaus' an der ETH Zürich, Zürich; fig.246, fig.35-6, fig.232, fig.286.

図 11　Domenig,Gaudenz (1980): fig.244-B より筆者作成

[第 2 章]

図 1, 2　Noble, Allen G.(1984): *WOOD, BRICK, AND STONE—The North American Settlement Landscape, Volume 1: Houses—*, The University of Massachusetts Press, Amherst; p.104, p.146.

図 5, 9　Güntzel, Jochen Georg & Zurheide, Eckard (1986): *Holzschindeln,* Ökobuch Verlag, Kassel; p.35, p.46.

図 6, 7　太田邦夫 (1982)：「住居における木造架構の比較研究 (3)」財団法人新住宅普及会『住宅建築研究所報』1982, 東京；fig.5, fig.6.

図 8　Helm, Rudolf (1978): *Das Bauernhaus im Alt-Nürnberger Gebiet,* Verlag der Buchhandlung Emil Jakob, Nürnberg ; p.173.

図 14　*Das Bauernhaus im Deutschen Reiche und in seinen Grenzgebieten Atlas* (1906), Curt R.Vincentz Verlag, Hannover. Bayern；Nr.2-Abb.2.

[第 3 章]

図 1　"Clifford's Tower" (1270), York Castle, England.(Peter Edin の原画より筆者作成).

図 2　Domenig, Gaudenz (1980): fig.289.

図 3, 4, 5, 6, 7, 10　小林繁樹 (1978)：「ヤップ島家屋の構造と建築過程」『リトルワールド研究報告』第 2 号、人間博物館リトルワールド、名古屋；Photo.2, fig.1, fig.3, fig.5, fig.9, fig.40.

図 8　木造建築研究フォラム（1995）：『図説木造建築辞典・基礎編』：学芸出版社、京都 ; 施工—板図・番付—図 1, p.258.

図 9　Phleps, Hermann (1942): *Holzbaukunst, Der Blockbau, —ein Fachbuch zur Erziehung werkgerechten Gestaltens in Holz—*, Bruderverlag, Karlsruhe; fig.50.

図 12, 13 川島宙次 (1973)：『滅びゆく民家—間取り・構造・内部—』、主婦と生活社、東京；fig.66, fig.67.

[第 4 章]

図 2　工藤圭章（編 1981）：『日本の民家 -3　農家 III』学習研究社、東京；P.140.

図 3, 4　Radig, Werner (1958): *Frühformen der Hausentwicklung in Deutschland—Die Frühgeschitlichen Wurzeln des deutschen Hauses—*, Berlin; fig.32-33, fig.177.

図 5, 6　Kobyichyev, V. P. (1982): *Posyelyeniya i dzilishh'ye narodov Sevyernogo Kavkaza v XIX-XXvv.* Nauka, Moskva; p.113, p.113(部分).

図 7　Moser, Oskar (1976): *Das Pfettenstuhldach—Eine Dachbauweise im östlichen alpinen Übergangsgebiet—*, Wien; fig.8 a ～ c.

図 8　Gimbutas, Maria (1965): *Bronze Age Culture in Central and Eastern Europe,* Mouton & Co.,The Hague; fig.394.

図 9　太田邦夫 (1980)：『住居における木造架構の比較研究、世界の木造住宅』財団法人新住宅普及会住宅建築研究所、No.7612；fig.8.

図 10　太田邦夫（1985）：『ヨーロッパの木造建築』講談社 ; fig.60.

図 11, 12, 13　Phleps, Hermann (1942): fig.168 1-2, fig.167-2, fig.166-4.

図 14　Moser, Oskar (1976): fig.10-3.

太田 邦夫（おおた・くにお）

一九三五年 東京都生まれ。
一九五九年 東京大学工学部建築学科卒業、現代建築研究所入社
一九六一年 東京大学教養学部図学教室助手
一九六六年 東洋大学工学部建築学科助教授
一九八四年 東ヨーロッパの伝統的木造建築の研究で工学博士号を取得、同学科教授
二〇〇一年 ものつくり大学建設技能工芸学科教授
二〇〇五年 同大学退職、太田邦夫建築設計室主宰
東洋大学・ものつくり大学名誉教授

主な著作

『ヨーロッパの木造建築』講談社、一九八五年
『ヨーロッパの民家―建築巡礼4』丸善、一九八八年
『東ヨーロッパの木造建築―架構方式の比較研究』相模書房、一九八八年
『ヨーロッパの木造住宅』駸々堂、一九九二年
『世界の住まいにみる工匠たちの技と知恵』学芸出版社、二〇〇七年 ほか

主な建築設計作品

「ぼっこ山荘」一九六二年、「三笠の家」一九六三年、「五千尺ロッヂ」一九六五年、「松本の家」一九六六、一九七二年、「丘の上病院」一九六九年、「杢太良」一九七二年、「史蹟根古谷台遺跡（復原）」一九九〇年 ほか

SD選書253

エスノ・アーキテクチュア

発行 二〇一〇年三月二五日 第一刷
訳者 太田邦夫
発行者 鹿島光一
発行所 鹿島出版会
〒一〇四-〇〇二八 東京都中央区八重洲二-五-一四
電話 〇三-六二〇二-五二〇〇
振替 〇〇一六〇-二-一八〇八八三
制作 南風舎
印刷・製本 三美印刷

ISBN 978-4-306-05253-6 C1352
Printed in Japan

本書の内容に関するご意見・ご感想は左記までお寄せください。
http://www.kajima-publishing.co.jp
e-mai: info@kajima-publishing.co.jp

SD選書目録

四六判（*＝品切）

001 現代デザイン入門 勝見勝著
002* 現代建築12章 L・カーン他著 山本学治訳編
003* 都市とデザイン 栗田勇著
004 江戸と江戸城 内藤昌著
005 日本デザイン論 伊藤ていじ著
006* ギリシア神話と壺絵 沢柳大五郎著
007 フランク・ロイド・ライト 谷川正己著
008 きもの文化史 河鰭実英著
009 素材と造形の歴史 山本学治著
010* 今日の装飾芸術 ル・コルビュジエ著 前川国男訳
011 コミュニティとプライバシイ C・アレグザンダー著 岡田新一訳
012 新桂離宮論 内藤昌著
013* 日本の工匠 伊藤ていじ著
014 現代絵画の解剖 木村重信著
015 ユルバニスム ル・コルビュジエ著 樋口清訳
016* デザインと心理学 穐山貞登著
017 私と日本建築 A・レーモンド著 三沢浩訳
018* 現代建築を創る人々 神代雄一郎編
019 芸術空間の系譜 高階秀爾著
020 日本美の特質 吉村貞司著
021 建築をめざして ル・コルビュジエ著 吉阪隆正訳
022 メガロポリス J・ゴットマン著 木内信蔵訳
023 日本の庭園 田中正大著
024* 明日の演劇空間 尾崎宏次著
025 都市形成の歴史 A・コーン著 星野芳久訳
026* 近代絵画 A・オザンファン他著 吉川逸治訳
027 イタリアの美術 A・ブラント著 中森義宗訳
028 明日の田園都市 E・ハワード著 長素連訳
029* 移動空間論 川添登著
030* 日本の近世住宅 平井聖著
031* 新しい都市交通 B・リチャーズ著 曽根幸一他訳
032* 人間環境の未来像 W・R・イーウォルド編 磯村英一他訳
033 輝く都市 ル・コルビュジエ著 坂倉準三訳
034 アルヴァ・アアルト 武藤章著
035 幻想の建築 坂崎乙郎著
036 カテドラルを建てた人びと J・ジャンベル著 飯田喜四郎訳
037 日本建築の空間 井上充夫著
038* 環境開発論 浅田孝著
039* 都市と娯楽 加藤秀俊著
040* 郊外都市論 H・カーヴァー著 志水英樹訳
041* 都市文明の源流と系譜 藤岡謙二郎著
042 道具考 榮久庵憲司著
043 ヨーロッパの造園 岡崎文彬著
044* 未来の交通 H・ヘルマン著 岡寿麿訳
045* 古代技術 H・ディールス著 平田寛訳
046 キュビスムへの道 D・H・カーンワイラー著 千足伸行訳
047* 近代建築再考 藤井正一郎著
048* 古代科学 J・L・ハイベルク著 平田寛訳
049 住宅論 篠原一男著
050* ヨーロッパの住宅建築 S・カンタクシーノ著 山下和正訳
051* 都市の魅力 清水馨八郎、服部銈二郎著
052* 東照宮 大河直躬著
053 茶匠と建築 中村昌生著
054* 住居空間の人類学 石毛直道著
055 空間の生命 人間と建築 坂崎乙郎著
056 環境とデザイン G・エクボ著 久保貞訳
057* 日本美の意匠 水尾比呂志著
058 新しい都市の人間像 R・イールズ他編 木内信蔵監訳
059 京の町家 島村昇他編
060* 都市問題とは何か R・パーノン著 片桐達夫訳
061 住まいの原型Ⅰ 泉靖一編
062* コミュニティ計画の系譜 佐々木宏著
063* 近代建築 V・スカーリー著 長尾重武訳
064* SD海外建築情報Ⅰ 岡田新一編
065* SD海外建築情報Ⅱ 岡田新一編
066 天上の館 J・サマーソン著 鈴木博之訳
067 木の文化 小原二郎著
068* SD海外建築情報Ⅲ 岡田新一編
069* 地域・環境・計画 水谷穎介著
070* 都市虚構論 池田亮二著
071 現代建築事典 W・ペーント編 浜口隆一他日本語版監修
072 ヴィラール・ド・オヌクールの画帖 藤本康雄著
073* タウンスケープ T・シャープ著 長素連他訳
074* 現代建築の源流と動向 L・ヒルベルザイマー著 渡辺明次訳
075 部族社会の芸術家 M・W・スミス編 木村重信他訳
076 キモノ・マインド B・ルドフスキー著 新庄哲夫訳
077 住まいの原型Ⅱ 吉阪隆正他著
078 実存・空間・建築 C・ノルベルグ＝シュルツ著 加藤邦男訳
079* SD海外建築情報Ⅳ 岡田新一編
080* 都市の開発と保存 上田篤、鳴海邦碩編
081 爆発するメトロポリス W・H・ホワイトJr.他著 小島将志訳
082 アメリカの建築とアーバニズム(上) V・スカーリー著 香山壽夫訳
083 アメリカの建築とアーバニズム(下) V・スカーリー著 香山壽夫訳
084* 海上都市 菊竹清訓著
085 アーバン・ゲーム M・ケンツレン著 北原理雄訳

086* 建築2000　C・ジェンクス著　工藤国雄訳
087 日本の公園　田中正大著
088* 現代芸術の冒険　O・ビハリメリン著　坂崎乙郎他訳
089 江戸建築と本途帳　西和夫著
090* 大きな都市小さな部屋　渡辺武信著
091 イギリス建築の新傾向　R・ランダウ著　鈴木博之訳
092* SD海外建築情報Ⅴ　岡田新一編
093* IDの世界　豊口協著
094* 交通圏の発見　有末武夫著
095 建築とは何か　B・タウト著　篠田英雄訳
096 続住宅論　篠原一男著
097* 建築の現在　長谷川堯著
098* 都市の景観　G・カレン著　北原理雄訳
099* SD海外建築情報Ⅵ　岡田新一編
100* 都市空間と建築　U・コンラーツ著　伊藤哲夫訳
101* 環境ゲーム　T・クロスビイ著　松平誠訳
102* アテネ憲章　ル・コルビュジエ著　吉阪隆正訳
103 プライド・オブ・プレイス　シヴィック・トラスト著　井手久登他訳
104* 構造と空間の感覚　F・ウイルソン著　山本学治他訳
105* 現代民家と住環境体　大野勝彦著
106 光の死　H・ゼーデルマイヤ著　森洋子訳
107* アメリカ建築の新方向　R・スターン著　鈴木一訳
108* 近代都市計画の起源　L・ベネヴォロ著　横山正訳
109* 中国の住宅　劉敦楨著　田中淡他訳
110 現代のコートハウス　D・マッキントッシュ著　北原理雄訳
111 モデュロールⅠ　ル・コルビュジエ著　吉阪隆正訳
112 モデュロールⅡ　ル・コルビュジエ著　吉阪隆正訳
113* 建築の史的原型を探る　B・ゼーヴィ著　鈴木美治訳
114 西欧の芸術1 ロマネスク上　H・フォシヨン著　神沢栄三他訳
115 西欧の芸術1 ロマネスク下　H・フォシヨン著　神沢栄三他訳
116 西欧の芸術2 ゴシック上　H・フォシヨン著　神沢栄三他訳
117 西欧の芸術2 ゴシック下　H・フォシヨン著　神沢栄三他訳
118 アメリカ大都市の死と生　J・ジェイコブス著　黒川紀章訳
119 遊び場の計画　R・ダットナー著　神谷五男他訳
120 人間の家　ル・コルビュジエ他著　西沢信弥訳
121* 街路の意味　竹山実著
122* パルテノンの建築家たち　R・カーペンター著　松島道也訳
123 ライトと日本　谷川正己著
124 空間としての建築(上)　B・ゼーヴィー著　栗田勇訳
125 空間としての建築(下)　B・ゼーヴィー著　栗田勇訳
126 かいわい[日本の都市空間]　材野博司著
127* 歩行者革命　S・プライネス他著　岡並木監訳
128 オレゴン大学の実験　C・アレグザンダー著　宮本雅明訳
129 都市はふるさとか　F・レンツローマイス著　武基雄他訳
130 建築空間[尺度について]　P・ブドン著　中村貴志訳
131 アメリカ住宅論　V・スカーリーJr.著　長尾重武訳
132 タリアセンへの道　谷川正己著
133 建築VS.ハウジング　M・ポウリー著　山下和正訳
134 思想としての建築　栗田勇著
135* 人間のための都市　P・ペータース著　河合正一訳
136 都市憲章　磯村英一著
137* 巨匠たちの時代　R・バンハム著　山下泉訳
138 三つの人間機構　ル・コルビュジエ著　山口知之訳
139 インターナショナル・スタイル　H・R・ヒチコック他著　武沢秀一訳
140 北欧の建築　S・E・ラスムッセン著　吉田鉄郎訳
141 続建築とは何か　B・タウト著　篠田英雄訳
142 四つの交通路　ル・コルビュジエ著　井田安弘訳
143 ラスベガス　R・ヴェンチューリ他著　石井和紘他訳
144 ル・コルビュジエ　C・ジェンクス著　佐々木宏訳
145 デザインの認識　R・ソマー著　加藤常雄訳
146 鏡[虚構の空間]　由水常雄著
147 イタリア都市再生の論理　陣内秀信著
148 東方への旅　ル・コルビュジエ著　石井勉他訳
149 建築鑑賞入門　W・W・コーディル他著　六鹿正治訳
150 近代建築の失敗　P・ブレイク著　星野郁美訳
151* 文化財と建築史　関野克著
152 日本の近代建築(上)その成立過程　稲垣栄三著
153* 日本の近代建築(下)その成立過程　稲垣栄三著
154 住宅と宮殿　ル・コルビュジエ著　井田安弘訳
155 イタリアの現代建築　V・グレゴッティ著　松井宏方訳
156 バウハウス[その建築造形理念]　杉本俊多著
157 エスプリ・ヌーヴォー[近代建築名鑑]　ル・コルビュジエ著　山口知之訳
158 建築について(上)　F・L・ライト著　谷川睦子他訳
159 建築について(下)　F・L・ライト著　谷川睦子他訳
160* 建築形態のダイナミクス(上)　R・アルンハイム著　乾正雄訳
161 建築形態のダイナミクス(下)　R・アルンハイム著　乾正雄訳
162 見えがくれする都市　槇文彦他著
163 街の景観　G・バーク著　長素連他訳
164 環境計画論　田村明著
165* アドルフ・ロース　伊藤哲夫著
166* 空間と情緒　箱崎総一著
167 水空間の演出　鈴木信宏著
168 モラリティと建築　D・ワトキン著　榎本弘之訳
169 ペルシア建築　A・U・ポープ著　石井昭訳
170 ブルネッレスキ ルネサンス建築の開花　G・C・アルガン著　浅井朋子訳
171 装置としての都市　月尾嘉男著
172 建築家の発想　石井和紘著
173 日本の空間構造　吉村貞司著
174 建築の多様性と対立性　R・ヴェンチューリ著　伊藤公文訳
175 広場の造形　C・ジッテ著　大石敏雄訳
176 西洋建築様式史(上)　F・バウムガルト著　杉本俊多訳
177 西洋建築様式史(下)　F・バウムガルト著　杉本俊多訳
178 木のこころ 木匠回想記　G・ナカシマ著　神代雄一郎他訳

179* 風土に生きる建築　若山滋著
180* 金沢の町家　島村昇著
181* ジュゼッペ・テッラーニ　B・ゼーヴィ編　鵜沢隆訳
182 水のデザイン　D・ベーミングハウス著　鈴木信宏訳
183* ゴシック建築の構造　R・マーク著　飯田喜四郎訳
184 建築家なしの建築　B・ルドフスキー著　渡辺武信訳
185 プレシジョン(上)　ル・コルビュジエ著　井田安弘他訳
186 プレシジョン(下)　ル・コルビュジエ著　井田安弘他訳
187 オットー・ワーグナー　H・ゲレツェッガー他著　伊藤哲夫他訳
188 環境照明のデザイン　石井幹子著
189 ルイス・マンフォード　木原武一著
190 「いえ」と「まち」　鈴木成文他著
191 アルド・ロッシ自伝　A・ロッシ著　三宅理一訳
192 屋外彫刻　M・A・ロビネット著　千葉成夫訳
193 「作庭記」からみた造園　飛田範夫著
194 トーネット曲木家具　K・マンク著　宿輪吉之典訳
195 劇場の構図　清水裕之著
196 オーギュスト・ペレ　吉田鋼市著
197 アントニオ・ガウディ　鳥居徳敏著
198 インテリアデザインとは何か　三輪正弘著
199* 都市住居の空間構成　東孝光著
200 ヴェネツィア　陣内秀信著
201 自然な構造体　F・オットー著　岩村和夫訳
202 椅子のデザイン小史　大廣保行著
203 都市の道具　GK研究所、榮久庵祥二著
204 ミース・ファン・デル・ローエ　D・スペース著　平野哲行訳
205 表現主義の建築(上)　W・ペーント著　長谷川章訳
206 表現主義の建築(下)　W・ペーント著　長谷川章訳
207 カルロ・スカルパ　A・F・マルチャノ著　浜口オサミ訳
208 都市の街割　材野博司著
209 日本の伝統工具　土田一郎著　秋山実写真

210 まちづくりの新しい理論　C・アレグザンダー他著　難波和彦監訳
211 建築環境論　岩村和夫著
212 建築計画の展開　W・M・ペニャ著　本田邦夫訳
213 スペイン建築の特質　F・チュエッカ著　鳥居徳敏訳
214 アメリカ建築の巨匠たち　P・ブレイク他著　小林克弘他訳
215 行動・文化とデザイン　清水忠男著
216 環境デザインの思想　三輪正弘著
217 ボッロミーニ　G・C・アルガン著　長谷川正允訳
218 ヴィオレ・ル・デュク　羽生修二著
219 トニー・ガルニエ　吉田鋼市著
220 住環境の都市形態　P・パヌレ他著　佐藤方俊訳
221 古典建築の失われた意味　G・ハーシー著　白井秀和訳
222 パラディオへの招待　長尾重武著
223 ディスプレイデザイン　魚成祥一郎監修　清家清序文
224 芸術としての建築　S・アバークロンビー著　白井秀和訳
225 フラクタル造形　三井秀樹著
226 ウイリアム・モリス　藤田治彦著
227 エーロ・サーリネン　穂積信夫著
228 都市デザインの系譜　相田武文、土屋和男著
229 サウンドスケープ　鳥越けい子著
230 風景のコスモロジー　吉村元男著
231 庭園から都市へ　材野博司著
232 都市・住宅論　東孝光著
233 ふれあい空間のデザイン　清水忠男著
234 さあ横になって食べよう　B・ルドフスキー著　多田道太郎監修
235 間(ま)——日本建築の意匠　神代雄一郎著
236 都市デザイン　J・バーネット著　兼田敏之訳
237 建築家・吉田鉄郎の『日本の住宅』　吉田鉄郎著
238 建築家・吉田鉄郎の『日本の建築』　吉田鉄郎著
239 建築家・吉田鉄郎の『日本の庭園』　吉田鉄郎著
240 建築史の基礎概念　P・フランクル著　香山壽夫監訳

241 アーツ・アンド・クラフツの建築　片木篤著
242 ミース再考　K・フランプトン他著　澤村明＋EAT訳
243 歴史と風土の中で　山本学治建築論集①
244 造型と構造と　山本学治建築論集②
245 創造するこころ　山本学治建築論集③
246 アントニン・レーモンドの建築　三沢浩著
247 神殿か獄舎か　長谷川堯著
248 ルイス・カーン建築論集　ルイス・カーン著　前田忠直編訳
249 映画に見る近代建築　D・アルブレヒト著　萩正勝訳
250 様式の上にあれ　村野藤吾著作選
251 コラージュ・シティ　C・ロウ、F・コッター著　渡辺真理著
252 記憶に残る場所　D・リンドン、C・W・ムーア著　有岡孝訳
253 エスノ・アーキテクチュア　太田邦夫著
254 時間の中の都市　K・リンチ著　東京大学大谷幸夫研究室訳